中国周边安全形势评估

CHINA'S REGIONAL SECURITY ENVIRONMENT REVIEW 2023

2023

张洁 / 主编

世界知识出版社

本书为中国社会科学院－上海市人民政府上海研究院"中国周边安全形势评估（2023）"项目最终成果

内容概要

2022 年，美国发起的对华全面战略竞争成为影响中国周边安全事务的关键因素。同时，乌克兰危机进一步"发酵"周边安全格局的分化重组甚至是对抗性阵营的形成。在此双重因素影响下，大国角力地缘政治竞争、地区军备竞赛进一步加剧；南海问题升温，整个周边地区的稳定性减弱，矛盾突出、复杂多变。

对于中小国家说，最现实的安全风险更多来自经济复苏乏力、粮食与能源匮乏，以及气候变化、恐怖主义等各类非传统安全挑战。它们一方面拒绝"选边站"，一方面希望地区更多聚焦发展与合作。

在中国外交中，周边是首要，大国是关键。而在美国"印太战略"的冲击下，周边成为中美直接交锋地带，也由此成为"首要"与"关键"的交汇点。面对美国"规锁"，中国反对分裂与对抗，支持东盟在地区安全架构中的"中心地位"，并为全球治理提出中国方案，即全球发展倡议与全球安全倡议。推动双倡议优先落地周边，维护周边的稳定与发展，对于维护中国外部环境稳定，对于稳定周边各国的稳定与繁荣，具有重要的现实意义。

目 录
CONTENTS

次区域篇

地区安全热点篇

附　录

总　篇

新安全观下的周边安全分析

张蕴岭*

周边作为一个地缘连接区，具有整体区域的特征，是中国和其他周邻国家的共处、共生之地。笔者曾经提出，周边问题包括三个层次：一是中国与周边国家；二是周边国家与中国；三是他国与周边国家。这三个层次不是隔开的，而是相互连接的。周边安全评估也可以从这三个层次来分析，那就是，其一，中国与周边国家在安全领域发生了什么；其二，周边国家对中国在安全领域做了什么；其三，在周边地区其他国家在安全领域做了什么。这里，只对一些对周边安全影响比较突出的问题进行梳理。

首先，看中国与周边国家在安全领域发生了什么。对安全形势产生负面影响的主要体现是，有些争端在加剧，特别是在南海地区，与菲律宾在岛屿争端上出现了紧张的对峙，不仅影响两国之间的安全关系，同时也对南海地区安全产生负面的影响。产生紧张的原因，主要是菲律宾方面采取了过激的行为。缅甸国内发生动荡，在靠近中国一侧的地区，政府军与地方武装的战事升级，危及与中国接邻地区的安全。北部安全

---

* 张蕴岭，中国社会科学院学部委员，山东大学国际问题研究院院长。

向来是中国周边安全的重点，在乌克兰危机加剧、西方制裁的情况下，俄罗斯与中国加强合作，双方安全合作加强有助于北部安全形势的改善。

其次，从周边国家对中国的角度看，在东北亚地区，影响比较大的是日本对中国安全政策的调整，其进一步加强对中国的防范，针对中国的军事部署在增强，特别是在台海问题上，日本更加积极主动地参与美国的部署，加强与越南、菲律宾等与中国存在海上争端的国家的安全合作。韩国尹锡悦政府上台后，大幅调整韩国的安全政策取向，强调加强与美国的战略与安全协同，改善与日本的关系，明确提出应对中国的安全威胁。尽管韩国的安全政策和部署主要是针对朝鲜的，但威胁中国安全的因素在增强。朝鲜继续提升其核能力，尽管朝鲜核政策不是针对中国的，但是，由此引发的紧张增加了朝鲜半岛的对抗性与发生冲突的风险，特别是引发核冲突的风险。韩国对朝鲜采取强硬对抗政策，朝鲜半岛的不安全因素在提升。东盟与中国的关系比较稳定，但是，改变比较大的是菲律宾对中国的安全政策。马科斯政府执政后，大幅度调整了前任的政策，突出中国的安全威胁，采取了军事上与美国建立更加紧密合作关系的政策，在南海加剧岛屿争端，对南海地区的局势产生影响。印度对中国的政策没有多大变化，还是采取保持两国关系大局稳定的方略，既在与中国存在共同利益的领域进行合作，也在存在争端、分歧的领域采取单边行动，对中国的竞争采取限制措施，在边界问题上做动作，不时引发紧张。阿富汗是中国的接邻国家，国内安全形势仍然复杂，但其问题更多体现在国内治理方面，执政的塔利班对中国采取了比较合作的政策，对中国的安全威胁降低。中亚地区的总体安全形势稳定，与中国的合作在扩大，中亚—中国领导人会议的召开进一步推动了双边合作，加上上合组织、"一带一路"合作框架，使得中亚国家与中国综合关系得到很大的加强，原来的安全热点降温。

最后，从他者在周边的行动看，影响最大的还是美国对华战略的继续推进。拜登政府推出对华全面战略竞争政策，重点在周边地区进行布局，一是加强军事盟友的关系，在东北亚推动构建了美日韩三边合作机制，打造三国链接的军事安全部署，加强了美菲同盟关系和在南海问题上的互动；二是积极拓展盟伴关系，特别注重那些与中国存在争端的国家的关系；三是全面构建"印太战略"合作网，把美英澳三边安全伙伴关系、美日印澳"四边对话"、美日韩三边合作机制、"印太经济框架"以及北约都纳入该战略网络链接，对中国进行全面挤压。

美国的这些战略操作都与周边安全有着直接的关联，也有很强的针对性，从而使得中国周边安全面临新的挑战。同时，美国加大了在台海问题上的介入和干预力度，大力渲染台海发生战争的威胁。不过，尽管美国在构建对中国的安全网络上作出了很大的努力，花大力气尽可能拉各国站在美国一边，但绝大多数国家都采取了"选项不选边"的策略，尽可能避免完全"选边站"，以争取主动性和获得更多的利益。

综合上述分析，对于中国周边形势和面临的安全环境可以有一个比较均衡的了解，以此为基础，我们可以得出以下几点判断。

其一，周边地区的安全环境发生了一些新的变化，有些热点升温，风险上升，出现一定的紧张局面，如果管控不好，有可能发生更大的矛盾，甚至冲突。升温点主要还是朝鲜半岛、台海、南海地区。但总的来看，周边安全的大局没有发生重大转折性变化，总体局势可控。

其二，尽管有些周边国家担心中国综合力量提升带来的挑战，甚至把中国认定为"威胁"，且与美国的战略贴近，但基于综合利益的考虑，还是尽可能采取"选项不选边"的策略，继续发展同中国的关系，尽力维护对话与合作的基本态势。

其三，中国继续推行以周边合作为导向的政策，通过多种方式，进一步加强与周边国家的综合关系，通过共建"一带一路"倡议、命运共同体建设等，努力发展与各国的关系，包括与存在争端国家的对话合作关系。与此同时，中国继续提升自身安全能力的建设，以在应对安全挑战和威胁上增加主动性。

分析周边安全，还需要从安全要素构成的角度进行分析。一个方法是按照总体安全观的定位，以周边地区为观察对象，对涉及各个方面的安全问题进行研究和分析。这样的研究和分析需要更丰富的知识结构和分析能力，包括运用大数据进行更深入的分析。

也可以用比较综合的分类，就涉及周边地区的传统安全和非传统安全领域的问题进行研究和分析。我这里不妨用这个方法对周边安全的形势进行一些综合分析。

从传统安全来看，主要的问题是军备升级所造成的安全威胁。比如，美国在朝鲜半岛、台海、南海和其称为"印太"的地区加强军事能力与军事网络的构建，其军事盟友也在提升军事能力，并且与美国的军事安全战略部署相连接，各种有针对性的军事演习数量大大增加，这些都增加了发生军事摩擦的风险，一旦发生不测事件，就可能引发冲突升级。特别是，周边地区是世界核武器最集中的地方，核武器的升级和竞赛，提升了发生核事故、核对抗，甚至核战争的风险。

从非传统安全来看，不安全的因素更为复杂。如今，政治、军事、经济、社会生活各个方面都进入信息网络时代。因此，信息网络的安全成为事关全局的大事。一方面，信息网络安全威胁，既可以来自网络本身因技术、事故等造成的损害，也可以来自外部具有复杂背景源头的网络攻击、破坏所造成的损害。另一方面，值得重视的是网络的有害利用所导致的安全威胁，像网络诈骗对社会造成严重的损害，已经成为具有重要影响的新安全威胁。还有核事故所导致的灾难，像福岛核事故所产生的综合安全问题也成为新安全威胁的重要内容。更为严重的是气候变化所引发的诸多问题，也越来越多地成为严重的安全问题等。

中国与周边国家比邻而居，相互间发展起了紧密的联系，因此，周边安全具有很强的相互性。因此，应对和处理周边安全问题需要有整体观，即要从中国与周边国家共处、共生的角度来考虑；需要有大局观，即在应对预处理周边安全上要从总体安全、大局安全来思考、设计和应对；需要有新安全观的认知，即从共同安全与合作安全的理念来应对和处理。

中国的安全自然主要靠提升自我能力来保证，但是，周边安全毕竟不是中国一家之事，也不是中国自己就可以完全解决的。传统上，安全是具有很强排他性的，一国主要强调自身的安全。一些大国往往靠霸权、强势来保证自己的安全，甚至为此不惜牺牲或者损害他者的安全。如今不同了，安全具有很强的相互性，一国不能仅仅从自身的安全来考虑，同时，即便是大国，也不能靠霸权、强势实现自身的安全。

中国在全球安全倡议中明确提出，坚持共同、综合、合作、可持续的安全观，其核心内涵是，主张秉持共同安全理念，尊重和保障每一个国家的安全；主张重视综合施策，统筹维护传统领域和非传统领域安全，协调推进安全治理；主张坚持合作之道，通过政治对话、和平谈判来实现安全；主张寻求可持续安全，通过发展化解矛盾，消除不安全的土壤。这些也适用于我们分析研究周边安全问题并基于这样的理念提出应对与处理安全威胁之策。

中国周边安全形势：
进展、特点与未来趋势[*]

张　洁[**]

当前，大国博弈是影响周边安全事务的关键因素。同时，乌克兰危机作为"发酵剂"，正在加速周边安全格局的分化重组，甚至是对抗性阵营的形成。受此双重因素影响，大国角力地缘政治竞争，中小国家既不得不加入军备竞赛，又需要应对经济复苏乏力、对外债务违约风险、气候变化、恐怖主义等各类经济与非传统安全挑战，整个周边地区的稳定性减弱，矛盾突出、复杂多变。

在美国"印太战略"的冲击下，周边成为中美直接交锋地带。把握当前周边安全形势的特征，研判其发展趋势，对于维护中国外部环境稳定，确保中国式现代化建设顺利进行，具有重要的现实意义。

---

　* 原文题目为《中国周边安全形势：进展、特点与未来趋势》，发表于《世界知识》2023 年第 8 期，此处略有增减。

　** 张洁，中国社会科学院亚太与全球战略研究院研究员，主要研究方向为中国与东南亚关系、中国周边安全、南海问题。

一、美国谋求"规锁"中国是当前周边安全形势的主要矛盾

大国博弈显著影响周边安全态势。美国从特朗普政府到拜登政府，持续以"印太战略"为抓手，在地区层面发起对华全面战略竞争，即使是乌克兰危机的爆发，也未能迟滞美国遏制中国的步伐。原因可以从美国 2022 年出台的新版《美国印太战略》（*The US Indo-Pacific Strategy*）、《美国国家安全战略》报告等文件中找到答案，即美国将中国视为"唯一具有重塑国际秩序意图和能力的国家"，声称中国正在"胁迫"和"侵略"全球，尤其是在"印太"地区，而"印太"的战略态势将"界定国际秩序的基本性质"。[①] 因此，美国必须"塑造中国所处的战略环境"，在周边地区形成"规锁"中国之势。

基于上述认知，拜登政府持续加强美国对"印太"的战略投入，同时，重点强化盟友与伙伴体系建设，利用议题炒作把控地区安全议程，从而全方位维护美国在中国周边地区"有效""持久"的影响力。

（一）强化自身在"印太"地区的锚定

2022 年以来，美国显著增加了对"印太"地区的外交投入。从总统拜登、副总统哈里斯到国务卿布林肯以及国防部长奥斯汀等军政要员，密集性出访日本、韩国、东南亚和南亚国家，并重新加强与中亚国家的联系。尤其是拜登本人，5 月亲赴日本参加美日印澳"四边机制"

[①] The White House, *The US Indo-Pacific Strategy*, February 2022, accessed June 20, 2022, https://www.whitehouse. gov/wp-content/uploads/2022/02/U. S. -Indo-Pacific-Strategy. pdf.

（QUAD）峰会，11月又连续参加了在柬埔寨举行的美国—东盟峰会、东亚峰会以及在印尼举行的二十国集团（G20）峰会，其间，美国—东盟正式形成全面战略伙伴关系。

美国将科技、经济问题"安全化"，以此遏制中国的经济影响力。2022年3月，美国提出与日本、韩国、中国台湾建立"芯片四方联盟"的构想，加强芯片产业合作，企图实现排除中国大陆企业的芯片生产闭环。5月，拜登政府宣布启动"印太经济框架"（IPEF），意在补足美国"印太战略"的经济短板。此外，美日澳等国还利用各自的金融机构加大对东南亚、南亚国家的基础设施建设的投资，形成对"一带一路"倡议的"可替代性"方案，日本、印度和澳大利亚三国推进实施"供应链韧性倡议"，减少对华经济依赖。美国盟伴体系这些做法试图使本地区国家与中国全面"脱钩断链"，打造经济领域的阵营对立，对于周边经济一体化与地区安全形势的危害更具长远性与破坏力。

美国的军事实力在周边地区具有绝对优势，尽管如此，美国仍然不断渲染"中国威胁论"，包括中国"给美国带来的日益增长的多领域威胁"以及对"美国及其盟友和伙伴的战略攻击"。为此，除了继续在"印太"地区加强军力部署，并保持长期、高频率海上军事行动之外，美国近年来还持续加大对"太平洋威慑倡议"（PDI）的投入，以此提升对中国的"拒止性威慑"能力，维护对华长期性优势。2023年3月美国国防部提交的总统2024财年国防预算申请中就声称，为了继续利用该倡议在"印太"地区投资先进能力、新的作战概念和更具弹性的军事态势，以保持安全、可靠和有效的战略威慑，计划投入91亿美元支持"太平洋威慑倡议"，[①] 这比2023财年增加了40%。尽管这一预算尚未被

---

① "Department of Defense Releases the President's Fiscal Year 2024 Defense Budget," The Department of Defense, March 13, 2023, https://www.defense.gov/News/Releases/Release/Article/3326875/department-of-defense-releases-the-presidents-fiscal-year-2024-defense-budget/.

批准，但可预见美国对"印太"地区的军事投入将会持续增加。此外，美国与地区主要盟友与伙伴关系的联合军演不仅得以恢复，甚至还超过了新冠疫情前的规模，在演习科目方面也更具针对性和挑衅性。2023 年 3 月美方表示，将在 4 月举行史上规模最大的美菲"肩并肩"年度联合军演。

（二）加速整合盟伴体系

当前，美国在"印太"地区打造的多层级盟伴体系出现一些新动向。以 2022 年新版《美国印太战略》为指南，美国在夯实与日本、韩国、澳大利亚、菲律宾、泰国等军事联盟的双边关系的同时，重点推进它们之间加强联系，特别是日本和韩国。[①] 时至 2023 年 3 月，以韩国在"强征劳工案"上作出让步为转折点，日韩初步实现关系正常化，外界普遍认为美国是幕后推手，目的是为强化美日韩同盟扫清障碍。此外，日本、澳大利亚和菲律宾之间的务实军事合作也显著加强，以《互惠准入协定》为例，2023 年 2 月底，日本内阁会议通过日英、日澳《互惠准入协定》。同月更早些时候，在菲律宾总统马科斯访日期间，日菲就尽早签署《互惠准入协定》进一步达成共识。协定签订后，将会简化各方在联合军演期间，人员装备弹药等相关入境方面的手续。

美日印澳"四边机制"是美国"印太战略"的核心机制。近年来，美国推动"四边机制"升级与扩容并举，不仅定期进行部长级、首脑级对话，而且不断拓展合作议程，涉及海上安全、公共卫生安全、气候变化、关键和新兴技术、网络、空间和基础设施等多领域。2022 年 5 月美日印澳四国峰会在东京举行，宣布实施"印太海域态势感知伙伴关系"（Indo-pacific Partnership for Maritime Domain Awareness, IPMDA）计划，

---

① The White House, "*The US Indo-Pacific Strategy*," February 2022.

深化盟友间的海上安全合作。该机制的扩容还表现为吸纳新的成员国，当前韩国、越南、印尼等国均被列入候选之中。2022年以来，"四边机制"更为强调与东盟的战略协调，与欧盟的战略对接，使其成为打造美国广泛安全网络的枢纽点。

美英澳三方安全伙伴关系（AUKUS）是美国"印太战略"实施后成立的最重要的安全机制之一，旨在打造"盟中之盟"，更为有效地展开对华战略竞争。该机制以美英联手为澳大利亚提供核动力潜艇为主要第一个合作项目，自2021年成立后逐步在新建澳大利亚潜艇基地、美澳加强核动力潜艇联演等方面取得进展。至2023年3月，美英澳三国首脑宣布了"发展澳核动力潜艇"的具体步骤，即分为培训、部署、购买、研制四步走：首先，从2023年开始，澳方向美英派驻人员以便接受相关培训，同时美英先后增加访问澳方的潜艇；其次，从2027年前后英美在西澳派驻潜艇轮值部队；再次，到21世纪30年代初，澳方购买3艘美国"弗吉尼亚"级二手核潜艇，并可根据需要再购买2艘；最后，三国在数年内完成由英国设计、美国提供技术、英澳共同建造和部署的新型潜艇，预计在21世纪40年代服役。[①] 通过潜艇合作，三方将"加强本国的基础设施和工业能力，同时共同优化三国的装备常规武器的核动力潜艇（SSN）平台的能力、共性和互操作性，从而在潜艇领域实现更广泛的整合，从而实现三国阻遏侵略的能力"。[②] 尽管美英澳均表示澳方潜艇获得的是核动力而不是装备核武器，三国将履行各自国家的核不扩散义务，并且与国际原子能机构共同为核查与透明度制定了最

---

① 安峥：《美国要用核潜艇"套牢"盟友?》，《解放日报》2023年3月14日，第9版。

② "Fact Sheet: Trilateral Australia-UK-US Partnership on Nuclear-Powered Submarines," U.S. Embassy & Consulates in China, March 14, 2023, https://china.usembassy-china.org.cn/fact-sheet-trilateral-australia-uk-us-partnership-on-nuclear-powered-submarines/.

高标准，① 但是消息一经宣布还是引起印尼、马来西亚等东南亚、南太平洋国家的公开批评。而澳大利亚国内也多有质疑，认为澳方花费如此之大，如此与美英捆绑，是否符合澳方自身的防御利益尚不知晓。

（三）推动"印太北约化"与"北约印太化""相向而行"

拜登政府自推动"印太战略"实施以来，一直试图将在本地区的双多边军事同盟合作打造为"北约"模式，强调日本、澳大利亚、韩国、菲律宾等盟友间的相互结盟，以及通过提升信息共享、互操作性等打造区域性的一体化威慑。乌克兰危机爆发后，美国通过"捆绑"中俄，祸水东引，加快了"印太北约化"的进程，包括前文所述整合盟伴体系的措施均属于此范畴。

同时，"北约印太化"的趋势加强。乌克兰危机激化了西方国家对华战略忧虑与敌视，他们认为"中俄不断深化的战略伙伴关系以及在破坏基于规则的国际秩序方面相互配合的企图与北约的价值观与利益背道而驰"，鉴于此，北约应与"印太"这一利益攸关区域的新老伙伴加强合作。② 至 2022 年 6 月，日本、韩国、澳大利亚和新西兰四国领导人首次受邀参加北约峰会，以此"开启北约与亚太伙伴之间的沟通，继续为'印太'地区的和平与稳定进行密切沟通"。③

总的来看，美国是"北约印太化"与"印太北约化"的重要推手，

---

① The White House, "Remarks by President Biden, Prime Minister Albanese of Australia, and Prime Minister Sunak of the United Kingdom on the AUKUS Partnership," March 13, 2023, https://www.whitehouse. gov/briefing-room/speeches-remarks/2023/03/13/remarks-by-president-biden-prime-minister-albanese-of-australia-and-prime-minister-sunak-of-the-united-kingdom-on-the-aukus-partnership/.

② NATO 2022 Strategic Concept, June 29, 2022, https://www.nato.int/nato_static_fl2014/assets/pdf/2022/6/pdf/290622-strategic-concept.pdf.

③ "NATO Asia-Pacific Partners (AP4) Leaders' Meeting," Ministry of Foreign Affairs of Japan, June 29, 2022, https://www.mofa.go.jp/a_o/ocn/ki/page1e_000413.html.

根本上是为了重新整合其主导的全球安全同盟体系。当然，对于北约国家的立场仍需细分，其中既有"坚定"加入遏华阵营的，也有诸如法国等试图保持适度中立，平衡中美在"印太"地区关系的情况。

（四）炒作安全议题，把控地区安全合作议程

提升盟友与伙伴国家的海域态势感知能力是近年来美国维护"基于规则的"海上安全的主要举措之一。2022年以来，美国通过整合或新建地区倡议，计划建立覆盖整个"印太"地区的海域态势感知体系，包括：5月，"四边机制"首脑会议提出建立"印太海域态势感知伙伴关系"，提升在太平洋岛屿、东南亚和印度洋地区的伙伴国家的能力建设；同月，东盟—美国特别峰会发表联合声明，强调美国将继续帮助东盟国家提升海域态势感知能力；6月，美国与澳大利亚、日本、新西兰、英国成立"蓝色太平洋伙伴"（PBP），声称将"通过提高各国海域态势感知、应对气候变化的韧性、增强保护海上边界利益的能力，确保各国独立和主权"。[1]

海域态势感知体系建设包括通过部署各种跟踪识别系统、协调共享数据等内容，按照美国的说法，这将提升太平洋、东南亚和印度洋地区各国的海域监控能力。但不少分析认为，美国的真实意图是以此实现在"印太"全域对中国舰只活动的跟踪与监视，使中国的海上行动透明化，并通过所谓的信息共享，操纵、挑起周边国家与中国的海上摩擦。

"印太海域态势感知伙伴关系"强调以打击非法捕捞为重点内容，事实上，2022年以来，美国通过总统签署国家安全备忘录、国会研究局

① The White House, "Statement by Australia, Japan, New Zealand, the United Kingdom, and the United States on the Establishment of the Partners in the Blue Pacific（PBP）," June 24, 2023, https://www. whitehouse. gov/briefing-room/statements-releases/2022/06/24/statement-by-australia-japan-new-zealand-the-united-kingdom-and-the-united-states-on-the-establishment-of-the-partners-in-the-blue-pacific-pbp/.

发布报告以及智库、媒体炒作等多种方式炒作非法捕捞问题，并将矛头直指中国，声称"中国的捕鱼船队在世界许多地方都涉及非法捕捞活动，中国是从事非法捕捞的主要国家"。① 但是，正如一些周边国家学者所指出的，如果美国真的是为了治理"印太"地区的非法捕捞，就不应该将中国排除在"印太海域态势感知伙伴关系"之外，而是应该与中国加强对话合作；而如果美国炒作非法捕捞的真实目标是孤立中国，那么这将升级中国与周边国家的紧张关系，使东盟，尤其是南海相关国家处于"新冷战"之中。②

二、地区力量持续战略调整，阵营对立呼之欲出

在中美博弈与乌克兰危机的双重影响下，地区主要力量持续进行战略调整。其中，日本、韩国与澳大利亚加大与美国的战略协调与联盟合作，成为美国实施"印太战略"的核心力量；俄罗斯近年来推进的"向东看"政策被迫停滞，但此前俄方所下的"先手棋"以及乌克兰危机后与中、印的战略协调，确保了俄对周边事务影响力的存在。印度则以不断增长的国家实力为基础，继续加强与美国盟友的合作并以此抗衡中国，但同时在乌克兰危机问题上印度则体现了更多战略自主性。东盟经过短暂的战略焦虑期后，开始加强战略自主，尤其是 2022 年的三大主场外交，相当程度上重塑了自身在地区架构中的"中心地位"。

---

① "China's Role in the Exploitation of Global Fisheries: Issues for Congress," Congress, April 12, 2022, https://crsreports.congress.gov/product/details?prodcode=R47065.

② 《打击"非法捕捞"？警惕美"海上联防队"的遏华图谋》，《环球时报》2022 年 12 月 23 日，第 7 版。

（一）日、韩、澳加强与美全方位合作

乌克兰危机推动日本国际秩序观、安全观及大国观发生重大转变，日本的安全自主意识空前上升，在修宪、备武、拥核等问题上态度更趋积极。2022年6月，日本首相岸田文雄在新加坡香格里拉对话会上提出"岸田和平愿景"，强调要从根本上加强日本的防御能力，加强日美同盟以及与"志同道合国家"开展的安全保障合作。日本明确定位朝鲜、中国、俄罗斯为主要"安全威胁来源"，强调对这些国家采取全面且有差别的安全防范手段。基于此，日本进一步转换防御性国防态势，到12月底完成三份重要文件的修订——《国家安全保障战略》（*National Security Strategy of Japan*）、《防卫计划大纲》和《中期防卫力量整备计划》，开始大幅扩大防卫开支，发展进攻性武器装备，扩大安全行动范围以及扩张"准同盟"网络。[①] 这标志着二战后日本安保政策"转守为攻"的重大转向，这也是今后5—10年日本安保政策的基本方向。

日本高度重视并积极维护美日同盟，围绕朝鲜半岛、台湾问题等安全热点，日本加强对美协调，拟订共同作战计划，共享后勤设施，并大幅提升联训频率，提高实战化水平。以美日同盟为核心，日本加强与美国盟友的战略合作。2022年12月，日本与澳大利亚举行外长、防长"2+2"会谈，发表了写入强化日美澳三边防卫合作的联合声明。日本还与德国、加拿大商签《军事情报保护协定》，试图融入美西方的军事情报网络。此外，日本首次参加北约峰会，正式加入北约网络防御中心，双方围绕情报共享、军事演训、装备技术领域的合作正在不断走深走实。[②]

2023年，日本担任七国集团（G7）轮值主席国，以此为契机，日

---

① 杨伯江：《日本：经济遇困、政治不安，战略转型提速》，《世界知识》2022年第24期。
② 项昊宇：《日本军力"突围"，加剧阵营对抗风险》，环球网，2022年12月17日，https://opinion.huanqiu.com/article/4Atxvr2v3Z9。

本大力开展与德国、英国、意大利等在外交、防务、经济等领域的合作，同时计划邀请韩国、澳大利亚和印度等加入 5 月的七国集团峰会。此外，日本首相岸田文雄还在 3 月先后访问印度和乌克兰，试图说服作为 2023 年二十国集团轮值主席国的印度协助七国集团，共同建立一个针对俄罗斯的"更广泛、更强大的"联盟。访问乌克兰期间，岸田文雄则承诺通过北约成立的基金为乌克兰提供非致命性装备。种种举动表明，日本外交当前空前活跃，在推动"印太"盟伴与北约对接的问题上具有相当的战略主动性。日本以遏制中国为战略目标，认为中国正在成为"前所未有的战略挑战"。这种做法不仅严重损害了中日关系，而且加速了对抗性阵营在周边乃至全球的形成。

中美博弈加剧之初，时任韩国总统文在寅坚持战略模糊，避免在中美之间"选边站"，其外交政策更多聚焦朝鲜半岛。然而，乌克兰危机很大程度上改写了 2022 年韩国大选结果，也改写了韩国的内政外交走向。5 月，尹锡悦政府执政后，提出要与美国构建"全球全面战略同盟"，美国对此给予积极回应并表示，"如果必要，美国将使用核武器保护韩国"。此外，韩国还在经济、科技、网络安全等领域深度参与美国的地区议程，包括被拉入美国"芯片四方联盟"机制。关于中韩关系，虽然尹锡悦政府表示在"相互尊重"的基础上发展对华关系。在 2022 年底出台的韩国《自由和平繁荣的印太战略》的最终版本也没有炒作"中国威胁论"，而是将中国定位为"主要合作国家"。同时，围绕经济、公共卫生、气候变化、雾霾、文化交流等领域扩大和深化中韩合作。但是，尹锡悦政府总体上"疏华倚美"态势明显，在涉海、台湾问题上紧跟美国步伐，2022 年的美韩峰会联合声明中不仅提及南海问题，而且强调"保持台湾海峡和平与稳定对维护印太地区安全与繁荣至关重要"。

在美国主导下，美日韩三边关系进一步强化。在日本将改善对韩关系作为外交优先事项的同时，尹锡悦政府上台后，韩国也开始"相向而行"，承诺重续《韩日军事情报保护协定》。日韩关系的改善扫清了美日韩三边关系强化的障碍。2022 年 5 月至年底，美日韩举行了多次高级别会议，包括在 2022 年 6 月的北约峰会和 2022 年 11 月的东亚峰会期间举行的三方领导人会议。其中，11 月的金边会议关于美日韩"印太"三边伙伴关系的声明扩大了三边合作的地缘范围和功能，涵盖了朝鲜威胁以外的广泛问题，是三边关系提升的重要标志。①

　　严格意义上说，澳大利亚并不属于中国周边的范畴。但是，澳大利亚凭借美澳同盟、美英澳三边安全对话关系以及东盟峰会成员国等多重身份，成为评估中国周边安全事务中应予重视的一支力量。2022 年 5 月阿尔巴尼斯政府上台后，澳大利亚在美澳关系上更多体现了继承性，在中澳关系问题上则出现了一些政策调整，但总体而言，美国军事盟友仍是澳大利亚在地区安全事务中的首要身份，支持美国的"印太战略"也是其外交与安全战略的优先事项。因此，就职初始，阿尔巴尼斯就马上赴日参加了"四边机制"峰会，表示澳大利亚的战略重点与"四边机制"议程高度一致，将在经济、网络、能源、环境与健康等多领域与美国共建"更具韧性的印太地区"。同时，澳新政府继续推进与日本、菲律宾等美国盟友的双边安全合作，重视美英澳三边安全伙伴关系下的潜艇合作项目，直至在 2023 年 3 月确定澳大利亚核动力潜艇建设的具体议程。面对两位前总理的批评，阿尔巴尼斯表示，"中国正在本区域集结二战以来最大规模的军事力量，所以澳方应获取最能保卫国家的资产，因而采购核潜艇是必要的"。②

---

① "Phnom Penh Statement on Trilateral Partnership for the Indo-Pacific," Ministry of Foreign Affairs of Japan, November 13, 2022, https://www.mofa.go.jp/files/100421322.pdf.

② 《澳总理反驳两前总理批评为投巨款采购核潜艇辩护》，（新加坡）《联合早报》2023 年 3 月 17 日，https://www.zaobao.com.sg/news/world/story20230317-1373314。

　　尽管在安全上澳大利亚仍然把中国作为遏制目标，但是在双边关系上，澳新政府又试图回调前任政府的激进政策。2022 年 7 月，阿尔巴尼斯表示希望中国能够取消对澳所有产品的制裁，在双方认同的范围内展开新的经济合作。11 月，在二十国集团峰会召开期间，中澳元首实现会晤；12 月底，澳外长黄英贤访问中国，在中澳签署建交公报 50 周年之际，第六轮中澳外交与战略对话得以举行。① 双方表示，两国关系应符合全面战略伙伴关系的定位，保持高层交往，启动或重启双边关系、经贸、地区和国际问题等领域对话沟通。但是中澳关系是否能够得到实质性改善仍有待观察，尤其是澳大利亚主动与美国捆绑，澳方在台湾问题、南海问题以及核动力潜艇建造等问题上的决策均有可能成为中澳关系正常化的障碍。

（二）俄罗斯继续深度参与中亚事务，努力维护在亚太地区的影响力

　　乌克兰危机全面升级前，俄罗斯就已经加快了"转向东方"的步伐，在亚太地区的动作日益活跃，形成了积极进取、稳步向前的局面。俄罗斯一方面把朝鲜、蒙古、越南等传统亚洲伙伴成为推行亚太外交的重要支点，另一方面重点保持与中国、印度的协调，此外还加强了与东盟的关系构建。2021 年 10 月，第四届俄罗斯—东盟峰会视频会议举行并通过了一系列加强双方战略伙伴关系的重要文件。12 月初，俄罗斯还与东盟十国举行了首次海上联合军演。同月，俄罗斯总统普京访问印度，同期密集举办了首届俄印 "2+2" 对话和第 21 届俄印峰会，在防务、能源等领域达成新的合作。自 2022 年回顾可知，这些战略预置对

---

　　① 《王毅同澳大利亚外长黄英贤举行中澳外交与战略对话》，中华人民共和国外交部，2022 年 12 月 21 日，https://www.fmprc.gov.cn/web/wjbzhd/202212/t20221221_10993391.shtml。

于俄方在乌克兰危机爆发后打破欧美的制裁与孤立发挥了一定的缓冲作用。2022 年，俄罗斯应邀参加了东盟地区论坛、东亚峰会、二十国集团等各类多边对话，这一方面与俄罗斯自身努力保持对亚太事务的参与有关，另一方面更得益于东盟所坚持的大国平衡立场，尤其是作为二十国集团轮值主席国的印尼为了保证会议顺利召开，其总统佐科还亲自访问了俄罗斯和乌克兰。

但总体来看，受乌克兰危机的影响，俄罗斯"转向东方"的战略意愿与实力投入的差距进一步被拉大，中亚仍将是其未来在周边地区确保影响力的首要区域。为此，在乌克兰危机全面升级的同时，俄罗斯总统普京在 2022 年几乎没有缺席任何一场中亚的外交活动，显示了俄方对中亚的战略重视。但是，在内外因素作用下，中亚国家"离俄倾向"潜滋暗长，它们试图通过多元平衡外交，在与俄罗斯不发生正面冲突的情况下，借助各方力量对俄罗斯的强势形成对冲。这意味着，中亚既有的安全格局开始松动，未来大国在中亚的攻守之势将会加剧。这对于中国维护西部周边稳定来说，利弊共存。

2022 年，在元首外交的战略引领下，中俄关系继续务实发展，全面战略协作更加成熟坚韧，双边经贸合作显著提升，两国贸易额加速迈向2000 亿美元大关。[①] 同时，双方在上海合作组织等多边框架下稳步深化各项合作。12 月，中俄"海上联合-2022"军事演习在中国东海海域举行。2023 年 3 月，中国、俄罗斯、伊朗三国海军举行代号"安全纽带-2023"的联合军演。

（三）印度国力增长迅速，"多向结盟"体现选择性战略自主

2022 年，印度国内形势整体良好，成为全球第五大经济体，同时联

---

① 王毅：《胸怀天下，勇毅前行　谱写中国特色大国外交新华章》，中华人民共和国外交部，2022 年 12 月 25 日，https://www.fmprc.gov.cn/web/wjbzhd/202212/t20221225_10994826.shtml。

合国预测，2023 年印度将成为全球第一人口大国，这为印度经济发展提供了重要的劳动力资源和市场资源。政治方面，执政党印度人民党"一党独大"，为莫迪政府继续执行"多向结盟"的外交政策，在国际事务中发挥大国作用提供了支撑。

2022 年，印度明显加强了同美西方的战略合作，以期追求自身安全利益最大化，尤其是实现平衡中国的地区和全球影响力。在双边层面，美国不仅许诺将深化美印防务合作，帮助印度减少对俄罗斯的军备依赖，而且和其他西方国家一起重点扶助印度的基建和传统产业。印度则成为美国"印太经济框架"的创始成员国，参加了该框架下的供应链、绿色低碳和公平经济三个支柱领域的谈判。在南亚次区域层面，印度改变传统思维，默许美国强化与南亚国家的安全合作。而美国也默许了印度在南亚的主导地位，鼓励印度成为地区安全的"净提供者"。就更广泛的"印太"地区而言，"四边机制"仍然是印度参与美国"印太战略"的重要途径，除了确定新的合作领域之外，11 月四国再次举行"马拉巴尔"大规模海上联合演习。不过，印度仍然是"四边机制"中的"短边"。乌克兰危机后，印度拒绝加入反俄阵营，并且加大了与俄罗斯的能源贸易往来。美西方国家纷纷与印度开展外交互动，目的是"劝印制俄"，但是最终都未成功。尽管如此，印度仍为美西方国家所青睐，因为它被视为影响中美战略博弈走向的关键。

此外，印度在 2022 年还加强了对上海合作组织的参与力度，与东盟建立了全面战略伙伴关系。2023 年，印度担任了二十国集团轮值主席国，这将有助于印度借助多元化的多边主义平台，坚持其所声称的独立自主外交传统及追求大国地位的雄心。

（四）东盟重塑战略主动性，积极应对中美博弈的冲击

面对中美博弈，东盟经历了短暂的战略焦虑期后，开始重塑自身统

一性与地区"中心地位"。

首先，通过多途径加强统一性建设。一方面以建设东盟共同体为目标，重点落实《东盟印太展望》的优先议题，针对突出的传统安全与非传统安全挑战提高韧性能力。2022年11月东盟峰会发表联合声明，重申以海上安全、互联互通、可持续性等议题为优先发展方向，并将其内嵌在与对话伙伴的战略对接中。另一方面着手处理缅甸、东帝汶相关事宜。东盟在2021年形成关于缅甸问题的"五点共识"并以此作为处理缅甸问题的路线图。2022年，柬埔寨以东盟轮值主席国身份多次派政要访问缅甸，尽管成果有限，但是缅甸国内危机并未外溢至整个地区。东盟还加快接纳东帝汶"入盟"进程。2022年11月，东盟峰会上宣布"原则上同意"接纳东帝汶成为第11个成员国，授予东帝汶观察员地位并允许其参与所有东盟会议。东盟由10个成员国扩大到11个，将有助于对内提振成员国士气，对外展现东盟的统一性与组织活力。

其次，通过多举措维护东盟中心性。面对中美博弈，东盟在坚持不选边站的同时，加速拓展与各个对话伙伴的关系，通过升级伙伴关系、扩大"朋友圈"，强化以东盟在地区架构中的核心地位。继2021年将澳大利亚、中国升级为全面战略伙伴关系后，东盟在2022年又与美国、印度建立全面战略伙伴关系。同年，丹麦、希腊、荷兰、阿曼、卡塔尔、阿拉伯联合酋长国以及乌克兰也先后加入《东南亚友好合作条约》。东盟表示，友好条约成员国的增加标志着东盟主张的多边合作与和平共处理念为越来越多的国家认可，这将为所有加入方深化与东盟及其成员国的合作提供制度保障。

2022年是东盟国家打造主场外交的高光时刻。柬埔寨、印尼和泰国分别作为本年度东盟、二十国集团和亚太经合组织（APEC）轮值主席国，先后成功举办三大主场外交，体现了东盟对地区与国际事务的协调能力，践行了东盟主张的包容、开放的区域主义。尤其是印尼顶住来自美西方国家的压力，坚持邀请俄罗斯参加二十国集团峰会，印尼总统佐科还亲自出访俄乌两国。最终，乌克兰总统泽连斯基在二十国集团峰会上发表视频讲话，俄方则是其外交部长出席峰会。峰会期间，尽管各方在乌克兰问题上分歧显著，但最终还是形成了联合声明，这被认为是印尼作为轮值主席国的重要胜利，也展示了东盟中心地位在地区乃至国际事务中的独特魅力。

最后，东盟坚持"大国平衡"政策，妥处对华、对美关系。一方面，东盟保持与中美的对话沟通，呼吁各方保持克制，达成战略包容，并在气候变化、公共卫生以及核不扩散领域等全球性问题上加强合作；另一方面，东盟不仅在外交方面同步升级了与中美的对话伙伴关系，而且在经济领域也保持平衡立场，在与中国推动《区域全面经济伙伴关系》（RCEP）落地实施的同时，东盟主要国家还作为创始成员参加了美国主导的"印太经济框架"。对此，东盟认为，多国多方案在东南亚的对接，有利于东盟吸引投资，维护本地区的繁荣发展。

特别值得关注的是，东盟部分国家表达了建立新不结盟运动的意向。2022年11月，新加坡外长表示，中美以外的国家可以在科学、技术和供应链方面加强合作，推动"不结盟运动"，建立一个多级、开放和以规则为基础的大环境。① 虽然新加坡提出的这一技术不结盟运动是否能达成尚不知晓，但其表达了地区中小国家最大限度地拒绝"选边站"的立场。就在二十国集团峰会期间，印尼总统佐科也表示，东盟拒绝成为大国博弈的"代理人"。②

---

① Ng Wei Kai, "New 'non-aligned movement' needed amid US-China tensions: Vivian," National University of Singapore, November 2022, https://www.nus.edu.sg/newshub/news/2022/2022-11/2022-11-11/NEW-st-11nov-pA18.pdf.

② 《接任轮值主席国佐科：亚细安须成为区域和全球稳定支柱不做大国代理人》，（新加坡）《联合早报》，2022年11月14日，https://www.zaobao.com/news/sea/story20221114-1332790。

2023 年印尼担任东盟轮值主席国后再次重申，东盟不能成为任何外部势力的代理人，不能陷入大国博弈的旋涡。中方始终将东盟作为周边外交优先方向，全力支持印尼发挥轮值主席国作用。中方支持东盟战略自主、团结自强，维护东盟中心地位和包容性区域架构，反对集团政治和阵营对抗。

三、新旧问题交织，周边地区"双安全"风险居高不下

中国周边各国普遍面临传统安全与非传统安全（即"双安全"）的双重挑战。同时，形成反差现象的是，大国博弈聚焦传统安全与地区热点，地区中小国家则更关心各类非传统安全问题带来的现实挑战。这在一定程度上导致了地区合作治理赤字的显著上升，应对"双安全"能力的下降。

（一）传统安全风险上升

第一，乌克兰危机刺激周边主要国家开启军备竞赛。乌克兰危机爆发后，主要周边国家纷纷调整国防预算，日本、澳大利亚、韩国等比照欧洲国家的做法，将国防预算将调整到国民生产总值的 2%，新加坡在已经将国民生产总值的 1.5% 用于军费开支的基础上进一步追加预算，提升自主防卫能力。同时，地区各国加强先进武器的联合研发、购买，如越南、菲律宾、印尼等东南亚国家重点通过购买军备和接受军援，加强非对称性军事力量建设。各国军备大规模的提质增量，将造成本地区的"安全困境"，也增加意外军事摩擦爆发的概率。值得关注的是，日本、澳大利亚等国均将太空、网络、极地等列为安全议程中的重点合作项目与大力拓展领域。可以预计，围绕这些"新战略边疆"的大国竞争

将会日益激烈。

第二，地区国家军事行动的对抗性、实战性加强。在东北亚，朝韩为了巩固国防，都在极力增强军事力量，面对朝鲜密集发射各类型导弹，尹锡悦新政府表示要强力回应，美韩大规模军演再次重启，美战略武器和资产或将大量进入半岛。在台海、南海一线，美国及其盟友的各类军事活动更具针对性与挑衅色彩。

第三，部分地区国家拥核意愿上升，"核共享安排"挑战周边安全。澳英美安全伙伴关系成立后，日本、韩国均表达了加入其中的意愿。随着周边安全形势的变化，尤其是乌克兰危机全面升级后，日、韩国内再次出现战略躁动，主张进行核开发，特别是寻求北约模式的"核共享安排"的呼声重新高涨，其目的是在美国联盟的核政策、核规划和核使用中能够拥有更多的知情权与话语权，获得更多、更可靠的安全保证。这与国际社会防扩散的努力背道而驰，将会引发更多的安全问题。[①]

（二）炒作台湾、南海问题，美国推高地区军事冲突风险

长期以来，朝核问题、南海问题是影响周边安全的主要热点，并且有"破窗"效应。不过，近两年，朝核问题处于僵持状态，南海问题继续保持高温不下，而台湾问题对地区安全形势的影响则显著提升。

美国始终将海上安全作为重要"抓手"，近两三年来更是大幅加强东海、南海、台海的军事联动，以此推动英国、欧盟成员国与北约的力量向亚太地区延伸，使域内外盟国、伙伴之间相互连接。乌克兰危机爆发后，美国以担心中国会效仿俄在台湾、南海、东海等问题上采取军事手段为借口，与日澳等国频频操纵国际舆情，炒作"今日乌克兰，明日南海，明日台湾"论调，试图通过恫吓使更多国家"结伴入盟"。

[①] 吕景舜：《韩国也要走向"核共享"安排?》，《世界知识》2023 年第 4 期，第 29 页。

在台湾问题上，美国"以台制华"的挑衅行为导致局势显著升温，尤其是2022年8月美国国会众议长佩洛西窜访中国台湾地区，美军同时高频率在台海、南海地区进行活动，提升所谓军事威慑力，使得台海危机大有"一触即发"之势。美国多次增加对台军售，号称以此持续加强中国台湾地区的不对称战力，深化美台安全伙伴关系。时至2022年底，美国参议院通过2023年国防授权法案，其中包括未来5年美国将向中国台湾地区提供100亿美元无偿军事援助，并要求美国政府加快对台军售。台海局势引发地区各国高度关注，此外，部分周边国家就撤侨、投资等问题着手制定预案，这凸显了台湾问题对地区安全形势的整体性影响，当然，这也在一定程度上让东盟在战略上更为审慎，避免成为大国博弈的"棋子"。与南海问题形成鲜明对比，东盟及其成员国在第一时间作出立场声明，表示坚持一个中国政策，同时呼吁各方保持冷静与克制。

当前，南海问题继续保持斗而不破的态势，与其历年发展态势做纵向比较，以及与台湾问题做横向比较，展现出了"三大反差"的特征。

第一个反差是南海海上一线斗争激烈胶着，但相关国家都默契地采取低调处理方式。从2021年开始，越南在南沙海域启动新一轮大规模非法岛礁扩建工程，规模之大、速度之快超过以往任何时期。越南与马来西亚还继续在南海断续线内争议地区进行非法油气开采。中国也采取了海上执法行动维护自身合法权益。南海海域形成了多方、多点的长期对峙。但是，各方均"默契"地避免过度炒作，尤其是越南一改过去利用国际舆情向中国施压的"传统"。这种变化的部分原因或是鉴于地区安全形势已然动荡不安，各方不愿因炒作南海问题而招致域外力量更多介入，进而"引火上身"。

第二个反差是较之于南海当事国的克制，美日澳等域外国家在南海问题上"积极活跃""热情高涨"。2022年上半年，美国先后发布《关于海洋界线的第 150 号报告》《中国在全球渔业发展中的作用》等多份报告，2022 年、2023 年连续发表《中美在东海和南海的战略竞争》，显示出在战略上的联动性。强调南海问题的战略价值，试图进一步坐实南海仲裁案"裁决"，利用渔业非法捕捞等议题抹黑中国，借此推动与东盟国家的海域态势感知合作。美国的真正目的是加强与中国的海上安全战略竞争，维护自身在"印太"海域的安全主导权。

第三个反差是台湾问题和南海问题形成反差。对这一反差走势的判断，将影响对整个亚太安全形势发展的预判。横向比较看，南海问题在亚太安全形势中的权重暂时让位给台湾问题与乌克兰危机，台海局势的升温引发地区国家的高度关注与担忧。部分国家还着手制定保护本国在台侨民、投资安全的预案。尽管台海、南海问题的联动性显著加强，但较之于台湾问题的"疾风劲浪"，南海问题的危险系数相对较小。但是，纵向比较看，南海形势较之过去几年则呈不断恶化态势。不仅"南海行为准则"磋商进入"深水区"，而且南海仲裁案"裁决"的负面影响持续扩散，美国不断制造新议题、域外国家干预也使南海形势错综复杂。更为重要的是，放置于周边整体环境评估，南海问题的连带性、战略影响深远，国际社会因此对华认知更为负面。这就要求决策界要平衡把握台海、南海问题，精准判断大势发展，在政策制定与实际部署中充分考虑二者的联动性。

当然，稳定南海的积极因素仍然存在，尤其是中国与东盟国家，以及中国与南海当事国之间形成的"双轨"外交。2022 年 11 月，中国与东盟十国发表联合声明，纪念《南海各方行为宣言》签署 20 周年，声明指出，《南海各方行为宣言》是中国—东盟对话关系中具有里程碑意义的文件，体现了各方促进地区和平与稳定、增进互信与信心的共同承诺。[①] 各方形成共识，将在协商一致基础上，早日达成有效、富有实质内容、符合包括 1982 年《联合国海洋法公约》国际法在内的"南海行为准则"。2023 年中国—东盟国家加快"南海行为准则"的磋商，同时决定通过举行安全热线演习等方式，确保各方及时沟通，避免误判形势，防止因南海发生意外摩擦而导致局势升级。

南海问题涉及多国多方，具有很强的不稳定性，是美国插手亚太安全事务、极易煽风点火、制造中国与周边国家军事摩擦的热点。例如，拜登政府上台后重点改善美菲同盟关系，而新任马科斯政府也给予了积极回应。2023 年，美菲加快推进《加强防务合作协议》（EDCA），加快建设既有五个基地的基础设施以服务于美国的军事训练与作战需求，同时试图增加更多基地开放，包括苏比克湾在内，这将有助于美方加强对华威慑能力。

（三）非传统安全挑战增多，地区中小国家呼吁大国合作治理

面对如此之多的自然灾害，地区中小国家呼吁，非传统安全挑战是当前最为紧迫与最为现实的威胁。例如，2022 年香格里拉会议期间，马来西亚防长指出，粮食安全和经济紧缩对于安全的冲击正在被传统安全观察人士所忽略。斐济防长表示，当前南太平洋国家面临的不是地缘政治竞争，而是气候变化带来的生存危险，南太平洋国家需要更多大国的可持续性关注。[②]

同时，本地区多年存在的恐怖主义、毒品走私、人口贩卖等跨国犯

---

① 《纪念〈南海各方行为宣言〉签署二十周年联合声明》，2022 年 11 月 14 日，中华人民共和国外交部，https://www.fmprc.gov.cn/zyxw/202211/t20221114_10974207.shtml，访问日期：2022 年 12 月 19 日。

② "The IISS Shangri-La Dialogue," IISS, June 10-12, 2022, https://www.iiss.org/events/shangri-la-dialogue/shangri-la-dialogue-2022.

罪与近年来逐步上升的气候变化、网络安全等问题相互交织，成为影响周边国家现实而急迫的安全挑战，尤其是因气候变化引发的自然灾害对地区国家构成严重破坏。

2022年，新冠疫情下降，但其后遗症对地区安全与稳定的影响仍然明显，突出表现为斯里兰卡、巴基斯坦因经济发展问题引发的社会动荡与政权更迭。同样，在周边其他地区，各国也都面临着因疫后经济复苏乏力，乌克兰危机等因素引发的粮食、能源危机。因此，加强公共卫生治理仍然是周边各地区非传统安全合作的主要内容之一。

阿富汗、巴基斯坦仍然是暴恐活动多发地。2022年12月12日，阿富汗首都喀布尔的一家中国人经营的酒店遭遇袭击，13日，极端组织"伊斯兰国"的分支机构"呼罗珊省"宣布对此负责。事实上，仅在当年度，喀布尔就先后发生了俄罗斯驻阿富汗大使馆遭遇恐袭、巴基斯坦驻阿富汗大使馆遭遇袭击等多起暴恐事件。① 据悉，袭击意在放大国际社会对塔利班执政能力的质疑，吓阻国际投资。

2022年是周边地区的"多灾之年"，自然灾害在各国此起彼伏。6月，阿富汗东部发生强烈地震，造成1 000多人遇难，近2 000人受伤；7月，菲律宾遭受地震灾害，造成人员伤亡和财产损失；8月，巴基斯坦发生严重洪涝灾害，造成重大人员伤亡和财产损失；11月，印尼西爪哇省遭受地震灾害，造成重大人员伤亡和财产损失；同月，所罗门群岛发生强烈地震；等等。

面对这些呼吁，2022年11月亚太经济合作组织领导人宣言表示，我们认识到需要加大力度应对当前挑战，其中包括气候变化、极端天气和自然灾害、粮食安全以及减少对化石能源依赖，促进可持续能源转

---

① 《"伊斯兰国"在喀布尔袭击中国人经营酒店，针对的是谁?》，光明网，2022年12月14日，https：//m. gmw. cn/baijia/2022-12/14/1303223645. html，访问日期：2022年12月14日。

型，确保本地区能源韧性、可及性和安全性。①

就中美两国而言，中国坚持"亲诚惠容"和"与邻为善、以邻为伴"周边外交方针，在第一时间向受灾国家致以慰问，并对巴基斯坦、所罗门群岛等国的灾害提供了急需援助。而美国在注重传统安全的同时，也开始为印尼、泰国、菲律宾等国的气候治理、清洁能源转型等提供帮助。② 这一动向值得高度关注。

四、周边安全形势的发展趋势与中国的应对

未来一段时期，周边安全形势的走向仍将主要受到中美战略博弈的影响，双方博弈的领域将进一步向经济、科技和产业多领域拓展。鉴于美国及其盟友迄今并没有与中国发生大规模军事冲突的意愿，因此地区整体安全形势仍将可控，但中国面临的体系性压力仍将持续加大。同时，地区中小国家以及非安全因素的影响值得高度、密切关注，它们将对地区秩序重构的速度与方向产生深远影响。

（一）战略互信缺失，大国博弈总态势短期内难以改变

2022 年 11 月 14 日，习近平主席在印尼巴厘岛同美国总统拜登举行

---

① 《2022 年亚太经合组织领导人宣言（摘要）》，中国政府网，2022 年 11 月 19 日，http://www.gov.cn/xinwen/2022-11/19/content_5727926.htm，访问日期：2022 年 12 月 14 日。

② The White House, "Fact Sheet: Vice President Harris Announces New U. S. Support for Clean Energy in the Mekong Region," November 19, 2022, https://www.whitehouse.gov/briefing-room/statements-releases/2022/11/19/fact-sheet-vice-president-harris-announces-new-u-s-support-for-clean-energy-in-the-mekong-region/; The White House, "Fact Sheet: Strengthening the U. S. -Indonesia Strategic Partnership," November 13, 2022, access December 19, 2022, https://www.whitehouse.gov/briefing-room/statements-releases/2022/11/13/fact-sheet-strengthening-the-u-s-indonesia-strategic-partnership/.

会晤，这是新冠疫情后中美两国元首首次线下会面。双方一致认同确立中美关系指导原则的重要性。12 月初，中美高级官员在中国廊坊举行会谈，双方围绕落实中美元首巴厘岛会晤共识、推进中美关系指导原则磋商、妥善处理双边关系中的台湾等重要敏感问题、加强各层级交往和开展相关领域合作进行了深入沟通。外界分析，中美或在短期内开启有限合作，包括在气候变化、公共卫生等领域。

对于拜登政府来说，短期内很难改变对中国的战略误判，但其同时强调保持国际合作以应对跨国性挑战，尤其是寻求对华合作，这就需要其在应对"战略竞争"和跨国性挑战之间寻求平衡。目前来看，东南亚、南太平洋国家明确反对大国地缘政治竞争，呼吁中美达成"战略包容"。在这种呼声下，中美各自已经开展更多地区合作，这或将为中美在第三方合作提供机会，至少是通过对话协商，避免形成恶性竞争，这将是亚太区域治理的利好趋势。

此外，恢复中美在安全领域的多层级对话仍具有紧迫性，尤其是 2022 年以来美国采取的一系列行动严重破坏了台海和平稳定，推高了本地区发生军事冲突的风险。加强危机管控，是中美作为世界大国共同的责任。

（二）经济与社会安全将是影响周边稳定的重要因素

一方面，2022 年初，巴基斯坦、斯里兰卡等国因经济危机导致的政权更迭乃至国家混乱为已经备受新冠疫情折磨的各国敲响了警钟。2022 年以来，乌克兰危机引发的粮食、能源危机以及世界经济通胀，使各国经济复苏步伐进一步迟滞，各机构纷纷调低对亚太国家经济增长率的预期。2023 年，全球与地区经济究竟走向何处，仍具有很大的不确定性。而一国政府拥有政治合法性，根本上还是需要保障经济的可持续性。需要统筹考虑发展与安全问题。

另一方面，经济问题安全化对于大国博弈来说，当前美国已经将经济、技术等诸多领域泛安全化，中美博弈的最终结果将取决于经济、技术等全方位的较量。当前，中国已经表示，2023 年将坚持推进高水平对外开放，稳步扩大规则、规制、管理、标准等制度型开放。① 随着新冠疫情防控形势好转，2023 年中国经济形势的好转，将为中国与地区国家共同加强区域治理，塑造稳定的地区环境提供更多强有力支撑。

（三）地区中小国家对地区秩序重构的影响力将继续上升

面对大国博弈加剧，地区中小国家已经从最初"两头通吃"的乐观过渡到战略焦虑，然后是当下更多争取战略主动性，这些战略认知与应对的变化对于地区秩序重构的速度与走向产生越来越大的影响。

当前，地区中小国家均程度不等地加强了战略自主，至少表现为两种形式。一是加强自身外交与安全政策"多元平衡"。例如，东盟和中亚均在加快升级现有伙伴关系，扩大"朋友圈"。东盟从 2021 年开始，先后将澳大利亚、中国、美国和印度升级为全面战略伙伴关系。中亚国家则以"中亚+"模式，升级或建立新的元首对话，包括 2022 年 1 月举行首次"中亚五国+印度"峰会，6 月、10 月分别将"中亚+中国""中亚+俄罗斯"的外长级会晤升级为元首会晤，10 月还首次举行了"中亚+欧盟"元首会晤。② 这既是大国加强对地区中小国家关注的结果，也是地区中小国家主动应对，努力以集体形式与大国形成平等对话的成果。对于中小国家来说，这有利于它们在国际与地区形势深刻变化之际确保

---

① 《中央经济工作会议在北京举行　习近平李克强李强作重要讲话　赵乐际王沪宁韩正蔡奇丁薛祥李希出席会议》，新华网，http://www.news.cn/politics/leaders/2022-12/16/c_1129214446.htm，访问日期：2022 年 12 月 16 日。

② 张宁：《2022 年中亚形势：地缘震动中的困惑与选择》，《俄罗斯学刊》2023 年第 1 期，第 73 页。

与主要大国的直接战略沟通，通过多管齐下形成大国平衡之势，同时通过集体发声提高自身价值，在"讨价还价"中对内促进内部团结，对外提高议价能力，从而更好地维护本地区的发展与安全环境和自身利益。这种战略自主具有脆弱性，一旦大国博弈加剧，它们仍旧不得不"选边站"，但至少从短期看，对于迟滞阵营对抗，尤其是美国以盟友体系遏制中国的意图来说。

二是横向联合更多发展中国家，即南南合作，试图形成新的不结盟运动。这一点在非洲、拉美和东南亚地区都有讨论。而在中国周边地区，则是以东南亚为"领头羊"。东南亚是 20 世纪五六十年代不结盟运动的发祥地之一，时隔半个多世纪之后，印尼等国又试图以新不结盟运动的方式应对当前的大国博弈。例如，对于将承担二十国集团主办国的印度，印尼强调，印尼与印度都是过去不结盟运动的参与者，应在未来南南合作中发挥更多作用。这在一定程度上也呼应了新加坡提出的在技术领域率先发起新不结盟运动的倡议。当然也有批评认为，很多东盟国家历来主张"声明性的不结盟"立场，即在口头上使用这个概念，但实际上实行一种杂乱无章的"与多方结盟"的政策。

2023 年，印尼担任东盟轮值国主席，分析认为，印尼将在地区与国际事务上更加积极作为。对内，以"照顾每一方的利益、避免冲突和建立共识"的方式推动缅甸问题的解决。[①] 对外，借助 2022 年成功举办二十国集团峰会的势头，塑造更为繁荣稳定的地区环境，吸引国际投资进入东南亚。中国应继续关注和尊重这些地区中小国家的选择，并通过推进"全球发展倡议"，与地区国家共同实现可持续性发展与可持续性地区和平。

---

① 《印尼建立共识手腕高超或能使缅甸问题取得进展》，（新加坡）《联合早报》2023 年 1 月 12 日，https://www.zaobao.com/news/sea/story20221219-1344866，访问日期：2022 年 12 月 19 日。

（四）中国应推进"全球发展倡议"与"全球安全倡议"优先落地周边

多年以来，中国周边外交在稳定周边环境，推进区域合作方面作出了重要贡献。并通过促进区域合作，实现互利共赢，很大程度上稳定了周边安全环境。但是，当前及未来一段时间，由于美国仍将以安全为主要抓手，破坏中国与周边国家的战略互信，扰乱周边稳定大局。面对这种情况，中国应优先推进全球安全倡议落地周边，加大对地区安全事务的塑造力，在支持东盟在地区安全架构中的"中心地位"的同时，通过加强机制建设、体现中国的大国责任，清晰化中国的战略意图。

一方面，中国应推进"全球发展倡议"落地周边，挖掘在数字经济、气候变化、绿色经济等新兴领域的发展潜能，通过推进区域合作实现与周边国家的互利共赢；另一方面，中国应明确地区安全战略的"中国方案"，积极践行"全球安全倡议"，以实力建设为基础，加大对地区安全事务的投入，体现中国的大国责任和大国担当。在加大治理非传统安全问题的同时，通过妥处南海问题等议题性事务，加强地区安全机制建设，最终为周边地区的可持续性发展提供可持续性安全，从而构建一个开放、合作、包容与稳定的地区秩序。

大国篇

美国"印太战略"的动向 及其对中美关系的影响

曹筱阳[*]

【内容摘要】乌克兰危机、中美博弈与新冠疫情三大事件冲击全球政治与安全,导致国际形势处于巨大的风险和不确定性中。2022 年,在中国周边地区,拜登政府继续实施"印太战略"通过整合盟伴体系,强化"一体化威慑"、推动"印太经济框架"谈判、在高科技领域拉盟友构筑"小院高墙"和对华"脱钩断链"、塑造"威权"与"民主"价值观的对立,推动其"印太战略"走实走深,以维护美国的霸权地位。未来中美博弈将是一个长期而艰难的过程,我们应加强中美沟通和交流,维持中美关系的稳定,营造一个和平稳定的周边安全环境。

2022 年全球政治安全形势受乌克兰危机、中美博弈与新冠疫情的冲击,表现出巨大的不确定性和脆弱性。正如中国共产党二十大报告指出

---

* 曹筱阳,中国社会科学院亚太与全球战略研究院副研究员。

的，"世界之变、时代之变、历史之变正以前所未有的方式展开"。① 在乌克兰危机引发欧洲局势动荡之际，美国并没有放松在"印太"地区的战略布局，反而把中国定义为长期、全面的竞争对手，对中国的遏制围堵不断加码。在美国"印太战略"的冲击下，亚太地区秩序经历了冷战结束以来最大的调整，地区安全局势仍处于调整和分化中，在未来发展中仍将受到中美关系的深刻影响。

一、拜登政府升级"印太战略"

2022 年 2 月，乌克兰危机爆发，这是冷战结束后全球最大的地缘政治事件，对国际秩序造成巨大冲击。尽管如此，在此背景下，美国仍把中国认定为最大的地缘政治挑战和"步步紧逼"的威胁，调动外交、军事、经济等资源遏制打压中国。拜登政府通过整合、升级盟伴体系，强化"一体化威慑"、推动"印太经济框架"谈判、在高科技领域拉盟友构筑"小院高墙"和对华"脱钩断链"、塑造"威权"与"民主"价值观的对立，推动其"印太战略"走实走深，以维护美国的霸权地位。

（一）美国借机捆绑中俄，塑造意识形态领域的阵营对立

拜登政府一直强调中美之间价值观的对立，认为中美博弈是"民主"与"威权"两种制度和两种模式的较量。《美国国家安全战略》报告指出，未来十年中美之间的竞争将决定国际秩序的性质，② 因此美国

---

① 习近平：《高举中国特色社会主义伟大旗帜，为全面建设社会主义现代化国家而团结奋斗——在中国共产党第二十次全国代表大会上的报告》，人民出版社，2022，第 60 页。

② The White House, *National Security Strategy*, October 2022, https://www.whitehouse.gov/wp-content/uploads/2022/10/Biden-Harris-Administrations-National-Security-Strategy-10.2022.pdf.

要联合全球民主国家在意识形态领域加大对中国的遏制。2022 年 5 月，美国国务卿布林肯在对华政策演讲中指出，美国力量的核心来自民主。虽然美国的民主不完美，但民主是美国在这场竞赛中最主要的口号之一。"现在，北京认为它的模式更好，党领导的中央集权制度更有效率，更少混乱，最终优于民主。我们不寻求改变中国的政治制度。我们的任务是再次证明，民主能够应对紧迫的挑战，创造机会，促进人的尊严；民主能够促进人类尊严。未来属于那些相信自由的人，所有国家都可以自由地在没有胁迫的情况下规划自己的道路。"①

乌克兰危机爆发后，美国借俄乌冲突捆绑中俄，加大对中国形象抹黑和舆论打压，加紧巩固美欧对华小圈子。美国先是通过炒作中俄特殊关系、散布中国在俄军事行动前知情而不加制止等谣言，试图将国际压力引向中国。之后美国通过媒体宣传、高层对话等多种途径对中国进行威胁和警告，企图把俄罗斯变成中国的战略负担，加大对华遏制打压。乌克兰危机也成为美国塑造同盟的工具，美国通过构建民主同盟共同对中俄施压，加强与盟友在外交和经济上的协调行动。

2023 年 3 月，第二届美国"民主峰会"以视频方式举行，美国邀请哥斯达黎加、荷兰、韩国和赞比亚四国共同主办，邀请 120 个国家的领导人参加，以彰显其广泛的代表性。美国表示将新增 6.9 亿美元的援助，推进全球民主事业。这场峰会的实质是以美国标准划定所谓"民主国家"与"非民主国家"，塑造阵营对立，维护美国的霸权，打压中国。

（二）加速整合盟伴体系，构建对华遏制包围圈

拜登政府改变特朗普政府以"交易主义"对待盟友的方式，视盟友

---

① Atony Blinken, "The Administration's Approach toward People's Republic of China," U.S. Department of State, May 26, 2022, https://www.state.gov/the-administrations-approach-to-the-peoples-republic-of-china/.

为美国力量的独特优势和"力量倍增器"，谋求同盟的现代化。乌克兰危机后，军事安全在各国外交中的地位凸显，美国主导的亚太同盟体系得到空前强化。这既是乌克兰危机对地区安全影响的外溢，也是拜登政府精心追求的结果。一方面，拜登政府不断升级传统的亚太双边同盟关系，同时重点推进盟国之间加强合作，尤其是日本与韩国、日本与菲律宾、澳大利亚与日本的合作；另一方面，美国根据不同议题打造更灵活、更高效的小多边同盟，推动欧洲和北约与"印太"地区的联动，构建遏制中国的多边机制，以维护美国霸权。

在美日关系上，随着2022年底新版日本《国家安全保障战略》的出台，美日同盟进入新的时代，同盟由"防御性"向"进攻性"蜕变。日本计划未来5年将防卫预算提升至国内生产总值的2%，日本自卫队将拥有打击敌方导弹基地的所谓"反击能力"。2023年1月，美日举行外长防长"2+2"会议，双方就实现联盟的现代化、扩大联盟伙伴关系、优化联盟态势等方面进行协商。美日同盟的合作涵盖军事、经济、科技、价值观等多方面的内容，在美日同盟紧密合作的基础上，双方将拓展与澳大利亚和东盟的合作，致力于构建"自由开放的印太"。双方表示将在有效运用反击能力方面深化合作，确认在外太空开展合作，对太空和太空内部的威胁可能援引《美日安保条约》第五条。[①]

日韩关系大幅改善。日本和韩国由于历史问题和领土问题存在摩擦，2018年以来双边关系低迷。但尹锡悦政府上台后，韩国主动改善与日本的关系，2023年3月尹锡悦访问日本，韩日关系回暖。日韩关系的改善，为美日韩三边合作奠定了基础。同时，拜登政府发布的新版《美

---

① U. S. Department of Defense, *Joint Statement of the 2023 U. S. -Japan Security Consultative Committee ("2+2")*, January 11, 2023, https://www. state. gov/joint-statement-of-the-security-consultative-committee-22/.

国印太战略》把拓展美日韩三边合作作为其"印太"行动计划的重要内容。① 在美国的推动下，美日韩三边互动也不断增强。2022 年 6 月，美日韩首脑在北约马德里峰会期间举行首次会晤，11 月，在柬埔寨金边东亚峰会期间，美日韩首脑再次举行会晤。2022 年 6 月，美日韩三方决定重启联合军演。预计未来美日韩三边合作将进一步加强。

日澳合作更加紧密。2022 年 1 月，日本和澳大利亚签署《互惠准入协定》，该协定使两国可以更方便地进行军事资源共享，以支持更多的联合军事训练乃至联合军事行动。10 月 21 日，日本首相岸田文雄访问澳大利亚，日澳签署新的安全合作联合宣言，双方将进一步加强军事合作，并对抗经济施压。宣言还呼吁日澳在太空、网络和地区能力建设领域加强合作，加强情报分享。

小多边层面，美日印澳"四边机制"、美英澳三边安全伙伴关系、美英加澳新"五眼联盟"在不断推进；美日韩合作取得突破，美国还积极推动美日韩、美日菲、美日澳、美菲澳等三边互动；构建美日韩与中国台湾地区"芯片四方联盟"（Chip4）。拜登政府在不同议题和问题领域组建相当稳固的多边同盟体系，使同盟协调能力大大加强。这种小多边同盟具有灵活、高效的特点，多种联盟体系相互协调、相互补充，使美国的掌控和部署能力大大加强。

2022 年 2 月，拜登政府发布《美国印太战略报告》，表示将强化四边机制在"印太"地区的首要地位和主导作用，加强四边机制与其他机制的合作。目前，四边机制已建立六个国家领导人级别的工作组，分别侧重于新冠疫情应对和全球卫生安全、气候、关键和新兴技术、网络空

---

① The White House, *Indo-Pacific Strategy of the United States*, February 2022, p. 1, https://www. whitehouse. gov/wp-content/uploads/2022/02/U. S. -Indo-Pacific-Strategy. pdf.

间、太空和基础设施等领域。① 2022年5月24日，在东京举办的"四边机制"峰会上，美日印澳四国领导人宣布了新的海事倡议——"印太海域态势感知伙伴关系"（The Indo-Pacific Partnership for Maritime Domain Awareness，IPMDA）。印太海域态势感知伙伴关系将提供接近实时、集成的海域态势图，将改变太平洋岛屿、东南亚和印度洋地区合作伙伴全面监测其海域的能力，进而维护"自由和开放的印太地区"。② 英国《金融时报》称，该计划旨在遏制中国在"印太"地区非法捕鱼。美国官员认为中国应对"印太"地区95%的"非法捕捞"负责，美国国际战略研究所澳大利亚项目主席查尔斯·埃德尔（Charles Edel）认为，"中国已成为世界上最大的非法捕鱼国"。③ 该倡议通过舆论和外交攻势，其根本目的是通过"印太"地区渔业领域的合作，构建针对中国的全面海洋信息网络，遏制中国海洋战略发展空间。

乌克兰危机升级后，美英澳三边安全伙伴关系的军事合作加速推进。2023年3月，美英澳三国宣布了发展澳核动力潜艇的具体步骤和时间表，包括人员培训、轮换部署、购买和交付四个环节。预计2040年将交付由英国设计，融合三国尖端技术，由英澳共同运营的装备常规武器的核动力潜艇。三方表示，这一计划"将提高三个国家在未来几十年生产和维持可互操作核动力潜艇的工业能力，扩大在印太地区的单独和

---

① The White House, "Fact Sheet: Quad Leaders' Tokyo Summit 2022," May 23, 2022, https://www.whitehouse. gov/briefing-room/statements-releases/2022/05/23/fact-sheet-quad-leaders-tokyo-summit-2022/.

② Ibid.

③ 鞠峰：《找新借口针对中国，英媒爆料拜登要拉盟友追踪中国所谓"非法捕鱼"》，观察者网，2022年5月22日；The White House, "Fact Sheet: Quad Leaders' Tokyo Summit 2022," May 23, 2022, https://www.whitehouse. gov/briefing-room/statements-releases/2022/05/23/fact-sheet-quad-leaders-tokyo-summit-2022/; Demetri Sevastopulo, "'Quad' Security Group Plans System to Track Illegal Fishing by China," *Financial Times*, May 22, 2022, https://www.ft.com/content/4066cc72-119a-48e2-b55c-980c4e3f6c9a.

集体水下存在"。① 这一计划还将推动三国在信息共享和尖端技术合作、国防工业整合方面的紧密合作。根据新版《美国印太战略》报告，四边机制将加强与美日韩三边机制、美英澳三边安全伙伴关系、东盟等机制的合作。②

东南亚是美国"印太战略"实施的重点地区。拜登政府加大对东盟的外交力度，极力争取东盟共同对付中国。美国于 2022 年 5 月邀请东盟各国到华盛顿召开"美国—东盟特别峰会"，并于 2022 年 11 月将双边关系提升为"全面战略伙伴关系"。美国加大对东盟的援助，尤其是海上能力建设，派美国海岸警卫队到东南亚对各国进行培训。美国还联手日本、英国、澳大利亚和新西兰打造"蓝色太平洋伙伴关系"，召开首届"美国—太平洋岛国"峰会，加大对太平洋岛国的拉拢。

（三）军事上，美国强调"一体化威慑"和以"集体"的力量应对所谓的中国挑战

"印太"地区是美国军事投入的重点和优先区域。在乌克兰危机的背景下，2022 年《美国国防战略》仍将"印太"视为优先战区，持续增加军事存在和投入。自《2021 年国防授权法案》中把"太平洋威慑倡议"（PDI）以单列条款的形式固定下来以来，"太平洋威慑倡议"一直受到国会的重点关注。2021 年，"太平洋威慑倡议"获得美国国会 22 亿美元的专项拨款，2022 年和 2023 年分别获得 71 亿美元和 61 亿美元的拨款。③ "太平洋威慑倡议"是美国国防部专门为应对所谓中国"步

---

① The White House, *Joint Leaders Statement on AUKUS*, March 13, 2023, https://www.whitehouse.gov/briefing-room/statements-releases/2023/03/13/joint-leaders-statement-on-aukus-2/.

② The White House, *Indo-Pacific Strategy of the United States*, February 2022.

③ 王联合：《美国"太平洋威慑倡议"：缘起与影响》，《太平洋学报》2021 年第 6 期，第 31 页。

步紧逼"的威胁而设立，主要用于加强美军能力建设与作战概念和计划的更新，以及美国盟友和伙伴的能力建设，以加强对华军事威慑。①

拜登政府发布的《美国国防战略》把"一体化威慑"视为美国国防战略的关键。"一体化威慑"是"太平洋威慑倡议"的进一步延伸。"一体化威慑"是指美国联合盟友，实现跨部门、全领域、全政府的创新、协调与合作，最大限度地整合与发挥各方优势，从而起到威慑对手的作用。② 为实现"一体化威慑"，美国大大强化"印太"军事部署、更新作战理念，拉拢地区盟友，企图打造遏制中国的一体化力量体系，维护和巩固其"印太"霸权地位。

在大国博弈的背景下，美国不断提高军费预算，以取得军事上的绝对优势。2022年3月28日，美国白宫公布2023财年国防预算，高达8133亿美元。经过长达半年多的讨论和审议，美国参众两议院均认为这份国防预算根本无法维护美国的国家安全和海外利益。2022年12月，美国参众两议院先后批准了2023年财年《国防授权法案》，将国防预算增加到8580亿美元，超出拜登政府提出的国防预算申请约450亿美元，较上一年度增长8%。③

美国还寻求在东南亚地区建立新的立足点，自2022年6月底马科斯出任菲律宾总统以来，美菲同盟关系迅速升温。美国国务卿布林肯、副总统哈里斯、国防部长奥斯汀、贸易代表戴琪等高官相继访问菲律

---

① "Pacific Deterrence Initiative," Department of Defense Budget Fiscal Year (FY) 2023, April 2022, https://comptroller. defense. gov/Portals/45/Documents/defbudget/FY2023/FY2023_ Pacific_ Deterrence_ Initiative. pdf.

② Lloyd J. Austin Ⅲ, "Secretary of Defense Remarks for the U. S. INDOPACOM Change of Command," U. S. Department of Defense, April 30, 2021, https://www. defense. gov/news/Speeches/Speech/Article/2592093/secretary-of-defense-remarks-for-the-us-indopacom-change-of-command/.

③ Bryant Harris, "Congress Authorizes 8% Defense Budget Increase," *Defense News*, December 16, 2022, https://www.defensenews. com/congress/budget/2022/12/16/congress-authorizes-8-defense-budget-increase/.

宾，就提升美菲同盟关系进行磋商。2023 年 2 月美国国防部长奥斯汀访问马尼拉后，双方宣布将加快"全面实施"《加强防务合作协定》（EDCA），菲将增设四个位于"战略要地"的新的军事基地供美军使用。[①] 美国增加在菲律宾的军事存在，使美国在南海和台海地区的干预能力大大加强。美国也加强在澳大利亚、日本等国的军事存在和轮换部署。[②]

（四）经济上，美国构建"印太经济框架"，推动供应链重塑，致力于主导"印太"地区经济规则

2022 年 5 月 23 日，美国总统拜登在东京宣布，正式启动"印太经济框架"（Indo-Pacific Economic Framework, IPEF）。"印太经济框架"有 14 个创始会员国，分别是美国、澳大利亚、日本、韩国、马来西亚、新加坡、菲律宾、文莱、新西兰、泰国、印度尼西亚、越南、印度和斐济。东盟国家中除缅甸、柬埔寨、老挝和东帝汶未参加外，其余 7 国均为创始会员国。斐济是第一个加入"印太经济框架"的太平洋岛国。该框架启动后，美国与相关国家举行了几次低级别会谈和线上部长级会议，并于 2022 年 9 月和 2023 年 3 月在洛杉矶和巴厘岛举行了两轮线下部长级会谈。

印太经济框架有四个支柱：一是互联经济，强调高标准的数字经济，包括跨境和当地数据流动，确保小微企业能从电子商务中获利；二是有韧性的经济，强调供应链应给经济提供更有韧性的支持，建立早期

---

① "Readout of Secretary of Defense Lloyd J. Austin Ⅲ Meeting with Philippine Senior Undersecretary and Officer in Charge of the Department of National Defense Carlito Galvez," U. S. Department of Defense, February 2, 2023, https://www.defense. gov/News/Releases/Release/Article/3286507/readout-of-secretary-of-defense-lloyd-j-austin-iii-meeting-with-philippine-seni/.

② 《美防长：美国将增加在澳大利亚的海陆空部队轮换》，新华网，2022 年 12 月 8 日，http://www.xinhuanet.com/mil/2022-12/08/c_1211707358.htm。

预警机制、确保关键矿产的获取和供应、强化关键领域中的溯源能力；三是清洁经济，主要在清洁能源、脱碳方面展开合作，为应对气候变化而采取行动；四是公平经济，寻求制定和执行有效的税收、反洗钱和反贿赂制度，以促进公平竞争。[①] 从表面上看，"印太经济框架"是一项经济协议，但实际上却是美国在经济领域围堵中国、维持世界霸权的地缘政治工具。

推动供应链重塑是拜登政府经济政策的一大核心，也是"印太经济框架"的核心内容。受新冠疫情蔓延、乌克兰危机久拖未决与大国博弈日益激烈的影响，供应链安全的脆弱性一再显现。拜登政府通过一系列措施来推动供应链重塑，对内整合资源，推动海外产业链回迁，促进制造业回流；对外以提升供应链韧性为契机，与盟友、伙伴建立起双边和小多边联盟，将产业链转移到"近岸"生产或"友岸外包"，降低对中国的依赖，企图在全球产业链布局中实现"去中国化"的目的。[②]

在数字经济时代，芯片作为高科技领域的核心设备和战略资源，已成为美国对华竞争的重要领域。2022 年 3 月，美国政府提议与韩国、日本、中国台湾建立"芯片四方联盟"，试图将中国大陆排除在全球半导体供应链联盟之外。8 月 9 日，美国总统拜登签署《芯片与科学法案》，禁止获得美国联邦资助的公司在中国建立拥有先进技术的工厂。2023 年 1 月 27 日，美国与日本、荷兰在芯片领域结成强大联盟限制中国获得先进半导体设备。1 月 31 日，美印在白宫共同举行"美印关键和新兴技术倡议"（iCET）第一次正式会议，双方将在创新生态系统、国防创新与

---

① The White House, "Fact sheet: In Asia, President Biden and a Dozen Indo-Pacific Partners Launch the Indo-Pacific Economic Framework for Prosperity," May 23, 2022, https://www.whitehouse.gov/briefing-room/statements-releases/2022/05/23/fact-sheet-in-asia-president-biden-and-a-dozen-indo-pacific-partners-launch-the-indo-pacific-economic-framework-for-prosperity/.

② 孙成昊、申青青：《拜登政府供应链重塑战略：路径与前景》，《美国研究》2023 年第 1 期，第 114 页。

技术合作、弹性半导体供应链、太空合作、科技人才培养、下一代电信技术研发合作六大领域加强合作。2023 年 2 月 16 日，芯片四方联盟举行首次高级官员视频会议，四方就如何保持半导体供应链韧性和未来各方可能的合作方向进行讨论。[①]

二、乌克兰危机加剧中美战略博弈

拜登政府 2022 年发布的新版《美国印太战略》《美国国家安全战略》报告和《美国国防战略》等重要文件，集中体现了美国对中国的定位以及如何应对来自中国的挑战。拜登政府认为"中国是唯一既有意图，又有能力颠覆现有国际秩序"的国家。2023 年 5 月 26 日，美国国务卿布林肯在乔治华盛顿大学发表对华政策演讲，他表示，中美关系是当今世界上最复杂、最重要的关系之一，尽管乌克兰危机还在继续，但美国将聚焦于"中国对国际秩序的长期、严峻挑战"。[②] 演讲被认为是拜登政府正式将对华战略由之前的"竞争、合作、对抗"调整为"投资、协同、竞争"（Invest，Align，Compete）。"投资"是指投资于美国国内的优势基础——提升竞争力、创新力和民主；"协同"是指与盟友和伙伴保持一致，采取共同行动；"竞争"是指与中国竞争，捍卫美国和盟友的利益及共同愿景。这三者的关系是：美国将投资于国内的竞争力并与盟友和伙伴协同作战，最后"竞赢"中国。布林肯也强调了"不

---

① "Taiwan Says 'Fab 4' Chip Held First Senior Officials Meeting," Reuters, February 26, 2023, https://www.reuters.com/technology/taiwan-says-fab-4-chip-group-held-first-senior-officials-meeting-2023-02-25/.

② Atony Blinken, "The Administration's Approach toward People's Republic of China," U.S. Department of State, May 26, 2022, https://www.state.gov/the-administrations-approach-to-the-peoples-republic-of-china/.

寻求冲突或新的冷战""不寻求改变中国的政治体制"以及不强迫各国在中美之间做出选择。但在实践中，美国大搞意识形态划线和阵营对抗，使地区安全形势更为动荡不安。而中美关系在 2022 年也因乌克兰危机与时任美国众议院议长佩洛西窜访中国台湾地区两大事件不断走低，似乎难以抑制向下的螺旋式发展。11 月，巴厘岛二十国集团峰会期间中美两国领导人会晤达成稳定中美关系的共识，似乎让人看到一线希望，但是 2023 年初"气球事件"使脆弱的中美关系难以承受"气球"之重，再次跌至谷底。美国国务卿布林肯原定于 2023 年初访华被推迟，中美间各种磋商机制暂停。总体来看，2022 年中美关系呈现三大特征。

（一）乌克兰危机加剧中美关系紧张

中美对乌克兰危机爆发的原因、如何解决危机都持不同看法。危机爆发后几周内，美国及其亚洲、欧洲盟友和伙伴对俄罗斯实施了前所未有的制裁，包括冻结俄罗斯银行的资产、将一些俄罗斯银行从国际金融信息系统 SWIFT 移除，以及出口限制等。同时，美国不断对华发起攻势，其媒体和官员炒作中俄特殊关系，散布中国对俄军事行动提前知情却不加制止、中国准备对俄罗斯提供军事援助等负面虚假消息，要求中国谴责俄罗斯并遵守美国对俄罗斯的制裁，警告中国如果对俄罗斯提供任何军事和经济援助，将要承担严重后果。2022 年 3 月，美国国家安全顾问沙利文与中共中央政治局委员、中央外事工作委员会办公室主任杨洁篪会面时表示，如果中国对俄罗斯提供任何协助，无论是违反制裁还是支持战争，"将会有严重后果"。[①] 4 月，美国财政部长耶伦在大西洋理事会讲话中表示，如果中国不利用与俄罗斯的特殊关系"作出积极的

---

① 《沙利文罗马会晤杨洁篪：白宫称美中就乌克兰局势进行了"实质性讨论"》，BBC 中文网，2022 年 3 月 14 日，https://www.bbc.com/zhongwen/simp/world-60732715。

事情"并"帮助结束这场战争",那么中国本身可能会面临重大的经济打击。她表示,"世界对中国的态度及其接受进一步经济一体化的意愿很可能会受到中国对我们对俄罗斯采取坚决行动的呼吁的反应的影响"。她强调贸易与价值观的关系,呼吁建立一个"新型布雷顿森林体系"。①美国国务卿布林肯在多个场合表示,如果中国对俄罗斯提供军事援助,将会面临"真正后果"。②

美国利用乌克兰危机进一步拉拢欧洲,推动美欧联合对华施压,推动北约更多地关注"印太"和中国,离间中国与欧盟的关系。2022年6月在马德里举行的北约峰会上,日本和韩国领导人首次应邀参加。会后发布的《北约2022战略概念》文件称中国对北约构成"系统性挑战","中国正在加深与俄罗斯的战略合作关系,试图颠覆基于规则的国际秩序"。③北约表示将加强与盟友的合作,应对来自中俄的挑战,美国也对亚太地区加强外交攻势,抹黑中国,推动亚太盟友和伙伴对华遏制。"北约印太化"和"印太北约化"的趋势更加明显。

(二) 台海问题成为美国遏制中国的重要抓手

乌克兰危机爆发后,针对台湾岛内"今日乌克兰,明日台湾"等言论,美国一方面派出前政府高级官员和军官组成的代表团访问中国台湾地区,进行安抚。3月1日,前参谋长联席会议主席、退役海军上将迈克·马伦(Michael Mullen)率五位前政府官员访问中国台湾。3月2

---

① Nick Fouriezos, "Janet Yellen's Message to the World: There Can Be no 'Sitting on the Fence' on Russia," April 13, 2022, https://www.atlanticcouncil.org/blogs/new-atlanticist/janet-yellens-message-to-the-world-there-can-be-no-sitting-on-the-fence-on-russia/.

② 吴映璠:《布林肯:北京考虑军援俄罗斯 将有严重后果》,台湾"中时新闻网",2023年2月20日,https://www.chinatimes.com/cn/realtimenews/20230220001419-260408? ctrack = pc_main_headl_p01&chdtv。

③ *NATO 2022 Strategic Concept*, NATO, June 29, 2022, https://www.nato.int/nato_static_fl2014/assets/pdf/2022/6/pdf/290622-strategic-concept.pdf.

日，美国前国务卿蓬佩奥访问中国台湾地区，并呼吁美国应承认中国台湾地区是一个"自由的主权国家"。① 美国国会议员也多次访问中国台湾，以表达对中国台湾的支持。如4月14日，美国参议院外交关系委员会主席鲍勃·梅南德斯等六名美国议员抵达中国台湾，进行事先未宣布的访问。8月2日，时任美国众议院议长佩洛西窜访中国台湾，严重威胁台海和平稳定。从8月4—10日，中国人民解放军在台湾岛周围举行大规模军事演习，维护国家主权和领土完整，反制"台独"分裂势力和外部势力干涉。另一方面，美国通过外交和对台军售不断增强对中国台湾地区的支持，提升台湾岛的军事实力和美台军事协作能力。根据维基百科的统计，截至2023年3月1日，拜登政府2022—2023年对台军售共8次，总额约27.56亿美元。②

2022年5月初，美国国务院网站更新了对美台关系的表述，删除了"美国不支持'台独'"，删除了中美两国联合公报中关于"美国承认中国的立场，即只有一个中国，台湾是中国的一部分"内容。③ 经中国外交部抗议后，5月28日美国国务院网站又把表述变更为："我们反对任何一方单方面改变现状；我们不支持'台湾独立'；我们期待两岸分歧能够通过和平方式解决"。④ 关于一个中国原则的表述仍被删除，这意味着美国违背对中方的承诺，试图不断虚化掏空一中原则。拜登总统在5月访问东京时和9月18日在哥伦比亚广播公司（CBS）访谈节目中表

---

① Brian Hioe, "Taiwan Welcomes Pompeo While Watching Ukraine," *The Diplomat*, March 5, 2023, https://thediplomat.com/2022/03/taiwan-welcomes-pompeo-while-watching-ukraine/.

② 《美国对台军售列表》，维基百科，https://zh.wikipedia.org/zh-hans/%E7%BE%8E%E5%9B%BD%E5%AF%B9%E5%8F%B0%E5%86%9B%E5%94%AE%E5%88%97%E8%A1%A8。

③ Bonnie S. Glaser, "US-China Relations Sink Further amid Another Taiwan Strait Crisis." September 2022, *Comparative Connections* 24, Iss. 2, https://cc.pacforum.org/2022/09/us-china-relations-sink-further-amid-another-taiwan-strait-crisis/.

④ U.S. Department State, "Fact Sheet: U.S. Relations with Taiwan," May 28, 2022, https://www.state.gov/u-s-relations-with-taiwan/.

示，如果台湾岛受到中国大陆进攻，美国将"保卫台湾"。虽然后来白宫表示美国的对台政策并没有改变，但是拜登总统四次作出此番表态，[①] 预示着美国对台政策走向"战略清晰"的可能性加大。

乌克兰危机后，台海问题成为美国塑造盟伴体系的重要"抓手"，美国不断炒作中国"武统台湾"的时间表，鼓动盟友在台海问题上表态，甚至制定预案和进行军事部署准备。拜登政府对台政策挑衅性和冒险性大幅上升，中美在台湾问题上的对抗呈加剧之势。[②]

（三）美国对华科技战进一步升级

拜登政府将科技战置于对华战略的核心地位，在芯片半导体、人工智能、量子等领域对华开展精准打击。拜登政府的科技政策不再满足于维持相对优势，而是追求对华"绝对优势"。拜登政府对华科技竞争主要包括以下三个方面。

首先，提升美国国内科技竞争力，包括对半导体、人工智能、量子技术等新兴科技领域进行重点扶持。2022 年 8 月，美国总统拜登先后签署的《2022 年芯片和科学法案》和《通胀削减法案》充分反映了美国在各细分行业、领域内的立法实践，通过提供巨额补贴、税收抵免、增加研究资金等方式大力推动美国本土芯片、半导体、人工智能、新能源等产业链发展，确保美国技术制造和国防供应链安全，促进高科技产业制造回流美国，体现出打破国内政策与对外政策的界限、加强内外联动的趋势，未来美国对华打压可能进一步加强。

其次，通过投资限制和出口管制，迟滞中国高科技发展。2022 年 10 月 7 日，美国工业与安全局（Bureau of Industry and Security, BIS）发

---

① 拜登总统曾于 2021 年 8 月和 10 月接受美国广播公司（ABC）、美国有线电视新闻网（CNN）采访时表示美国将协助保卫中国台湾。

② 吴心伯：《探索中美战略博弈的边界》，《国际问题研究》2023 年第 2 期，第 46 页。

布了"一揽子"出口管制新规，《纽约时报》称为"相当于向中国发起经济战的宣战文书"。[①] 美国把特定的高性能计算机芯片、含有此类芯片的计算机产品以及半导体制造设备、软件和技术加入《商业管制清单》；使用美国软件或技术的外国产品在出口时都将受到美国管制；所有最终用户和最终用途为中国半导体企业都将采取"推定拒绝"原则。[②] 美国的目的是削弱中国生产甚至购买高端芯片的能力，限制中国人工智能产业的发展。美国华盛顿战略与国际问题研究中心人工智能和先进行技术主任格雷戈里·艾伦说，"10月7日体现的新政策是：我们不仅不允许中国在技术上取得任何进展，我们还将积极扭转他们目前的技术水平"。[③]美国把大量中国高科技企业列入"实体清单"或"未核实清单"，对其进行打压，还在考虑出台对中国高新技术领域限制投资的法令，进一步收紧中美在高科技领域的合作。

最后，组建小集团对华进行科技打压和限制，确保美国对华高科技冷战的政策效果。美国深知在一个全球化的世界，仅靠美国一家并不能封锁遏制中国高科技发展，因此组建科技联盟共同遏制和打压中国高科技发展。美国组建芯片四方联盟；美欧成立贸易与技术委员会，加强在新兴技术方面的研发，支持在第三国打造安全、有弹性的数字链接以及通信技术与服务供应链，加大在出口管制和制裁相关领域的合作；加强四边机制在新兴技术和供应链方面的合作；与日本和荷兰成立针对中国的高端芯片技术出口联盟等，这些经济和科技联盟的目的在于提升美国高科技竞争力、维护美国军事优势和封杀中国高科技发展，维护美国科

---

① Alex W. Palmer：《"这是一种战争行为"：解码美国对华芯片封锁行动》，纽约时报中文网，https://cn.nytimes.com/usa/20230713/semiconductor-chips-us-china/。

② 魏雪巍：《拜登政府对华半导体技术出口管制又有新举措》，《世界知识》2022年第22期，第53页。

③ Alex W. Palmer：《"这是一种战争行为"：解码美国对华芯片封锁行动》，纽约时报中文网，https://cn.nytimes.com/usa/20230713/semiconductor-chips-us-china/。

技霸权。

三、美国"印太战略"与中美关系的未来走向

第一，拜登政府的"印太战略"把中国视为竞争对手和战略挑战，要塑造中国的战略环境，形成有利于自己的力量平衡，以维持其绝对优势和全球霸权。

拜登政府借盟伴力量牵制中国发展，塑造阵营对立，对亚太地区秩序和中美关系的发展形成挑战和冲击。未来中美关系持续面临着压力和风险，主要包括以下三个方面：中美战略博弈将持续存在，美国将继续推动"印太北约化"和"北约印太化"的发展，中国在周边面临的压力恐将持续上升。

拜登政府发布的系列政府文件和布林肯关于"投资、协同、竞争"的对华政策讲话反映了美国对未来十年"竞赢"中国的理性思考和战略方针。虽然美国政府强调不寻求与中国发生"新冷战"，不改变中国政治制度，不支持"台湾独立"，不寻求与中国"脱钩"，无意遏制中国经济发展，但在实际中，美国反其道而行之。未来美国将继续联合盟友，推动"印太北约化"和"北约印太化"，构建广泛的反华包围圈，甚至塑造阵营对立，在经济、高科技、军事领域对华遏制围堵，以谋求美国的"绝对优势"和霸权地位。随着美日韩三边合作取得重大进展、美英澳三边安全伙伴关系持续深化合作、台湾问题和南海问题的国际化，中国在周边面临的压力可能将持续增大。面对周边环境和中美博弈的长期性，中国需要保持清醒认识，要保持战略定力，处理好国内经济问题，加强对周边外交，营造一个相对理想的周边环境是首要任务。

第二，美国将继续在高科技和经济领域对华开展激烈竞争，构建美国主导的地区经济规则。

未来，美国将继续在科技领域维持对华高压态势。美国在半导体芯片领域对华打压刚刚开始，后续配套措施预计将不断出台。美国计划在2023年亚太经合组织会议上签署"印太经济框架"协定，"印太经济框架"的核心是确立新的地区经济规则和建立"去中国化"的供应链，一旦达成，将对中国经济发展和地区一体化带来负面影响。中国需要加快科技攻关、自力更生解决"卡脖子"问题，同时积极利用《区域全面伙伴关系协定》机制发展同亚太国家的经济一体化，稳住以中国为中心的地区供应链安全。

第三，台湾问题将成为中美关系中最棘手、最具破坏性的问题。

拜登政府从中美地缘战略竞争和科技竞争的角度看待台湾问题，中国台湾地区在美国"印太战略"中的地位上升。近年来，美国通过外交、对台军售、国会立法和对台实质交往等方式不断掏空一个中国原则，为"台独"撑腰打气，极大地损害了中国的核心利益。美国不断强化对台军事合作，增加在东南亚和澳大利亚的军事部署，谋求在第一岛链和第二岛链间的联结和互动，加强对"台海有事"的战争准备和战略部署，使台海爆发冲突的风险不断上升。中国应警惕南海问题和台湾问题的联动。中美应恢复各领域的对话与沟通，管控分歧与争议，避免两国关系失控。

乌克兰危机的走向也将影响地区安全形势，影响各方对台海问题的判断。长期以来，美国国内对于对台政策有"战略清晰"呼声，美国的行为也在不断触碰中国的底线，中国既要对美国对台政策动向保持警惕和斗争，也要加大对周边环境的塑造，建设一个和平稳定的周边环境。

新形势下
俄罗斯的内外变局与亚太外交

李琰　李旻[*]

【内容摘要】对乌克兰发动特别军事行动是俄罗斯重塑周边安全形势、争取国际地位的重大决策，这一事件令国家发展面临的内外环境迎来巨变。俄罗斯成功维持了国内政治、经济和社会形势的基本稳定，并在与"西方集体"的关系决裂后重新规划了自身的外交战略，其对外政治和经济交往重心加速"转向东方"和"转向南方"。亚太地区在俄外交版图中的优先度整体提升，但在具体国别合作上出现分化加剧的趋势。在与日、韩等"不友好国家"保持距离的同时，俄罗斯加强与亚太地区传统盟友和"友好国家"接触，期待与中国、印度、东盟的合作能助其打破外交孤立，并在一定程度上取代欧洲，成为俄重要能源出口市场以及投资、技术来源地。

2022 年 2 月，俄罗斯对乌克兰发起"特别军事行动"，成为俄罗斯

* 李琰，中国国际问题研究院欧亚所助理研究员；李旻，中国国际问题研究院亚太所助理研究员。

外交史上值得记录的一个转折点。该行动被认为是俄罗斯使用强力手段对全球"控权者"发起的直接挑战，对西方不断挤压其地缘空间的绝地反击，以及争取国际地位和重塑欧洲安全框架的关键一搏。2022 年俄罗斯的内外政策都是围绕这一事件展开的。乌克兰危机致使俄罗斯与西方关系急速崩塌，经历西方外交孤立和经济"脱钩"的俄罗斯不得不重塑自身对外政策，而"转向东方"政策作为对冲外部风险的战略工具被提升到前所未有的高度。其中，俄罗斯的亚太外交转入全新阶段。

一、俄罗斯努力破解内外交困局面

在世界格局进入转型重塑期的背景下，俄罗斯尝试抓住时机、先发制人，通过"特别军事行动"阻止北约东扩至俄边境和侵染其"势力范围"，凭此战推动建立一个有俄罗斯参与的新的欧洲安全架构。在全力与西方国家支持下的乌克兰开展"混合战"的同时，俄罗斯稳住了国内政治经济形势，努力在经济制裁与外交围堵中开辟新的发展方向。

（一）选择武力破局的动因和目的

俄罗斯智库外交和国防政策委员会主席卢基扬诺夫指出，防止国家跌落至世界政治的第二或第三梯队是进入 21 世纪以来俄罗斯外交的一贯目标，俄罗斯的国际地位在 21 世纪初头 10 年中已然能够跻身第一梯队，然而并没有得到与之相应的"待遇"。① 俄罗斯追求欧亚地区主导权与美国追求世界霸权之间的矛盾在乌克兰问题上一触即发。

---

① Какое место мятеж ЧВК "Вагнер"занимает на шкале развития России, Профиль, 27 июня 2023, https://profile. ru/society/kakoe-mesto-myatezh-chvk-vagner-zanimaet-na-shkale-razvitiya-rossii-1348 786, 访问日期：2023 年 4 月 2 日。

2021 年底，俄罗斯在西部边界施加强大军事压力，希望通过"以攻代守"策略和外交谈判手段取得长期的书面安全保证，阻止北约东扩。2022 年初，俄罗斯分别与美国、北约、欧安组织进行了 3 场安全对话，但并未获得任何实质性承诺，其所提的安全方案也没得到回应。随后，俄罗斯宣布承认乌克兰顿巴斯地区独立并对基辅用兵，目标是实现乌"去军事化""去纳粹化"以及保持中立地位。从长远看，俄罗斯期待以军事胜利赢得参与构建地区安全架构的话语权和应有的国际地位，不惜因此与西方彻底翻脸并承受一些暂时的困难，其在内政外交上诸多调整也是服务于这一阶段性目标，旨在团结一切力量，调配一切资源支持这场"国运之战"。这也再度印证了俄罗斯政治文化中的"安全至上"理念。

（二）消除潜在政治危机的努力和成果

为防止国内因战生乱，俄罗斯当局"攘外""安内"同步进行，维持了政治、经济和社会形势的基本稳定。"特别军事行动"初期，俄罗斯社会上不乏反战的声音，民意分裂，甚至在局部地区出现抗议游行，一部分对政府不满或担心战争风险的俄罗斯公民离境。俄罗斯总统普京多次发表全国电视讲话，陈述乌克兰政权"纳粹化"之深，对顿巴斯地区居民迫害之痛，西方企图再次肢解俄罗斯之用心险恶，激发了民众对俄罗斯面临严峻安全形势的共情，成功说服了俄罗斯各界支持对乌用兵。[①]

2022 年 9 月，俄罗斯实控下的乌克兰东部顿涅茨克、卢甘斯克、扎波罗热和赫尔松四个地区发起入俄"公投"，随后签署了入俄条约。同

---

① 李自国：《俄罗斯形势：破后难立外患骤重》，载《国际形势和中国外交蓝皮书（2022/2023）》，世界知识出版社，2023，第 17—33 页。

一时期，在前线战事胶着、乌克兰宣布反攻的背景下，俄罗斯发布局部动员令，号召相关人员入伍保护俄罗斯人民和俄军占领区人民，这也是其二战后首次在境内发起军事动员，最终征兵 30 万。此外，俄罗斯全面加强舆论管控，严惩诋毁对乌军事行动的言论，还下令扩大了对"外国代理人"的认定范围，禁止多家西方媒体在俄运营。

在巨大的外部威胁下，俄罗斯总统普京多次发表全国电视讲话，迅速凝聚了俄各阶层对"特别军事行动"的共识，维护了政局稳定和社会团结。2022 年 9 月 9—11 日，俄罗斯地方选举举行，执政党统一俄罗斯党大获全胜，其推举的候选人得票率远超其他党派，在 14 个联邦主体行政长官中占得 12 位，其余 2 个地区由独立候选人当选，背后也得到来自统俄党的支持。[①] 根据俄罗斯民调机构的数据，普京总统支持率总体维持在 80% 左右，较 2021 年高出约 10%。[②]

（三）战时经济与反制裁措施的实施及成效

为适应新的地缘经济形势，保障对乌军事行动的可持续并抵御美欧极限制裁的冲击，俄罗斯经济领域发生重大转型，具体表现为政府加大对经济干预力度，同时调整了财政政策的方向，实现对外经济关系的再定位和重组等。

俄罗斯出台了一系列战时经济措施，从人员、物资、资金等多个方面加强统筹协调，优先满足特别军事行动的需要。2022 年 10 月，俄罗斯政府成立由总理牵头的政府协调委员会，强制要求各企业优先完成国

---

① Итоги выборов глав регионов России, РИА Новости, 12 сентября 2022, https://ria.ru/20220912/vybory_gubernatorov-1815899461.html?ysclid=ljyacifvtb281070951，访问日期：2023 年 4 月 28 日。

② Россияне рассказали о доверии Путину, Лента, 7 апреля 2023, https://lenta.ru/news/2023/04/07/doverie_doverie/?ysclid=ljzfor1831535684944，访问日期：2023 年 4 月 29 日。

防订单。12 月，俄罗斯通过 2023—2025 年联邦预算法案，规定国防和安全方面的预算支出为 9.4 万亿卢布，约占总预算的 32%，创下历史新高。①

另一个优先方向是确保金融稳定和经济安全。俄罗斯所承受的 1.4 万余项制裁令其经济极限承压，冲突初期曾出现工业和居民消费品的短缺和资本外流现象，卢布汇率剧烈波动。为此，俄罗斯政府实施了一系列结构性转型措施以强化经济韧性。一是实施保守的预算政策，废止此前与国际油价挂钩的预算规则，将原来纳入国家福利基金的超额税收收入直接划归政府预算管理，用于对低收入人群补贴纾困等;② 二是放松货币政策，不断下调关键利率来刺激信贷；三是支持国内企业适应新形势，加快推进进口替代战略，放宽进口限制，实行平行进口政策；四是在与欧洲能源贸易"脱钩"的背景下，积极开拓亚洲、中东、拉美等"非西方"市场。

得益于上述调整，加之能源行情因素和 2014 年乌克兰危机以来积累的反危机反制裁基础，俄罗斯经济表现总体好于预期，呈现出高度的自给性和韧性，并未陷入危机。经历 2022 年第二季度急速下跌后，俄罗斯经济数据逐渐恢复，全年国内生产总值（GDP）仅萎缩 2.1%，卢布汇率大幅回升并趋向稳定，对外贸易额增长 8.1%。石油天然气部门对俄罗斯经济的支撑作用再次凸显，在俄罗斯 GDP 中的占比从 2021 年

---

① Военные расходы российского бюджета подскочили почти в 4 раза в 2023 году, https://www.moscowtimes.ru/2023/05/15/vlasti-rf-v-yanv-fev-23g-uvelichili-raskhody-na-oboronu-pochti-v-4-raza-gg-a42918?ysclid=ljzh41ebe630578616，访问日期：2023 年 5 月 20 日。

② 为减少油价对卢布汇率的影响，2004—2022 年（2015—2017 年除外）俄罗斯实行预算规则机制。机制规定每个预算周期为俄罗斯乌拉尔油价预设基准价格（在 2022 年初为每桶 44 美元），当国际油价高于基准价时，通过售卖油气获得的超额预算收入将被转移到国家福利基金，以外汇形式储备。反之则将这笔储备金在金融市场上出售，变现为卢布转入国家预算，以补全预算缺口。2022 年以后，由于外汇购买受限，俄罗斯预算规则机制难以为继。

的 16.8% 上升至 2022 年的 18.1%。① 俄罗斯经济的另一大亮点是农业。2022 年，俄罗斯收获了创纪录的 1.577 亿吨粮食，产量同比增长 29.9%，其中包括 1.042 亿吨小麦，同比增长 37%。2022 年 7 月至 2023 年 6 月，俄粮食出口量高达 6 000 万吨，超越加拿大和美国成为全球第一大粮食出口国，在全球粮食市场的份额达到 20%。② 在制裁背景下，俄将主要出口方向转向亚洲、非洲、中东和拉丁美洲，加强同埃及、土耳其、中国、印度等人口大国的农产品贸易合作，并与伊朗、叙利亚、埃及和独联体国家加大粮食贸易的本币结算力度。

二、乌克兰危机下俄罗斯加速转向"非西方"

乌克兰危机使得俄罗斯面临的国际环境严重恶化，外交回旋空间大幅压缩，俄罗斯尝试在巩固原有基本盘的同时加速向东转、向南转，开辟新战线进行外交突围。2023 年 3 月，俄罗斯颁布了新版《外交政策构想》（以下简称《构想》），阐明新形势下的对外战略框架，重新规划外交布局，从而实现确保国家安全、为发展创造有利外部条件、继续成为多极世界中的一极的目标。

（一）短期内与西方国家相隔绝

自战事爆发以来，俄与西方关系全面倒退，信任严重缺失，政治经

---

① Росстат подтвердил спад российской экономики на 2, 1% в 2022 году, Коммерсантъ, 07 апреля 2023, https://www.kommersant.ru/doc/5925176; Оборот внешней торговли России вырос за 2022 год на 8, 1%, Коммерсантъ, 13марта 2023, https://www.kommersant.ru/doc/5873810, 访问日期：2023 年 4 月 20 日

② 《俄粮出口创新高，未来走向受关注》，《环球时报》2023 年 7 月 12 日。

济关系近乎决裂。美欧联合全球近 50 个国家和地区对俄实施了前所未有的严厉制裁并不断升级加码，包括将俄罗斯银行从 SWIFT 系统中移除，对俄海运石油出口和天然气价格实施限价措施，号召欧美企业自俄市场撤离等。[①] 除遭受谴责和制裁外，俄罗斯还被冻结海外资产，追究战争责任，逐出国际组织。欧洲委员会将俄除名，联合国人权理事会暂停俄会员资格，《北约 2022 战略概念》将俄罗斯定位为北约"最大且直接的威胁"，芬兰火速加入北约。可以说，俄对西方国家的任何期许均已破灭，"欧洲之窗"彻底关闭。

对此，俄在外交上采取了"二分法"予以反制，将所交往的国家、地区分为友好与不友好两类，对不友好国家实施反制措施：用卢布偿还外债，限制驻俄机构人数，天然气贸易改用卢布结算，取消向此类国家支付专利费等。俄还宣布暂停执行俄美间仅存的一项双边军备控制条约——《新削减战略武器条约》。不过，新版《构想》并没有完全否决与西方转圜的可能，而是以"俄罗斯不认为自己是西方的敌人，也不自绝于西方"来定位这种关系，对美政策以反霸与和平共存为主基调，未来期待在排除美国阻碍因素的前提下与欧洲建立"新的共存模式"。

（二）巩固欧亚地区外交基本盘

由于深陷乌克兰战场，俄罗斯对后苏联空间的吸引力和整合能力削弱，在欧亚地区的外交基本盘有所动摇。除白俄罗斯坚定站在俄一边外，摩尔多瓦、格鲁吉亚寻求加入北约，独联体其他国家多在俄乌之间保持中立，甚至对俄产生警惕心理，所谓"牢不可破的兄弟情"似现裂痕。吉尔吉斯斯坦、亚美尼亚分别于 2022 年 10 月、2023 年 1 月宣布取

---

① 徐坡岭：《美欧制裁压力下俄罗斯经济的韧性、根源及未来方向》，《俄罗斯学刊》2022 年第 4 期，第 22—47 页。

消原定于其国内举行的集体安全条约组织军演。2022 年 8 月，美国与蒙古、巴基斯坦、哈萨克斯坦、塔吉克斯坦、吉尔吉斯斯坦和乌兹别克斯坦在塔吉克斯坦境内举行"区域-2022"联合军演，这是美作战部队近 30 年来再次踏上中亚领土。[①] 部分国家开始绕开俄，与土耳其、伊朗等新的伙伴开展武器军备贸易制造的合作。

"邻近地区"仍是俄外交全局中的最优先方向。为此，俄罗斯通过双、多边渠道维系在该地区的影响力。普京总统于 2022 年 6 月访问塔吉克斯坦并赴土库曼斯坦参加第六届里海国家首脑峰会；9 月赴乌兹别克斯坦参加上海合作组织峰会；10 月访问哈萨克斯坦并参加"亚信会议"第六次峰会；11 月赴亚美尼亚参加集体安全条约组织峰会。2022 年 10 月，俄罗斯和中亚五国首届峰会在哈萨克斯坦首都阿斯塔纳举办。[②] 白俄罗斯成为俄最为亲密的盟友，俄白一体化在军事安全领域快速推进，俄罗斯于 2023 年夏开始向白俄罗斯转移、部署核武器。

（三）外交重心向"东方"与"南方"倾斜

俄罗斯普里马科夫世界经济和国际关系研究所所长亚历山大·邓金认为，俄罗斯对外政策调整的一大特点是从东西向变为南北向，其认知的视角从横向维度转换为纵向，外交资源配置应从"从里斯本到符拉迪沃斯托克的空间"转为"从摩尔曼斯克到上海的空间"[③]。邓金的观点可以理解为，新形势下俄罗斯外交重心不仅是传统上的向东转，更要向

---

① 许涛：《欧亚变局下中亚政治与安全格局的重构趋势》，《俄罗斯东欧中亚研究》2023 年第 1 期，第 1—11 页。

② 冯玉军：《俄乌冲突下的俄罗斯外交与中俄关系》，载《冲突与动荡：复旦国际战略报告 2022》，复旦大学，https://fddi.fudan.edu.cn/55/bb/c19047a480699/page.htm，访问日期：2023 年 4 月 8 日。

③ Академик Александр Дынкин: Внешняя политика теперь не Восток-Запад, а Север-Юг, Российскаялександ, 06 декабря 2022, https://rg.ru/2022/12/06/smena-vektora.html?ysclid=lk0kujd4bi 928999982, 访问日期：2023 年 4 月 9 日。

南转。俄罗斯多次强调其对世界多极化的追求和"全球南北分化"趋势，俄正从身份认知上远离正急速退化的欧洲—大西洋文明，接近世界上日益崛起的新的发展中心——亚洲、非洲和拉丁美洲。考虑到这些地区的国家在俄乌问题上多秉持"中立"或对俄较友好的立场，上述倾向与俄罗斯打破孤立，开发新的外交资源和国际市场，维护国际地位的迫切需求是一致的。

除中国、印度外，在《构想》中被俄列为外交优先国家还包括伊朗、土耳其、沙特阿拉伯、埃及和叙利亚等国，其中能源贸易、能源投资、能源转运等是重要的合作抓手。比如，2022 年 7 月，普京总访问了伊朗，就叙利亚问题与伊朗及土耳其总统举行三方会谈，这是乌克兰危机爆发他在独联体地区之外出访的首站。俄伊在反美与反制裁、本币交换、开发波斯湾天然气、"南北国际走廊"建设、无人机等军火贸易等领域取得重大进展。土耳其在俄乌间积极斡旋并促成俄乌双方黑海港口农产品外运协议的签署。俄土深化核能领域合作，就在土耳其建造天然气运输枢纽达成共识。

三、俄罗斯亚太外交进入新篇章

乌克兰危机爆发后，除朝鲜、缅甸对俄力挺外，中国、印度等大部分国家秉持相对中立和平衡的立场，日本、韩国、新加坡等国则立场鲜明地对俄之行为表示谴责，并加入对俄制裁行列，[①] 与俄罗斯关系出现不同程度退化。俄罗斯亚太外交随之进入分化加剧的新阶段。一方面，

---

① 李旻、李琬：《俄罗斯亚太外交：近期成果、课题与展望》，《欧亚人文研究（中俄文）》2022 年第 3 期，第 1—12 页。

俄罗斯要寻找欧洲之外能源出口市场、投资和技术来源地，亚太国家是俄罗斯的必然选择，与"友好国家"合作进展迅速；另一方面，与"不友好国家"保持距离。为避免出现东西两头承压的危局，俄罗斯格外关切亚太安全以及"亚太北约化"的苗头，"计划同亚太地区国家开展多边合作，以平衡某些国家所奉行的企图割裂亚太的政策"。①

（一）中俄关系坚韧发展

中国继续成为俄罗斯"向东转"的关键国家，2022 年两国关系排除外部干扰，在地区冲突和大国博弈的复杂环境下平稳发展。

两国政治互信稳中有升，高层往来频繁，全面战略协作伙伴关系得到进一步深化。两国元首年内实现线上线下两次会晤和 3 次通话，有效引领各领域合作。2022 年 2 月，普京总统访华并出席北京冬奥会开幕式。中俄元首实现新冠疫情暴发 2 年多来的首次线下会晤，发表了《中俄关于新时代国际关系和全球可持续发展的联合声明》，表明了反对北约扩张和警惕美"印太战略"不利影响等共同立场。2023 年 3 月，习近平主席选择俄罗斯作为连任国家主席后出访的首站，其间，签署了《中俄关于深化新时代全面战略协作伙伴关系的联合声明》《关于 2030 年前中俄经济合作重点方向发展规划的联合声明》等文件。中俄在涉及彼此核心利益的问题上相互支持。俄罗斯严厉谴责时任美国国会众议长佩洛西窜访台湾地区。中国发布《关于政治解决乌克兰危机的中国立场》，其中提到"反对把本国安全建立在他国不安全的基础之上"，应该"停止单边制裁"。两国还在上海合作组织、金砖国家等多边机制下深化协调合作。

---

① Концепция внешней политики Российской Федерации, официальный сайт МИДРФ, 31 марта 2023, https://www.mid.ru/ru/detail-material-page/1860586/，访问日期：2023 年 4 月 9 日。

新形势下，中俄务实合作空间大大拓展。2022 年双边贸易额逆势增长，创下 1902.7 亿美元的历史新高，同比增长 29.3%，中国连续 13 年稳居俄罗斯第一大贸易伙伴国。[①] 一方面，中国企业有能力和意愿填补欧洲供应商撤离留下的市场空白，中国汽车、家电、电子产品对俄出口激增，其中中国汽车品牌在俄罗斯市场份额从 7%增长到 19.2%；[②] 另一方面，在欧美减少对俄能源依赖的背景下，俄油气管线和出口重心逐渐东移，中国成为俄能源出口的重要增量空间。中俄签署了通过远东线路对华供应天然气的政府间协议。金融、交通领域合作为强化中俄间的经济纽带提供了便利，两国贸易结算去美元化加速，人民币在俄罗斯的地位和使用规模明显上升。中俄黑河公路桥、同江铁路桥等界河桥相继通车，宁波、青岛等港口开通至符拉迪沃斯托克（海参崴）的航线。

两国军事安全合作在不针对第三方原则的基础上有序推进。中俄先后开展两次联合空中战略巡航。2022 年 12 月，中俄"海上联合-2022"军事演习在中国东海海域举行。2023 年 3 月，中国、俄罗斯、伊朗三国海军在阿曼湾海域举行代号"安全纽带-2023"的联合军演。

（二）俄印关系走向"政冷经热"

一直以来，俄罗斯与印度的关系被定义为"特惠战略伙伴关系"，2023 年新版《构想》在区域方向部分将印度与中国并列。然而，乌克兰危机令俄印关系产生了"政冷经热"的倾向，发展前景似乎止步于互利的经济伙伴。印度虽然顶住压力没有跟进西方对俄的谴责和制裁，采取了模糊立场，但与俄的政治、军事合作调门有所降低。2022 年 2 月以

① 曲颂：《中俄经贸合作稳步推进》，《人民日报》2023 年 3 月 19 日，第 02 版。

② Китай экспортировал в Россию более 160 тыс. автомобилей за 2022 год апреля, ТАСС, 7 апреля 2023, https://tass.ru/ekonomika/17471667? ysclid = lggopyua609940283227, 访问日期：2023 年 4 月 10 日。

来，印度总理莫迪多次在与普京总统通话中表达对于俄军事行动的不安。2022 年 9 月，二人在上合组织撒马尔罕峰会上举行线下会晤，莫迪劝说普京"现在不是战争时代"。乌克兰危机之后，印度对俄罗斯最高级别的访问是印度外长苏杰生在 2022 年 11 月的莫斯科之旅。印度减少了从俄罗斯采购军事装备的数量，开始面向东欧寻求俄式装备的配套候补，并转向国内军工生产商，以减少对俄依赖。印度冻结了与俄关于苏−57 第五代战机联合研发项目的合作和卡−226T 直升机的合同谈判。[①]

与此同时，印俄经贸往来增势强劲，重点在能源、科学、太空和制药等领域。印度大规模购买俄罗斯打折原油，还将其加工后运往欧洲。2022 年俄罗斯对印度石油供应量激增 21 倍。2023 年第一季度，俄罗斯首次成为印度第二大商品供应国。

（三）与日本、韩国渐行渐远

乌克兰危机之下，日韩跟随西方参与对俄制裁，双双被俄列为"不友好国家"。俄日、俄韩关系短期内恐难脱离低谷。

日本在乌克兰危机后充当了亚太地区"反俄先锋"角色，引发俄罗斯的不满与反制，两国关系在一轮轮制裁与反制裁的较量中螺旋式下降。2022 年 2 月以来，日本紧跟七国集团步调，出台多轮对俄制裁措施，包括取消俄最惠国待遇，冻结俄银行的资产，限制对俄出口，禁止俄在日本发行和流通新的主权债券，限制与俄央行交易等。两国外交关系跌入深渊，数次互相驱逐外交官。2022 年 5 月，日本宣布冻结包括俄罗斯总统普京在内的俄政府官员的资产，俄罗斯随即宣布永久禁止包括

---

① Россия теряет крупнейшего покупателя оружия: Индия заморозила переговоры по вертолетам и самолетам, *The Moscow Times*, 13 февраля 2023, https://www. moscowtimes. ru/2023/02/13/rossiya-teryaet-krupneishego-pokupatelya-oruzhiya-indiya-zamorozila-peregovori-po-vertoletam-i-samoletam-a33902, 访问日期：2023 年 4 月 11 日。

日本首相岸田文雄在内的 63 名日本公民入境俄罗斯。作为主办国，日本政府在举办 2022 年西太平洋海军论坛前撤回了对俄罗斯的邀请。俄罗斯太平洋舰队与空军在日本附近海空域更频繁地演习和巡航。同时，日本向乌克兰提供超过 70 亿美元的援助，包括单兵防护装备、小型无人机、军用卡车和口粮等。① 2023 年 3 月，日本首相岸田文雄访乌，并邀请乌克兰总统泽连斯基出席了七国集团广岛峰会。

日俄之间分歧日益加深，关于北方四岛（俄称"南千岛群岛"）领土争端再起。俄方以经济、军事手段加强了对争议岛屿的主权宣示，单方面终止了该地区共同经济活动、居民间"免签交流"等友好机制，冻结关于日俄和平条约的谈判。但在经过博弈后，俄日之间仍保留了能源合作渠道，特别是在俄远东地区的"萨哈林 1 号"项目、"萨哈林 2 号"项目和"北极 2 号"液化天然气项目。日本自 2022 年 7 月起恢复从俄罗斯进口石油，2022 年全年进口量同比下降 60.2%，占比从 2021 年的 3.6% 下降到 1.3%。②

在乌克兰危机爆发之前，俄韩关系一度呈现良好态势。据俄方统计，两国贸易额在 2021 年达到约 298.82 亿美元，韩国成为俄罗斯的第八大贸易伙伴，也是俄罗斯在亚太地区的第二大贸易伙伴。③ 尽管受疫情影响，俄韩两国在 2020—2021 年仍以"俄韩交流年"为契机举办了

---

① 《美媒：日本将向乌克兰提供 100 辆军车和 3 万份口粮》，《参考消息》2023 年 5 月 25 日，http://world.cankaoxiaoxi.com/#/detailsPage/%20/00e582b8b0684d968bd466435bf3e467/1/2023-05-25%2011:25?childrenAlias=undefined，访问日期：2023 年 5 月 26 日。

② 《经济产业省：日本 2022 年原油进口量同比增长 9.7%》，京企"走出去"综合服务平台网，2023 年 2 月 1 日，https://beijing.investgo.cn/article/gb/tjsj/202302/652077.html，访问日期：2023 年 4 月 12 日。

③ Торговля между Россией и Республикой Корея (Южной Кореей) в 2021 г., Внешней торговля России, 12 февраля 2022, https://russian-trade.com/reports-and-reviews/2022-02/torgovlya-mezhdu-rossiey-i-respublikoy-koreya-yuzhnoy-koreey-v-2021-g/，访问日期：2023 年 4 月 15 日。

200多场线上线下交流活动。①

俄罗斯发起"特别军事行动"后，韩国跟随美西方步伐对俄采取制裁措施，使俄韩关系迅速冷却。早在2022年2月末，俄罗斯驻韩大使安德烈·库利克就对韩国参与对俄制裁深表遗憾，并称"俄韩合作的上升趋势将发生改变"。② 2022年5月，代表保守势力的尹锡悦就任韩国总统，韩国外交进一步倒向美西方。为了彰显"自由民主主义"国家身份，尹锡悦政府积极向乌克兰提供援助，其中不仅包含药品等人道主义援助，也包含防弹头盔、防弹衣、防毒面具、军用口粮等非杀伤性军需物品。此外，韩国向波兰出口大量军火，同时决定向美国出口炮弹，这些交易具有对乌提供"迂回"军援的嫌疑，引起了俄罗斯的不满。普京在2022年10月的瓦尔代俱乐部会议上公开"点名"韩国，警告称如果韩向乌提供武器弹药，将使俄韩关系彻底破裂。③

俄韩之间的经济合作也迅速萎缩。据韩国贸易协会（KITA）的统计，俄韩贸易额在2022年下降22.6%至211.5亿美元。④ 另据美国耶鲁大学对全球1 000多家主要跨国公司进行的调查，三星、现代、大韩航空、LG、HMM等知名韩企均已停止大部分在俄业务，只有浦项制铁

---

① 「한-러외교장관모스크바서회담…"북핵협상조속재개협력키로"（종합）」, 연합뉴스, 2021년 10월 28일, https://www.yna.co.kr/view/AKR20211028001651080? section = search, 访问日期：2023年4月2日。

② 「주한 러대사 "한국 제재동참 깊은 유감…관계발전 추세 바뀔것"（종합）」, 연합뉴스, 2022년 2월 28일, https://www.yna.co.kr/view/AKR20220228138351504? section = politics/all, 访问日期：2023年4月25日。

③ 「푸틴 "한국, 우크라에 무기제공시 한-러 관계 파탄날 것"（종합）」, 연합뉴스, 2022년 10월 28일, https://www.yna.co.kr/view/AKR20221028002151108? section = search, 访问日期：2023年4月3日。

④ 「러시아·우크라이나 전쟁 1년… "한국 대러 교역 23% 감소"」, 연합뉴스, 2023년 2월 21일, https://www.yna.co.kr/view/AKR20230221148900003? section = search, 访问日期：2023年4月3日。

（POSCO）还在维持基本的日常经营。①

尽管俄韩关系在外部因素的影响下渐行渐远，但两国也并不愿意完全"撕破脸"。在 2023 年新版的《国家安保战略》中，韩国称"要以国际规范为基础稳定管理韩俄关系"，这一表述相比前届政府的"增进互惠的实质性合作并加强互信"出现显著倒退，但仍显示出韩国在对俄政策上"稳"字当先。② 双方首脑也保持了礼节性的互动，如韩国发生梨泰院踩踏事故时，俄罗斯总统普京向韩国总统尹锡悦发送了唁电。③

（四）着力维系与传统伙伴的关系

在乌克兰危机背景下，俄罗斯与朝鲜在政治层面相互支持，经济联系也有所加强。2022 年 3 月，联合国大会通过谴责俄罗斯的决议案，朝鲜是投反对票的 5 个国家之一。2022 年 7 月，朝鲜成为第三个承认乌东两"共和国"独立的国家。在朝鲜不断表明"挺俄"立场的同时，俄罗斯利用联合国安理会常任理事国地位阻止美西方就试射导弹问题对朝采取追加制裁。被制裁和新冠疫情阻断的俄朝经济合作开始恢复。2022 年 8 月，普京在朝鲜民族独立 77 周年之际向金正恩致贺电，呼吁两国"进一步建立全方位的建设性双边关系"。④ 双方讨论了向顿巴斯地区派遣朝鲜劳工和建筑商的问题。2022 年底，俄罗斯恢复对朝成品油出口，

---

① 「"하이네켄 등 여러 다국적 기업 러시아서 계속 사업" (종합) 」, 연합뉴스, 2023 년 7월 12 일, https://www.yna.co.kr/view/AKR20230712006751071?section＝search，访问日期：2023 年 4 月 16 日。

② 「 [표] 윤석열 · 문재인 정부 국가안보전략 비교」, 연합뉴스, 2023 년 6 월 7 일, https://www.yna.co.kr/view/AKR20230607125900001?section＝search，访问日期：2023 年 4 月 30 日。

③ 「 [이태원 참사] 푸틴, 윤 대통령에 조전… "유족에 위로와 지지 전해달라"」, 연합뉴스, 2022 년 10 월 30 일, https://www.yna.co.kr/view/AKR20221030065600108?section＝search，访问日期：2023 年 4 月 4 日。

④ 尚月：《乌克兰危机下俄罗斯加速"转向东方"》，《现代国际关系》2023 年第 4 期，第 5—23 页。

2022 年 12 月至 2023 年 4 月共向朝鲜出口 6.73 万桶。2023 年 3 月，俄向朝鲜出口 2 800 吨玉米，这是朝鲜因疫情"关闭国门"之后俄罗斯首次向朝鲜出口粮食。[①]

俄罗斯外长拉夫罗夫 2022 年 7 月先后开展两次亚洲行，走访了蒙古、越南、柬埔寨、缅甸和印度尼西亚，体现了对这些亚洲传统伙伴的重视。俄蒙在全面战略伙伴关系框架下继续推进互利合作。2022 年 9 月，蒙古总理奥云额尔登出席第七届东方经济论坛，并与普京会面。蒙古的过境价值在俄"转向东方"战略背景下凸显，成为合作的新动力。俄罗斯开始积极推动新建年设计输气能力 500 亿立方米的中蒙俄天然气管道项目（又称"西伯利亚力量 2 号"项目）落地。蒙古还计划改扩建蒙俄边境口岸，积极吸引俄方投资阿拉坦布拉格自贸区等。

在东南亚国家中，缅甸力挺俄"特别军事行动"，缅甸军政府领导人在 2022 年 7—9 月频繁访俄，探讨规避制裁和绕过美元贸易问题，提出用卢布购买俄罗斯石油，增加对俄罗斯农产品出口以及计划扩大武器贸易，双方还签署了在核能领域加强合作的备忘录。俄罗斯与越南共同庆祝建立"全面战略伙伴关系"10 周年，两国将继续落实欧亚经济联盟与越南的自由贸易协定，为企业间扩大合作创造有利条件。[②] 印度尼西亚与俄罗斯政治经济关系日益密切，2022 年 6 月印尼总统佐科受邀访俄，印尼方面还顶住西方压力邀请俄方出席二十国集团巴厘岛峰会。2022 年两国贸易总额达到 36 亿美元，比 2021 年增长 30%。在俄罗斯推动下，2023 年 4 月欧亚经济联盟与印尼举行关于自贸协定的第一轮谈

---

① 「리, 작년 12 월부터 北에 정제유 공급 재개…2 년 4 개월만」, 연합뉴스, 2023 년 6 월 13 일, https://www.yna.co.kr/view/AKR20230613019400504?section = search, 访问日期：2023 年 4 月 10 日。

② 尚月：《乌克兰危机下俄罗斯加速"转向东方"》，《现代国际关系》2023 年第 4 期，第 5—23 页。

判，前者有意在信息技术、航空航天、能源、食品安全领域为印尼提供解决方案。①

俄罗斯是东盟的对话伙伴国，并于 2018 年与东盟建立了战略伙伴关系。与东盟保持安全对话，支持其作为独立的权力中心、世界多极格局中的一极，避免东盟被拉入美主导的小多边联盟是俄在该方向的关切。在务实合作方面，2022 年被确立为东盟——俄罗斯科技合作年，能源合作发展问题，特别是天然气领域、低碳技术是合作焦点。

四、俄罗斯"转向东方"的前景

乌克兰危机的升级和延宕令俄罗斯不得不从心理和行动上真正地"转向东方"。所谓"东方"，在新版《构想》中体现为欧亚大陆（主要是中国、印度）和亚太地区两个板块，其中欧亚大陆排在第三位、亚太地区在第四位，在俄外交布局中的优先程度仅次于"邻近地区"和北极。同时应看到，尽管相对地位有所上升，但美欧在乌克兰问题上掀起的阵营对立不可避免地影响到俄罗斯亚太外交的整体水平，俄罗斯对传统盟友与合作伙伴的依赖加深，开拓新合作方式与合作领域之路充满挑战。

俄罗斯外交在东亚方向上面临"失衡"风险。俄日、俄韩关系出现了严重退化，使得俄罗斯先前推动的多元外交方针受挫。在俄新一轮"转向东方"以及重构欧亚秩序进程中，中国是俄政策调整的关键，然而对此俄学界也表示担忧。莫斯科国际关系学院校长阿纳托利·托尔库

---

① 《欧亚经委会：自贸协定有助于欧亚经济联盟与印尼间贸易额翻番》，俄罗斯卫星通讯社，2023 年 5 月 25 日，https://sputniknews.cn/20230525/1050568139.html，访问日期：2023 年 5 月 26 日。

诺夫认为，将中国置于俄外交优先事项的首位，可能会减小俄与其他亚洲伙伴的回旋余地。若中国与地区其他国家发生冲突，俄可能无法以中立国家身份参与斡旋冲突。同样的，俄罗斯在朝鲜半岛事务上的调解能力也有所下降。[①]

经济合作手段的单一和局限性依然限制着俄罗斯亚太外交的潜力。俄罗斯与亚太国家的贸易品类多为能源、武器军备、化肥和农产品等，高附加值产品较少。与俄罗斯开展贸易面临被美欧施加次级制裁的风险，存在较多不确定性因素。在能源贸易方面，考虑到中国对天然气需求的下降和天然气来源实现多元化，俄罗斯需要中国市场甚于中国需要俄罗斯供应，买卖双方不对等的地位压缩了俄方的议价空间。由于西方对航运保险的制裁和运费上涨，印度或将放弃购买俄罗斯石油，转而从非洲和中东进口。在军备武器方面，2018—2022年俄罗斯占全球武器市场的份额不断减少，由22%下跌至16%，其中对最大买家印度的出口额近5年来下降了37%。[②]由于国内生产将优先供给对乌"特别军事行动"所需，2023年对外军售将持续下降。此外，贸易不平衡和结算问题也牵制着俄罗斯与亚太国家扩大贸易。印俄间签订了本币结算协议，使用印度卢比自俄购买大量石油，但对俄贸易的巨大逆差，导致俄罗斯手握数十亿计的卢比无处可花，也无法在外汇市场交易变现，卢比结算机制陷入停滞。

展望未来，俄罗斯国内因素与大国博弈态势变化也将影响俄亚太外交走向。随着乌克兰危机长期化，俄面临越发严峻的安全和发展环境，

[①] Российская политика поворота на Восток: проблемы и риски, 10 апреля 2023, https://russiancouncil.ru/analytics-and-comments/comments/rossiyskaya-politika-povorota-na-vostok-problemy-i-riski/?ysclid=ljrxmikqbw 260335839，访问日期：2023年4月14日。

[②] Россия потеряла почти треть экспорта вооружений за пять лет, *The Moscow Times*, 13 марта 2023, https://www.moscowtimes.ru/2023/03/13/rossiya-poteryala-pochti-tret-eksporta-vooruzhenii-za-pyat-let-a 36459，访问日期：2023年4月15日。

俄罗斯现代化发展进程可能会迟滞。因此，俄罗斯虽然有"转向东方"的决心和紧迫感，但具体落实过程中将面临内外阻力，其走向、成效和影响仍有较大不确定性。

乌克兰危机下的日本对外战略与中日关系

卢　昊[*]

【内容摘要】乌克兰危机的爆发与持续深刻影响了大国博弈与地缘战略形势，使得日本面临更加复杂的内外战略形势。日本国内疫情持续严峻、经济复苏进程缓慢，加深的经济社会困局推动政权变动，政治格局亦发生重大变化。中美博弈驱动下，日本更加"战略聚焦"于在中美间的站位调整与对策响应，由此牵引对外战略调整。当前日本更加主动地与美国等西方盟友战略联动，进一步强化"印太"地缘战略，提升对外战略中的经济安全与意识形态因素，强化自主防卫力量与对外防务合作。在此情况下，中日关系总体基本稳定但关系气氛趋冷，多领域矛盾凸显且短期难以化解，作为双边关系压舱石的中日经济关系保持强韧性，但亦面临更复杂挑战。未来可预见时期，日本对华将维持制衡竞争力度，对中国周边战略环境主要造成负面影响。

---

　*　卢昊，中国社会科学院日本研究所综合战略研究室主任、副研究员；中国社会科学院东海问题研究中心研究员。主要研究方向为日本外交与安全、中美日关系等。本文交稿时间为 2023 年 6 月。

当前，中美博弈趋向深度发展，乌克兰危机进一步驱动国际形势变化。日本岸田文雄政府在内外战略压力及竞争博弈思维驱动下，继续谋求"战略自主"与有利国际地位，明确将安全领域作为驱动国家战略转型的突破口，并基于此调整对外战略。日本政界保守势力借机推动国家安全战略"大国化"及"正常化"，依托利用与美国的同盟关系，响应美国加强对华竞争遏制，由此导致日美、中日关系呈现新的形势。

一、日本所面临的内外战略形势

2022 年，乌克兰危机的爆发与持续深刻影响了大国博弈与地缘战略形势。拜登政府在积极实施对俄制裁、借机重振北约军事同盟体系的同时，仍企图继续聚焦亚太，加码对华战略竞争。2022 年出台的《美国国家安全战略》等战略文件明确将中国定位为最大战略竞争对手，积极拉拢调动盟国共同制衡中国，这导致中美博弈日趋强化复杂。乌克兰危机和美国对华竞争战略加剧国际阵营对立，驱动国际格局及秩序重构趋势，加剧国际能源经济供应链及贸易格局震荡。对于外部依赖度高的日本而言，乌克兰危机等外部因素引发的冲击是直接而具有战略性的，并叠加国内既有经济社会矛盾及疫情影响，这使得日本面临的内外战略形势呈现以下基本特点。

（一）乌克兰危机加剧国际变局，刺激日本战略意识变化

乌克兰危机中日本并非直接当事方，但冲突爆发后，日本对此高度关注，并从自身作为西方阵营一员的立场出发，试图加以应对干预。日本国内舆论普遍表示，乌克兰危机表明，"即使在当代，一国单方面（向另一国）发起武力攻击也是可能的现实"，"即使存在联合国等国际安全

机制，也无法阻止战争爆发"。① 乌克兰危机刺激了日本的安全危机意识、国际博弈意识与战略自主意识，国民对于修改"和平宪法"、修订国家安保战略、发展自主防卫力量等看法趋向正面。在此背景下，日本执政集团及保守势力利用乌克兰危机，调动国内舆论，制造"今日乌克兰即明日东亚"论调，挑动针对俄、中、朝的威胁认知，渲染在台湾海峡、朝鲜半岛、东海钓鱼岛爆发军事冲突的可能性，为本国推进国家安全战略转型、架空专守防卫原则、构建先发制人打击能力制造所谓"合法性依据"，甚至直接将日本的国家利益与"保护台湾安全"结合在一起。当前国际变局下，日本在安全战略上的实力主义、自助手段与进取态势倾向显著增强，在介入地区安全事务方面体现出更强的能动性与针对性。

在对华战略竞争思维驱动下，拜登政府更为重视亚太盟友特别是日本在制衡中国方面的作用，并进一步加强对日战略"牵引"。2022年，在乌克兰危机加剧美欧战略分歧的情况下，日美间战略协作反而加强，同盟强化态势凸显。日本倾向从中美博弈的"大战略视角"出发，将乌克兰危机视为美国主导的西方阵营与中俄阵营的对抗。在日本看来，美国尽管不得不将一部分战略关注转向欧洲，但同时仍将中国视为中长期"压倒一切的威胁"，因此努力聚焦亚太并压制中国；而中国尽管并未完全支持俄的军事行动，但为了应对美国的遏制，而与俄保持紧密战略关系。② 从当前国际格局力量对比看，中美"两超"相对于其他战略主体的优势更趋明显，中美博弈仍是当前国际形势的"主要矛盾"。在此情况下，日本认为，在应对乌克兰危机带来的国际形势变化的同时，仍应将在中美博弈中确保日本的有利地位作为其外交战略的中心议题。在日

---

① 五百旗頭真「ウクライナ危機と日本国民の意識変化」、『防衛学研究』、2023年3月、1—2頁。

② 高原明生「ウクライナ危機と米中対立」、『国際問題』、2022年10月、16—24頁。

本的战略判断中，乌克兰危机使得所谓"中立"空间进一步压缩，日本必然紧密依靠以美国为首的西方阵营，而且在中美矛盾前提下，美国对盟友价值及协调方式的持续重视，将有助于日本在同盟体系中获得更多实质利益。①

（二）国内经济社会困局难以缓解，加剧日本战略压力

乌克兰危机下，国际经济环境加剧震荡，导致日本经济面临更为严峻的外部环境。特别是受能源等大宗商品价格上涨和日元贬值的影响，日本对外贸易进口价格大幅上升，不仅扩大贸易逆差，还推高日本国内物价，特别是食品和能源等生活必需品价格的上涨，导致居民购买力下降，生活状况恶化。同时企业原材料和零部件的进货成本增加，企业收益减少、投资动力减退。决定经济增长的生产及需求两端均受到成本增加的传导而承受较大压力，相互影响而加剧恶性循环，使得日本经济复苏和日本政府实施经济政策面临更大障碍。2022 年日本实际国内生产总值（GDP）为 546 万亿日元，同比增长 1.1%，是新冠疫情暴发以来第二年实现经济增长，但增幅小于 2021 年的 2.1%。在少子老龄化等既有结构性问题以及食品、燃料、原材料价格上涨冲击下，日本经济内需总体持续疲软，外需对经济贡献度降至负区间，量化宽松政策空间紧张，国家财政压力不断增大。截至 2023 年 3 月底，日本政府负债总额超 1 270 万亿日元，创历史新高。在同期世界主要经济体大多已经超越疫情前水平下，日本经济尚未恢复到疫情前水平。

日本国内经济困局还受到新冠疫情影响。2022 年初至 2023 年第一季度，日本国内先后发生三次大规模新冠疫情。其中，2021 年底至 2022 年初的第六波疫情，日本国内单日新增病例最高超过 10 万例。

---

① 辰巳由紀「さらに深化し拡大する日米同盟」、『外交』、2023 年 1 月、34—39 頁。

2022 年 7—9 月的第七波疫情，日本单日新增病例最高达到 26 万例。2022 年底至 2023 年初的第八波疫情，该数字仍高达 20 万例，且老人等易感人群的死亡人数有所上升。2023 年 1 月，日本单月因新冠疫情死亡人数首次超过 1 万。不过，日本政府及官方专家组认为，目前疫情已经处于"可控状态"，应推动"与新冠共存"的经济社会运行状态。2022 年内，日本政府多次出台政策，放宽疫情管控措施。在放宽疫情管控以及当前疫情相对平稳情况下，日本国内消费及设备投资有所复苏。2023 年第一季度，日本实际 GDP 较上季度增长 0.4%，三个季度以来首次正增长。但总体上看，日本经济脆弱性与波动性日益凸显，缺乏稳定的复苏趋势，社会矛盾也因贫富分化的加剧而加深，民众针对政府的不满情绪上升。国内经济社会困境使得日本政府推动改革的危机感与压力增加，同时导致其在推动内外战略时面临更多资源、手段上的制约。

（三）国内政治局势稳中有变，影响日本对外战略前景

2021 年下半年岸田文雄执政后，首先率领自民党在当年 10 月的第 49 届众议院选举中获胜。2022 年 7 月，日本举行第 26 届参议院选举，结果自民党单独赢得改选议席的过半数，自公联合执政党继续控制参议院过半数议席，最大在野党立宪民主党议席进一步减少。自民党一党独大局面稳固，在野党实力分散，难以团结起来与执政党抗衡。岸田试图延续安倍晋三以来首相官邸主导的政治决策模式，为缓和党内权力争夺、树立自身权威地位采取了一系列措施，包括外交上追随美欧严厉制裁俄罗斯、大力援助乌克兰，由此赢得日本国内民意支持。2022 年 7 月参议院选举前夕，日本前首相安倍晋三遇袭身亡，此事所产生的"悲情效应"为自民党胜选进一步提供了助力。岸田也借此机会强化自己安倍政治遗产继承者形象，并削弱了安倍派系在党内及政权内的影响力，这也为自身执政地位的稳固创造了有利条件。此次参议院选举后，在岸田

不提前解散众议院前提下，至 2025 年 7 月下届参议院选举前，岸田及其领导的自民党将不会经历国政选举考验而稳定执政。不过，考虑到自民党总裁任期届满为 2024 年 9 月，在岸田有意继续执政前提下，势必在这一时间寻找有利时机解散众议院举行大选。

在政局相对稳定预期下，岸田于 2022 年 8 月改组内阁，力图推动各项战略政策。但在国内外形势压力下，日本国内矛盾日益积累激化，岸田政权的执政弊病也逐步凸显。自 2022 年下半年以来，由于未能妥善处理安倍"国葬"问题，未能充分解释并处理自民党与"统一教会"关系，以及未能有效应对当前物价上涨、贫富分化等经济民生问题，岸田的政治信誉受到一定程度损伤，执政能力再度受到质疑。2022 年 10—12 月，经济再生相山际大志郎、总务相寺田稔、复兴相秋叶贤也与法务相叶梨康弘 4 名阁僚因各种政治丑闻先后辞职，2023 年 6 月，岸田长子岸田翔太郎也因丑闻辞去首相秘书官一职。政策失误、用人不当，让岸田政府遭受一系列打击，民众支持率一路走低。2022 年 9 月跌至 40%—45%，10 月跌至 30% 左右，民调首次出现"死亡交叉"（即不支持率高于支持率），此后支持率一直在 40% 上下波动。在党内外暂无强势挑战者情况下，岸田似可继续保住执政地位。但目前情况下，岸田及其核心团队对本党及政局的掌控能力难免下降，必须设法平息党内及朝野的不满声音，修复政权的公信力与形象，因此在内外施策方面将受到掣肘，日本的对外战略前景也将受到日本国内政局，特别是岸田执政状态可能发生变化的影响。

二、内外形势下的日本对外战略

乌克兰危机背景下，日本所面临的内外战略环境日趋复杂，需要付出更多努力妥善处理内外矛盾，在国际上确保日本的国家利益与战略地位。总体上看，岸田在继承安倍及菅义伟政权既定战略思路的情况下，开始布局并推进具有"自主创新"色彩的战略及政策。基于乌克兰危机下的新形势，岸田鼓吹日本面临"前所未有重大挑战"，渲染危机气氛并构建"举国应对"态势。岸田在2022年10月及2023年1月的国会施政演讲中均表示，日本目前"国难当头"，正处于"历史性困境"以及"新的历史转折点上"，需要国民团结努力、克服困难。岸田宣称，在对外战略上日本需要"通过开展多层次外交，从根本上加强防卫力，坚决维护亚洲及世界的和平与稳定"，"必须抛弃以往的常识，以坚定信念和高度愿景去开创契合新时代的社会、经济和国际秩序"。①

除了对内推进"日本式新资本主义"、改善投资、转型及社会保障，谋求解决经济社会矛盾外，对外岸田政府宣布将"立足于普世价值，坚决捍卫国家利益，开展积极且强有力的新时代现实主义外交"。其实质是通过外交及安全战略手段，确保日本在乌克兰危机背景下的国际格局与秩序重组中获得最大利益。当前内外形势下，日本的对外战略主要在以下几个方向展开。

（一）主动投靠美国主导的西方阵营，强化"民主盟国"团结合作

乌克兰危机爆发后，日本更进一步与美国及欧洲各国强化战略合作，统一立场步调。岸田政府彻底扭转此前对俄"亲善"姿态，立即对俄实施严厉制裁，并不断追加制裁措施，还逐步扩大对乌克兰的援助力度。在乌克兰危机中，日本成为七国集团乃至整个西方阵营中追随美国

---

① 首相官邸「第二百八回国会における岸田内閣総理大臣施政方針演説」、https://www.kantei. go. jp/jp/101_kishida/statement/2022/0117shiseihoshin. html。

最为积极的国家。日本着重依托七国集团机制，并利用 2023 年主办七国集团峰会之机，积极彰显自身"道义立场"以及国际协调作用，声称要带头维护"因乌克兰危机而严重动摇的国际秩序"，推广"支持以规则为基础的国际秩序的共同价值观与规范"。反对"任何凭借强力单方面改变现状的行动"。在与美欧高层会谈时，日本领导人反复呼吁"民主盟国"团结起来，坚持对俄制裁及对乌援助，支援广大新兴发展中国家即"南方国家"，并制约其他"意在支持俄罗斯并挑战国际秩序的力量"。在对外战略上，日本更明确强调所谓西方"普世价值观"立场，以"捍卫基于法治的自由开放的国际秩序"为名义，以西方阵营"重要一员"及南北国家间"沟通桥梁"自居而积极采取行动。[1]

在积极站队西方阵营的前提下，日本更主动地强化与美国的同盟关系，通过更具幅度及深度的军事防务合作、经济安全合作及区域战略合作，积极推动所谓日美"同盟现代化"。日美领导人线下会晤及通话频繁，高层对话密切。日美互称对方为"关系前所未有紧密的盟国与友人"，并对日美战略合作前景持日益乐观看法。[2] 2022 年 1 月日美外交与防务"2+2"会谈上，双方强调"以前所未有的方式、跨越所有国力手段、领域及事态，应对不断变化的安全挑战。完全整合各自战略与共同优先目标，不断推进同盟现代化，增强共同能力"。[3] 2023 年 1 月中旬日美外交与防务"2+2"会谈中，双方进一步强调建设"在战略竞争的新时代取得胜利的现代化同盟"，决心"推进双边措施，以建立更有

① 森本敏「ウクライナ戦争の展望と教訓」、『政経往来』、2022 年 4 月、5—8 頁。
② 外務省「日米首脳会談（2023 年 5 月 18 日）」、https://www.mofa.go.jp/mofaj/na/na1/us/page4_005887.html。
③ 防衛省「日米安全保障協議委員会（2+2）共同発表（2022 年 1 月 7 日）」、https://www.mod.go.jp/j/approach/anpo/2022/0107a_usa-j.html。

能力、联合、灵活的联盟"。① 同时，日本还积极与欧盟及欧洲大国强化战略合作。2022 年 5 月日本与欧盟在东京举行定期首脑会谈，确认日欧协调对俄制裁及对乌援助，加强在"印太"地区战略协调，深化经济及非传统安全合作。岸田在 2022 年 5 月及 2023 年 1 月出访欧洲多国，积极拉拢英、法、德等欧洲大国，以共享价值观及维护国际秩序为名义，与其全面强化政治、经济、安全、人文等多领域合作，力图构建更紧密的日欧战略伙伴关系，作为日美同盟之外的战略选项与外交依托，为日本对外战略的全面推进创造外部环境。

（二）强势推动国家安全战略转型，大力开展对外防务合作

以应对乌克兰危机引发的安全威胁为名，在 2022 年全年，岸田政府加速国内政治动员，大力推动国家安全战略转型的筹划部署，并于当年年底出台了新版《国家安全保障战略》等安保政策三文件。岸田声称上述新战略文件不会改变日本"和平国家"身份，同时，也坦承它们标志着"日本安全保障政策的重大转变"。日本新版《国家安全保障战略》积极渲染日本所面临的所谓"战后最为复杂严峻的安全环境"，主张"重新构筑充分的防御力量"，"从根本上加强防卫能力"，特别是构建具有先发制人色彩的"反击能力"（即"对敌基地攻击能力"），确保 5 年内国防预算达到 43 万亿日元，强化"西南方向"军事部署及体制安排，加紧太空、网络等新兴战略领域力量建设，加强海上保安厅与自卫队一体化，巩固国防工业的基础并推动对外装备转移等。② 新版《国家安全保障战略》除强调依靠自身手段强化军事能力外，还更加强

---

① 防衛省「日米安全保障協議委員会（2+2）共同発表（2023 年 1 月 12 日）」、https://www.mod.go.jp/j/approach/anpo/2023/0112a_usa-j.html。

② 防衛省「国家安全保障戦略について」、https://www.mod.go.jp/j/policy/agenda/guideline/pdf/security_strategy.pdf。

调通过与盟国及"志同道合国家"的外交及防务合作，为日本国家安全战略更有效地利用外部资源并发挥"国际影响"而创造更有利的条件。

在加速国家安全战略转型、构建更强军事能力前提下，日本在日美同盟体制内加强军事防务机制一体化建设，重点加强"同盟协调机制"（ACM）功能以及驻日美军司令部与自卫队指挥部门的协调，强化日美"平时状态"下"情报收集、警戒监视和侦察"（ISR）以及"灵活的威慑选项"（FDO）等合作，增加自卫队对驻日美军的"后方支援"演练力度，在日本"西南群岛"共享弹药库等军事设施，围绕"远征前沿基地作战"（EABO）等作战概念增加演习频率及实战性，在综合防空及导弹防御、水面战、反潜战、水雷战、两栖作战、空降作战、情报收集、警戒监视、侦察和目标定位（ISRT）、后勤和运输等领域，与美国全面开展"能力共建"，由美国支持日本"高效地运用反击能力"。同时，日本与其他国家积极强化"准同盟"或安全伙伴关系。比如，2022年1月，日澳正式签署《互惠准入协定》（RAA），推动双方部队互访与联合训演便利化。2023年1月，日英也签署了《互惠准入协定》。另外，日法、日德之间也在推进《互惠准入协定》谈判。2022年9月，日印防长在东京会晤，宣布加强日印防务关系特别是武器装备及技术领域合作。日本还与英国、意大利达成协议，共同开发下一代隐形战机。进入2023年，日本政府决定修改规定武器装备出口规则的"防卫装备转移三原则"运用指针，并敲定"政府安全保障能力强化支援"（OSA）制度，计划借此向其他国家直接援助武器装备。防务交流机制方面，日本已与9个国家建立外交与防务"2+2"部长级磋商。2023年2月朔尔茨访日时，日德启动更具综合性的"政府间磋商机制"，以此完善定期化防务交流。日本还与意大利就创设两国外交和防务"2+2"磋商机制达成共识。另外，日本与北约的"特殊伙伴关系"也得到加强。2022年，日本外相林芳正、自卫队统合幕僚长山崎幸二、首相岸田文雄先后赴布鲁塞尔出席北约外长会议、参谋长级会议和首脑会议。这也是日本外相、统合幕僚长和首相首次出席北约以上会议。围绕"印太战略"协调、部队交流及装备技术合作，日本与北约的防务合作趋向深入。

（三）积极强化经济安全战略部署，拓展高新技术与供应链合作

日本强调乌克兰危机对当前国际经济秩序造成严重冲击，造成经济安全问题凸显，亟须采取措施维护自身安全及"战略不可或缺性"。2022年5月，岸田政府力推的《经济安全保障推进法案》经国会批准实施。法案以强化供应链韧性、加强关键基础设施审查、敏感专利非公开化、官民协作强化尖端技术研发等为重点领域，设立政府援助制度，通过政府补贴等方式增强半导体等重要物资的国内生产能力，针对通信、能源、金融领域的外部设备或系统引入，设立事先审查制度，为尖端技术研发提供更强有力资金与信息支持，并积极防止军民两用技术外泄，确保日本在关键领域的技术基础与独占优势。针对乌克兰危机引发的能源危机，日本积极设法通过国际能源合作改善处境，缓解能源进口成本上涨压力。比如，2022年8月，岸田访问沙特、卡塔尔、阿联酋等中东产油国，就控制油价、确保供应、加强能源合作等开展磋商。日本还与美国在"竞争力与韧性伙伴关系"框架下，重点加强核能等清洁能源、蓄能设备等领域的合作，与欧盟加强天然气、氢能及新能源设备产业合作等。

以维护经济安全为名，日本与以美国为首的西方国家以及亚洲大国（集团）广泛开展供应链合作，进一步拓展对外经济战略关系。包括2022年5月正式参与美国主导的"印太经济框架"（IPEF），与其他成员就提升供应链韧性加强合作，同时与东盟、印度、澳大利亚、韩国推进供应链合作协议，确保矿产资源、半导体原材料等重要战略物资的供

应。为维护科技领域地位，日本还与美、欧重点开展导体、人工智能、量子技术、生物科学、下一代通信设备等领域的技术产业及供应链合作，力图构建科学与技术创新的新型战略伙伴，并伺机主导数据传输、人工智能应用等新领域国际规则制定。其中，日本为谋求在半导体领域重夺优势，在高制程芯片制造方面"弯道超车"，加强了与美国的合作。2022 年 5 月，日美敲定了两国半导体合作基本原则。7 月，日美召开首次经济版"2+2"部长级磋商，宣布设立日美尖端半导体联合研发机构。11 月，丰田等 8 家日企出资组建半导体集团 Rapidus，并于 12 月与 IBM 签署技术合作协议。2023 年 1 月，岸田访美时与拜登商定日美国家半导体技术研究部门加强合作，互相派遣科研人员。同时，围绕限制尖端技术出口，日美磋商并考虑设立新框架。2023 年 1 月，在美国商务部此前出台对华半导体出口管制新规，并要求日本与荷兰积极配合的情况下，日本同意与美联合加强尖端半导体技术对华出口管制。

（四）拓展"印太"地缘战略架构功能，提升自身在其中的枢纽作用

日本声称"印太"地区对于全球安全与繁荣"极为重要"，同时在秩序稳定方面又面临"日益增高的战略挑战"，因此急切寻求与盟国及"印太"国家加强战略合作，共同构建"自由开放的印太"。2022 年 5 月，日美澳印在东京举行了第二次四边机制线下首脑会议，在气候、医疗、新兴技术和网络安全等领域加快实务合作，并宣布了"四方债务管理资源门户"（Quad Debt Management Resource Portal）、"适应和减缓气候变化一揽子计划"（Quad Climate Change Adaptation and Mitigation Package）、"四方卫星数据门户"（Quad Satellite Data Portal）、"印太人道主义援助

和灾害救援（HADR）四方伙伴关系"等新协议框架。[①] 2023 年 5 月七国集团广岛峰会期间，日美澳印举行了第三次四边机制线下首脑会议，强调四方将进一步加强"印太战略构想"的"包容性与强韧性"，重点对《东盟印太展望》以及太平洋岛国"2050 年战略"开展支持。[②]日本坚持将"印太战略"作为自身对外战略支柱之一，多方拓展其战略内容，树立自身作为国际公共产品提供者的形象。2023 年 3 月，岸田在访问印度期间提出"印太构想新计划"，明确提出维护和平、与"印太"各国合作处理新全球议题、推进各种形式互联互通、确保公海和空中安全等"战略支柱"，并承诺未来十年以"官民并举"方式为"印太"国家提供约 750 亿美元援助，以改善当地基础设施及投资环境。

在推动"印太"地缘战略过程中，日本着眼于强化其经济及非传统安全功能合作，并与各方积极开展合作，发挥并彰显自身在多边经济、安全协商机制中的枢纽作用。除推动"印太经济框架"谈判、拉拢"印太"国家参与区域供应链合作外，日本还以协助别国应对债务问题为名，加大对"印太"各国的经济援助。2022 年四边机制首脑会谈承诺 5 年内提供 500 亿美元，支持"印太"国家完善基础设施。海洋安全方面，日本除继续积极与美、澳、印及欧洲国家在印度洋开展联合巡航、多边演习外，还积极倡议"印太海域态势感知伙伴关系"（Indo-Pacific Partnership for Maritime Domain Awareness），从非传统安全议题切入，与地区各国加强海洋信息共享、卫星监控、防灾救难、打击非法捕捞、网络安全等合作。另外，在"印太"地区，日本依托与美国同盟关系，积极构建并扩大"多层次的同盟国和志同道合国家的网络"，即"日美+1

---

① 首相官邸「日米豪印首脑会合の概要」、https://www.kantei.go.jp/quad-leaders-meeting-tokyo2022/index_j.html。

② 外务省「日米豪印首脑会合」、https://www.mofa.go.jp/mofaj/fp/nsp/page1_001702.html。

（N）"的小多边安全机制。① 包括巩固日美澳三边"准同盟"，拉拢韩国参与"印太"安全事务协商，推动日美菲三方防务合作、谋求与岛屿国家加强安全合作等。同时，在北约介入"印太的新战略概念"及日本的积极响应下，日本与北约围绕"印太"的战略协调与防务合作近期显著加强。

三、日本对外战略下的中日关系

在内外环境压力下，为了维护国家利益、增强战略主动态势、扩大战略能动空间，日本在大国博弈、军事防务、经济安全、地缘战略等多条战线上，重点推进各项对外战略施策。日本正处于新的"战略活跃期"。基于中日固有密切利益纽带以及中美博弈在国际形势中的重要性，日本的上述对外战略行动很大程度上牵涉中国，且日趋受到日本对华竞争性战略认知的影响。在日本看来，有必要维持与中国的稳定关系与常规沟通渠道，但更需要重视并应对中国崛起对日本自身及日本所依托的国际秩序带来的"战略性挑战"。日方甚至趋向认为，中国对于日本日益意味着挑战乃至威胁，而非机遇。② 而且在当前乌克兰危机背景下，日本认为美国仍表现出相当的战略竞争意识与盟友调动能力，依托以美国为首的西方阵营可以获得更多的直接战略利益。因此，日本不再坚持相对平衡的站位姿态，而更倾向于靠向美国且配合其对华战略。

关于日本政府基本对华立场，岸田主张在"新现实主义外交"框架

---

① 森本敏「民主主義の危機もある中で、日本の安全保障をどう構築するか?」、『財界』、2022 年 2 月、40—43 頁。

② 森本敏「国家の防衛戦略をどう構築するべきか、より高度な判断が問われている」、『財界』、2022 年 6 月、34—37 頁。

下，从"维护地区和平稳定"的角度强调对华关系的重要性，并对其加以调整。一方面，更加强调对华强势姿态与制衡措施，即"该主张的要主张"，切实呼吁中方"采取负责任的行动"，联合其他"民主盟国"制约中方"单方面改变现状的行动"；另一方面，声称仍将维持对华协调路线，与中方构建"具有建设性的、稳定的关系"，"就诸多悬案，包括首脑对话在内反复开展各层次的对话，就共同的课题开展合作"。① 当前，日本日趋以战略竞争思维应对中国，对华政策两面性持续凸显且消极性增长更快，与美联合遏华态势增强。基于上述情况，中日关系呈现以下的特点。

（一）政治交流有所恢复

2022 年是中日邦交正常化 50 周年，2023 年是《中日和平友好条约》缔约 45 周年。在回顾历史、立足现实、推动未来关系发展的方向下，尽管中日关系面临现实矛盾与困难，但两国各层级外交互动仍然一定程度上得以恢复，特别是首脑间通信及对话重新展开。2022 年 7 月，习近平主席就日本前首相安倍晋三逝世向岸田致唁电。8 月，习近平主席、李克强总理致电岸田，对其感染新冠表示慰问。9 月，习近平主席与岸田为纪念中日邦交正常化 50 周年互致贺电。10 月，岸田致电祝贺习近平主席当选中国共产党第二十届中央委员会总书记。11 月，习近平主席和岸田在曼谷亚太经济合作组织领导人非正式会议期间首次会谈，这也是中日领导人自 2019 年 12 月以来再度线下会谈。中日领导人就稳定发展中日关系达成五点共识，强调共同恪守中日四个政治文件原则，践行"互为合作伙伴、互不构成威胁共识"，共同致力于构建契合新时

---

① 首相官邸「第二百八回国会における岸田内閣総理大臣施政方針演説」、https://www.kantei.go.jp/jp/101_kishida/statement/2022/0117shiseihoshin.html。

代要求的建设性、稳定的重要关系，同时加强国际地区事务协调合作，努力应对全球性挑战。①

在首脑会谈及其协商成果指引下，中日在战略、外交、经济、人文、海洋等领域的高层对话与实务磋商陆续恢复。同时，围绕纪念中日邦交正常化 50 周年，中日两国在政府、政党、议会、地方、民间团体等层次开展了政治对话与友好交流。中日人士在交流中强调要坚持交往沟通，不断增进政治互信，积极挖掘务实合作领域，为两国关系创造稳定基础。但是，这些政治交流仍然笼罩在中日两国政治安全矛盾的阴影之下，在乌克兰危机背景下，日本国内保守势力和反华强硬派进一步大肆鼓噪，歪曲事实，利用中俄关系来制造反华舆论，抹黑中国形象，阻碍中日间正常政治交流。

（二）安全关系趋向紧张，台海成为矛盾焦点

由于日本在政治与安全领域对华消极倾向与强硬手段增加，中日安全关系进一步趋向紧张。需要看到，中日确实在推动一些安全协商与危机管控合作，比如，在 2022 年两国领导人会谈精神下，中日于 2023 年正式开通防务部门海空联络机制直通电话，中日防务、涉海部门也开展了多次对话，力图就现有争端协调立场，摸索可能合作办法。但总体上，中日的安全矛盾仍然相当突出，且有全面影响相互战略定位与外交政策应对的趋势。日本新出台的《国家安全保障战略》追随美国口径，将中国首次定位为"迄今为止最大战略挑战"，以更全面维度渲染所谓"中国威胁"。同时，该战略文件所提出的军事部署涉华性前所未有提升，包括针对周边军事威胁发展远超专守防卫需求的"反击能力"、推

---

① 《习近平会见日本首相岸田文雄》，中国政府网，2022 年 11 月 18 日，https://www.gov.cn/xinwen/2022-11/18/content_5727646.html。

进西南群岛"要塞化"、加强海上保安厅与自卫队一体化、发展太空及网络等新领域军事能力等，均相当程度上以中国为竞争者乃至假想敌。日本国家安全战略对华指向性、竞争性的增强，以及相应与美国军事同盟的加强，对中国周边环境稳定造成了明显损害，导致中日很难重建政治安全互信。而且，日本利用乌克兰危机，通过将亚洲与欧洲的安全问题、乌克兰问题与台湾问题以及中俄的战略行动进行强行关联，蓄意进一步放大"中国威胁"，制造针对中国的阵营对立与安全恐慌。

中日安全领域除已有结构性竞争及信任赤字、领土及海洋权益争端等固有问题外，由于日本追随美国干预台湾问题，台海日益成为中日矛盾激化、加剧对抗的焦点。日本在台湾问题上屡次触犯中日关系红线。日本认定，如果中方决心"武统"台湾，将导致日本周边地缘安全环境"显著恶化"，"威胁日本海上通道安全"。① 日本右翼势力在台湾问题上极为"活跃"，积极释放"台湾有事即日本有事"论调，亲台议员与前政府要员频繁窜访中国台湾，力挺"台独"势力。日本还迎合美国所谓人权外交，在众参两院先后通过所谓涉华人权决议，对台湾、新疆、西藏问题肆意指手画脚，粗暴干涉中国内政。同时，从所谓"台海和平稳定重要性"出发，联合美国及其他"民主盟国"在外交场合不断发声，纵容"台独"势力。2022年1月日美外交与防务"2+2"会谈、2月日美韩外长会谈、5月日欧首脑会谈及日美首脑会谈、6月七国集团峰会等均在所发表的联合声明中主张"台湾海峡和平稳定的重要性"，要求两岸"和平解决争端"，试图阻挠中国的国家统一进程。为应对"台湾有事"，日本与美国积极磋商作战计划，并筹划派遣防卫省现役官员"常驻"中国台湾，强化情报收集能力。日本在台湾问题上企图架空

---

① 森本敏「国家の防衛戦略をどう構築するべきか、より高度な判断が問われている」、『財界』、2022年6月、34—37頁。

"一个中国"原则，成为严重损害中日政治基础和安全关系的危机性因素。另外，日本协同美、欧及部分东盟国家不断对东海和南海局势表示"严重关切"，且以维护该海域航行自由等为名义进行联合巡航演习，作出强势干预海上安全、制约中方合法维权行为的态势。日方上述自利性乃至敌视性的行动加剧了中日安全矛盾，让中日关系的改善更难以实现。

（三）经济纽带仍然紧密，但竞争态势趋向凸显

新冠疫情冲击及国际形势震荡并未改善中日两国经济相互依存、利益深度融合的现实。截至 2022 年，中日双边贸易额已增至 3 700 亿美元，近 3 万家日企在华投资。中国已连续 15 年成为日本的最大贸易伙伴，对华贸易在日本对外总贸易额中的比重持续上升。尽管在中高端产业链及新型服务业领域，中国的竞争力日益提升，但总体上，中日贸易具有较强的互补性，中日双边及涉及第三方的经济合作所产生的收益惠及各方。对此，日本也坦承中国经济对日本的重大影响力。2022 年，以中日邦交正常化 50 周年为背景，中日经济界就两国经贸合作，以及应对全球金融危机、气候变化、老龄社会等问题进行了对话交流。但与此同时，为降低对华竞争战略可能付出的代价，日本政府以维护经济安全为名，力图扭转"对特定国家的过度经济依赖"，事实上推动对华经济打压，针对中国搞"脱钩断链"，配合美国搞"小院高墙"，使得中日双边及区域经济技术合作被削弱，两国经济关系的竞争性态势凸显。

在美国对华竞争战略牵引及日本国内反华思维影响下，日本日益倾向于对中日经贸合作采取非市场化、人为设限和政治干扰等手段。日本以维护国家安全为由，阻碍中国企业对日正常投资及科技交流。通过政府出资，"引导"日企把在华生产线迁回日本国内或东盟等其他地区，与美欧磋商设立出口管制框架，阻止尖端技术流向中国。日本以各种手

段推动经济上的"去中国化"，并将经济与技术问题泛安全化、泛意识形态化，使得日本企业对华投资意愿因官方政治意志和意识形态偏见而逐步消减。同时，日本在维持国际经济秩序的名义下，阻碍中国与其他国家拓展经济合作。日本力图促使己方所参与乃至主导的区域供应链体系及科技产业联盟将中国排除在外，渲染所谓"经济胁迫"和"债务陷阱"，抹黑丑化中国的海外经济行动，并继续依托"自由开放的印太"部署对冲中方"一带一路"的推进。在对华政策上，基于聚焦中日经济矛盾及与西方阵营保持一致的考量，日本政府趋向于将经济与技术作为对抗武器，而非合作抓手，这不仅损害了中日关系健康发展所赖以生存的经济基础，也给日本自身的实际利益造成了损害。

（四）人文交流得以重启，但民意隔阂趋向加深

新冠疫情的暴发阻碍了中日交流特别是人员往来，不过在 2022 年，随着疫情防控措施的放宽，障碍正在消除，同时，中日邦交正常化 50 周年纪念也为两国人文交流的复苏提供了契机。中日政府特别是文化体育部门、民间团体均就尽快恢复两国人员往来，促进人文交流作出了积极表态。2022 年 9 月下旬即中日邦交正常化 50 周年纪念日前后，中日友好团体在北京及东京举办纪念招待会、交流节活动等。同时，2021 年及 2022 年东京夏奥会与北京冬奥会先后举行，中日体育文化交流迅速发展，两国文体界人士展开密切互动，体现了跨越国境的体育精神与人文关怀。另外，2022 年 8 月，第十三次中日韩文化部长会议在曲阜召开，会议通过《中日韩文化部长会议——曲阜行动计划（2022—2024 年）》，为中日韩深化文化交流提出方针路径。在中日人文交流中，两国青年交流、地方政府交流效果较好，令人产生一定期待。

但是，中日民间感情整体上仍处于历史低谷。2022 年 1 月，日本内阁府发表"关于外交的舆论调查"，结果显示，对中国"没有亲近感"

的日本民众比例从 2021 年的 77.4% 微增到 78.9%，认为中日关系"不好"的日本民众占 85.2%。① 2022 年 4 月 20 日，日本外务省公布的舆论调查结果显示，在日本对华外交方面，日本民众最认同的措施是"对侵犯领海等行为采取强硬姿态"（61.6%），其次是"尊重人权、自由、民主与法治"（50.7%），而主张与中国在区域、国际社会等方面合作以及加强经济、人文交流的日本民众比例分别仅有 28.2% 与 28.0%。② 在乌克兰危机冲击下，加上日本追随西方主流政治立场与价值观而开展内部宣传，日本民众对中国的负面看法乃至"威胁认知"进一步提升。中国民众则认为，日本至今仍未充分反省侵略历史并与军国主义划清界限，反而通过与美国强化军事同盟而试图威胁中国，同时，日本政府一意孤行，决定排放福岛核电站核污染水，拒绝与邻国充分协商。因此，中国方面对日本的看法也趋向负面。在两国人文交流重启恢复的情况下，中日两国的民意隔阂反而持续加深。

四、结语

日本在内外战略环境压力下，积极驱动对外战略转型，强化战略能动。乌克兰危机背景下，日本进一步依靠以美国为首的西方阵营，在对华政策上更趋强硬，竞争制衡倾向增强，使得中日关系的安全矛盾更趋复杂尖锐，对中国周边战略环境产生了显而易见影响：首先，日美防务合作的强化将推进中国周边"军事要塞化"，加剧军备竞赛与对抗态势，

① 内閣府「外交に関する世論調査（令和三年）」、https://survey.gov-online.go.jp/r03/r03-gaiko/index.html。

② 《日外务省调查显示 61% 的受访者支持对华强硬》，日本共同社，2022 年 4 月，https://china.kyodonews.net/news/2022/04/d2167e427300-61.html。

一定程度上加剧中方东线整体战略压力特别是海上安全压力；其次，日美联合在经济技术领域对华"脱钩"，对中方区域供应链及高新产业发展压力将造成一定压力；最后，日美强化"印太"地缘战略合作，并力图扩大干预区域治理领域，与中国开展"秩序竞争"，对中方引导发展地区合作机制将面临更大阻力。尽管中日也存在一定的经济合作及多边协调空间，但总体上，日本对外战略及对华政策对中国周边战略环境的影响日趋负面。

未来，日本仍将力图维持对华关系基本稳定，但也将更积极地靠向并利用以美国为首的盟友和伙伴关系网络，谋求构筑灵活有效的外交与安全联盟或"准联盟"体制来制约中国行动，同时投入更多关注和资源，以价值观、意识形态为纽带和动员理念，利用规则、制度打造针对中国的功能性壁垒，确保新时代经贸、技术及供应链的对华规锁与压制优势。从国际形势看，未来10—15年将是中美权力转移的决定性时期，基于与美同盟合作及对华竞争意识，日本对华防范制衡会进一步增强，中日间竞争与利益冲突将增多，并叠加两国国力差距拉大以及民族主义情绪累积，或将产生更多矛盾冲突。但中日在地缘经济、政治及文化的密切联系仍不会发生根本性变化，日本基于自身安全与经济利益，也难以接受对华关系"破局"风险。对于中国而言，需要更多聚焦对外关系的主要矛盾，把准处于动态变化中的"日本因素"，将其置于周边战略运筹大局中，综合运用硬软两手，趋利避害，拉打结合，做好相应的对策工作。

中印关系的现状、挑战与前景

吴兆礼[*]

【内容摘要】2022 年以来中印关系较为稳定，双边高层交往进一步恢复，两国在诸如金砖国家等多边领域的合作亮点突出。在经贸投资领域，尽管两国经贸投资对话与磋商机制仍停滞不前，但双边贸易创历史新高。为推动边界西段剩余问题解决，中印通过边境事务磋商和协调工作机制、中印军长级会谈两个通道展开了多轮多层级的外交与军事磋商，磋商取得积极进展。然而受莫迪政府对华政策影响，中印关系保持总体稳定仍面临挑战，尤其是在推动边境局势从应急处置状态向常态化管控转变上仍面临困难。事实上，受中美战略博弈、美国推进"印太战略"以及印度国内政治生态等因素驱动，中印关系回暖势能不足。

2022 年是印度变化比较大的一年，也是中印政治互信与战略互信修复的关键一年。一方面，印度经济增长指标亮眼，莫迪政府的大国抱负

---

* 吴兆礼，中国社会科学院亚太与全球战略研究院副研究员。

显著上升。印度 2022 年 GDP① 超过英国位列全球第五，相关国际机构也普遍看好印度经济前景。在此背景下，莫迪政府的大国雄心高涨，希望"重拾印度在世界秩序中应有的地位"。为此，印度倡导"改革的多边主义"，积极参与地区与国际事务，利用第一次担任二十国集团轮值主席国②和举行"全球南方国家之声"峰会等场合提升国际影响力，试图塑造印度成为全球南北方和东西方的纽带桥梁。另一方面，2022 年也是中印重塑战略互信的关键一年。中国外交主动作为，向印方发出重视中印关系的明确信号，希望印方能从战略性、长期性和全局性看待中印关系。然而，莫迪政府的对华政策未能与中国积极的对印政策相向而行，印度一方面宣称将修复中印关系作为其外交政策重点议题，另一方面却将所谓的"恢复边境地区和平安宁"③ 作为中印关系正常化的前提条件，并且在经贸投资领域继续推动"脱钩断链"。

纵观 2022 年中印互动可以看出，尽管 2022 年边境态势总体稳定，双边分歧得到有效管控，中印双边关系总体呈现恢复态势，但莫迪政府对华政策的两面性仍较为明显，解决边界西段剩余问题也面临多重挑战。

---

① 2022/2023 财年印度实际 GDP 达到 160.06 万亿卢比，同比增长 7.2%，名义 GDP 达到 272.41 万亿卢比，同比增长 16.1%。参见 Press Information Bureau, Government of India, "Press Note on Provisional Eetimates of National Income 2022-23 and Quarterly Estimates of Gross Domestic Product For The Fourth Quarter (January-March) of 2022-23," PIB, March 31, 2023, https://pib.gov.in/PressRelese Detailm. aspx?PRID=1928682。

② 自 2022 年 12 月起，印度成为二十国集团轮值主席国。莫迪政府积极筹备二十国集团会议，计划在印度 50 多个城市举行 200 多场会议。

③ 印度一方面宣称双边关系恢复常态需要边境恢复和平与安宁，另一方面在双方部队脱离接触的谈判中坚持不合理和不切实际的要求，同时又以边境态势为由在双边关系其他方面对华施压，试图迫使中方在边界问题上让步。

一、中印外交互动增多

为推动中印关系早日重回稳定健康发展轨道，2022 年以来中国积极主动作为，从双边与多边等多渠道发力，持续向印方释放"重视中印关系"积极信号，致力于推动中印关系保持回暖势头。

2022 年 7 月，中国国家主席习近平在向印度当选总统德劳帕迪·穆尔穆的贺电中指出："我高度重视中印关系，愿同穆尔穆总统一道努力，增进政治互信，深化务实合作，妥善处理分歧，推动中印关系沿着正确轨道向前发展。"[①] 2022 年 3 月 25 日，中国国务委员兼外长王毅对印度进行工作访问，分别与印度外长苏杰生和印度国家安全顾问多瓦尔举行了会谈。王毅重申"将边界问题置于双边关系适当位置，不应用边界问题定义甚至影响双边关系整体发展"的立场，并提出"妥善解决边界问题，处理管控好分歧，助力双边关系发展"的思路。印外长表示，印方高度重视对华关系，没有改变对中国重要性的战略判断，愿同中方加强沟通、增进互信，使双边关系尽早走出低谷，持续推进两国务实合作。[②]

2022 年 7 月 7 日，中国国务委员兼外长王毅在巴厘岛出席二十国集团外长会期间再次与印外长苏杰生举行双边会谈，中国希望以实际行动将两国领导人"互为合作伙伴、互不构成威胁、互为发展机遇"的重要共识落到实处，推动双边关系早日重归正轨。对此，印方也作出积极回应，表示印方十分期待有一个积极、合作、建设性的印中关系，愿同中

① 《习近平向印度新任总统德劳帕迪·穆尔穆致贺电》，中华人民共和国外交部，2022 年 7 月 25 日，https://www.mfa.gov.cn/web/zyxw/202207/t20220725_10727159.shtml。

② 《王毅同印度外长苏杰生举行会谈》，2022 年 3 月 25 日，中华人民共和国外交部，https://www.mfa.gov.cn/web/wjbzhd/202203/t20220325_10655747.shtml。

方共同努力，对外发出明确信息，推进关系改善进程，将两国领导人的共识和愿景转化为现实。① 2023 年 3 月，中国外长在新德里出席二十国集团领导人外长会期间会见了苏杰生。中国还利用印度驻华大使唐勇胜离任和罗国栋到任，与印度驻华大使形成紧密的互动，对发展中印关系阐明"三要三不要"和"四个坚持"等中国立场与中国主张。

中印在金砖国家、上海合作机制和二十国集团等多边机制框架内开展的活动相互支持与配合，是双边关系的突出亮点。中方支持印度当好 2023 年二十国集团和上海合作组织轮值主席国，印方也支持配合中方组织的金砖国家系列会议并参与全球发展高层对话会。作为 2022 年金砖国家轮值主席国，中国通过领导人会晤、外长会晤、安全事务高级代表会议、协议人会议以及专业领域部长级会议、高官会/工作组会/专家会、工商界活动、智库会议等形式的 160 多场活动，② 与包括印度在内的国家进行高频度的互动。中国主持召开了金砖国家领导人第十四次会晤，发表《金砖国家领导人第十四次会晤北京宣言》，包括印度在内的金砖国家在加强和改革全球治理、团结抗击疫情、维护和平与安全、促进经济复苏、加快落实 2030 年可持续发展议程、深化人文交流和完善金砖机制建设等领域达成基本共识。

通过 2022 年中印外交层面的互动不难看出，中方对发展中印关系以及与印度在地区合作与全球治理完善等领域的合作有一定期待。为此，中方希望印方能以长远眼光看待双边关系，坚持中印"互不构成威胁，互为发展机遇"的战略判断，能以共赢思维看待彼此发展，能以合作姿态参与多边进程，更希望印方将边界问题上的分歧摆在双边关系适

① 《王毅会见印度外长苏杰生》，2022 年 7 月 7 日，中华人民共和国外交部，https://www.mfa.gov.cn/web/wjbzhd/202207/t20220707_10716932.shtml。

② 《2022 金砖国家会议和活动安排》，BRICS2022 China，2022 年 6 月 28 日，http://brics2022.mfa.gov.cn/chn/zg2022/hyap/.

当位置。[①] 对于中方的立场与主张，印方虽然给出正面回应，如表示"期待有一个积极、合作、建设性的印中关系"，承诺"不应该让边界问题影响整体双边关系"，也愿同中方共同致力于发展良好稳定的双边关系，但仍将边界问题与双边关系"挂钩"。印度对华矛盾心态与政策导致中印关系回调受阻，印度外长苏杰生在 2022 年 8 月就宣称中印关系正在经历一个"非常困难的阶段"。[②]

二、印度对双边经贸投资仍有顾虑

2022 年，中印经贸小幅增长，中印相互投资持续萎缩。总体上，印度莫迪政府在贸易不平衡、中国直接投资、中国在印企业经营以及人民币结算等问题上仍有较深疑虑，但印度国内针对莫迪政府经贸政策的理性声音明显增多。

中印贸易持续增长，中印贸易不平衡进一步发展，印度对华贸易逆差破千亿美元创新高。与 2021 年中国进出口同期显著增长不同，2022 年中国对印出口持续增长，但中国从印进口出现大幅度下降。据中国海关数据，中印双边贸易 2022 年延续了上年度增长态势，双边贸易额达到 1 359.84 亿美元，较 2021 年的 1 256.64 亿美元增长 8.2%，其中中国对印出口 1 185.02 亿美元，同比增长 21.7%，中国从印度进口 174.83

① 《王毅会见印度国家安全顾问多瓦尔》，2022 年 3 月 26 日，中华人民共和国外交部，https://www.mfa.gov.cn/web/wjbzhd/202203/t20220326_10656035.shtml。

② "India and China Ties Going through 'Extremely Difficult Phase'," *The National News*, August 19, 2022, https://www.thenationalnews.com/world/asia/2022/08/19/india-and-china-ties-going-through-extremely-difficult-phase.

亿美元，同比下降 37.9%。① 印度对中国的贸易逆差突破千亿美元关口。2022 年，印度对中国贸易逆差创历史新高，达到 1 010 亿美元。印度对中国贸易逆差扩大，一方面是印度对中国出口的商品篮子很小，另一方面是印度国内市场对中国出口商品有强劲需求。

印度在放宽中国投资方面持有顾虑。莫迪政府 2020 年修改投资政策对中国对印投资产生负面影响，但受乌克兰危机持续、美国货币政策变化以及其他全球不确定性因素影响，印度吸引的外国直接投资出现下降趋势。在此背景下，2022 年印度降低了对中国投资审查门槛，放松了对中国企业的入场审查，但印度在批准涉及与中国方面关系密切的实体投资提案方面仍十分谨慎。截至 2022 年 12 月，印度共收到 423 项来自其陆地邻国的投资提案（其中大部分来自中国），其中只有 98 项投资提案获得印度政府批准，而且被批准的投资申请也主要集中于制造业领域。② 总体上看，尽管莫迪政府自 2022 年以来开始谨慎地逐案审查中国投资申请，但仍没有考虑完全放开 2020 年出台的对与印度接壤国家的外国投资实施限制的规定。目前，对中国投资申请的审批速度慢，申请获批的数量少。而且，对于已经获得投资审查的项目，印度政府也相继出台系列措施，以确保印度公司不会受到中国投资的影响，确保中国影响力不会渗透到印度的重要领域。

莫迪政府持续封禁有中国背景的手机应用程序，打压在印中企正常经营活动。一是以应用程序损害了印度的国家安全和主权为由，多次封禁有中国背景的手机应用程序。印度在 2020 年以来封禁 267 款有中国背

---

① 《2022 年 12 月进出口商品国别（地区）总值表（美元值）》，中国海关总署，2023 年 1 月 18 日，http://www.customs.gov.cn/customs/302249/zfxxgk/2799825/302274/302277/302276/4807727/index.html。

② "Govt Approved 98 FDI Proposals from Nations Sharing Border since April 2020," *Business Standard*, December 21, 2022, https://www.business-standard.com/article/economy-policy/govt-approved-98-fdi-proposals-from-nations-sharing-border-since-april-2020-122122100837_1.html.

景的应用程序的基础上，2022 年 2 月禁止 54 款中国应用程序，2023 年 2 月在内政部要求下再禁止 232 个应用程序，其中多数程序有中国背景。① 二是加大对在印中企的审查、处罚与限制，手机企业是重点审查对象。据报道，2021 年 12 月以来，包括华为、中兴、OPPO 在内的多家手机厂商遭到印度税务部门"恶意审查"。据统计，印度对在印中国企业的审查涉及的部门多，审查的力度大，有 500 多家中国企业遭遇恶意审查。实际上，印度对中国企业的恶意审查与调查，既有政治上打压中国企业因素，也有"薅羊毛"增加国家税收的考量，② 更有通过排挤中国制造推进"印度制造"的企图。

三、"双通道"推动中印边境态势趋于基本稳定

2020 年 6 月加勒万河谷冲突以来，中印通过边境事务磋商和协调工作机制（WMCC）以及军长级会谈这一"双通道"，开展多轮、多层级的外交磋商和军事会谈，这对缓和边境紧张局势发挥了积极而有效的作用。2020 年 6 月 30 日，第三轮军长级会谈达成第一阶段脱离接触协议，双方部队从加勒万河谷脱离接触；2020 年 7 月 14 日第四轮军长级会谈达成第二阶段脱离接触协议至 2021 年 1 月 24 日第九轮军长级会谈达成班公湖南北岸脱离接触协议，中印两军位于班公湖南北岸一线部队于 2 月 10 日开始同步有计划组织脱离接触。2021 年 7 月 31 日第十二轮军长级会谈达成温泉地区脱离接触协议后，双方于 2021 年 8 月 5 日在温泉地

---

① "India Is Blocking over 230 Betting and Loan Apps, Many with Ties to China," *Financial Press*, February 5, 2023, https://financialpress.com/2023/02/05/india-is-blocking-over-230-betting-and-loan-apps-many-with-ties-to-china/.

② 《听中企讲述印度"恶意审查"》，《环球时报》，2022 年 6 月 9 日版。

区实现脱离接触。然而 2021 年 10 月 10 日举行的第十三轮军长级会谈中，因双方分歧较大会谈陷入僵局，中方认为印方坚持不合理也不切实际的要求，① 印方则指责中方不能提供前瞻性建议。②

从 2022 年 1 月至 2023 年 2 月，中印双方共举行了四轮军长级会谈（第十四轮至第十七轮）和三次中印边境事务磋商和协调工作机制会议（第 24 次会议至第 26 次会议），达成诸多共识。在 2021 年 11 月举行的边境事务磋商和协调工作机制第 23 次会议上，双方就"争取尽快从应急处置向常态化管控转变"形成共识。③ 2022 年 1 月 12 日，中印第十四轮军长级会谈双方达成四个"双方同意"：一是双方同意遵照两国领导人指引，尽快解决剩余问题；二是双方同意持续巩固已有成果，采取有效措施，保持包括冬季在内各时段西段地区局势安全稳定；三是双方同意继续保持军事和外交渠道沟通，通过对话协商尽快达成双方都能接受的解决方案；四是双方同意尽快举行下一轮军长级会谈。④ 3 月 11 日中印举行第十五轮军长级会谈，双方一致同意继续保持西段地区一线的安全与稳定，继续保持军事和外交渠道的对话，尽快达成双方都能接受的解决方案。⑤ 5 月 31 日举行第 24 次边境事务磋商和协调工作机制会议，

---

① 《西部战区新闻发言人就中印第十三轮军长级会谈发表谈话》，中国国防部，2021 年 10 月 11 日，http://www.mod.gov.cn/topnews/2021-10/11/content_4896448.htm。

② "'China Wasn't Agreeable & Couldn't Provide Forward-Looking Proposals': Army Says LAC Talks End in Stalemate," *India TV News*, October 11, 2021, https://www.indiatvnews.com/news/india/india-china-13th-military-talks-collapse-eastern-ladakh-border-row-indian-army-statement-739701.

③ 《中印举行边境事务磋商和协调工作机制第 23 次会议》，中华人民共和国外交部，2021 年 11 月 18 日，https://www.mfa.gov.cn/web/gjhdq_676201/gj_676203/yz_676205/1206_677220/xgxw_677226/202111/t20211118_10449890.shtml。

④ 《中印第十四轮军长级会谈联合新闻稿》，中国国防部，2022 年 1 月 13 日，http://www.mod.gov.cn/gfbw/qwfb/4902920.html。

⑤ 《中印第十五轮军长级会谈联合新闻稿》，中国国防部，2022 年 3 月 12 日，http://www.mod.gov.cn/gfbw/qwfb/4906684.html。

双方同意"本着相互同等安全原则解决边界西段剩余问题"。[①] 7 月 17 日第十六轮军长级会谈发布的联合新闻稿重申，解决剩余问题有助于恢复中印边界西段实控线地区的和平安宁，推动双边关系发展。为此，双方同意维护中印边界西段安全稳定，继续密切保持外交和军事渠道沟通对话，尽早就解决剩余问题达成双方都可接受的方案。[②] 中国国防部发言人认为，第十六轮军长级会谈更具建设性和前瞻性，并且达成四点"共识"：一是坚持政治引领，切实落实两国领导人重要共识；二是着眼把握大局，推动两国关系保持恢复势头；三是有效管控分歧，在问题解决前要切实维护边境地区的安全稳定；四是保持沟通对话，尽快达成双方都能接受的解决方案。[③] 10 月 14 日举行的第 25 次边境事务磋商和协调工作机制会议上双方表示，愿意采取措施进一步缓和边境局势，推动边境局势从应急处置状态向常态化管控迈进。[④] 12 月 20 日，中印第十七轮军长级会谈进一步明确，"尽早就解决剩余问题达成双方均能接受的方案"。[⑤]

2023 年 2 月 22 日，中印边境事务磋商和协调工作机制第 26 次会议达成四个"双方同意"：一是双方同意积极落实两国领导人重要共识，推动边境局势进一步稳定下来。二是双方同意巩固谈判成果，严格遵守双方达成的协议协定和有关共识精神，避免现地局势反复，确保边境地

[①] 《中印举行边境事务磋商和协调工作机制第 24 次会议》，中华人民共和国外交部，2022 年 5 月 31 日，https://www.mfa.gov.cn/web/wjbxw_673019/202205/t20220531_10696697.shtml。

[②] 《权威发布｜中印第十六轮军长级会谈联合新闻稿》，中国国防部，2022 年 7 月 18 日，http://www.mod.gov.cn/gfbw/qwfb/4915960.html。

[③] 《中印第十六轮军长级会谈达成四点共识》，中国国防部，2022 年 7 月 28 日，http://www.mod.gov.cn/gfbw/qwfb/4916748.html。

[④] 《中印举行边境事务磋商和协调工作机制第 25 次会议》，中华人民共和国外交部，2022 年 10 月 14 日，https://www.mfa.gov.cn/web/wjbxw_673019/202210/t20221014_10783770.shtml。

[⑤] 《中印第十七轮军长级会谈联合新闻稿》，中国国防部，2022 年 12 月 22 日，http://www.mod.gov.cn/gfbw/jswj/rdtj_214073/16208491.html。

区和平安宁。三是双方同意在此前达成共识的基础上相向而行，加快推进解决中印边界西段有关问题，早日达成双方都能接受的方案；双方探讨了进一步缓和边境局势的其他措施，同意努力推动边境局势进入常态化管控阶段。四是双方同意继续保持外交军事渠道密切沟通，尽早举行第十八轮军长级会谈。①

实际上，2022年以来中印双方通过边境事务磋商和协调工作机制以用军长级会谈的"双通道"磋商与谈判形成了重要共识，即以加快推进解决中印边界西段剩余问题和推动边境局势进入常态化管控为目标，要避免现地局势反复，为此双方要落实两国领导人重要共识，并在达成共识的基础上相向而行，通过对话协商尽快形成双方都能接受的解决方案。根据中印第十六轮军长级会谈的共识，双方一线部队于2022年9月8日在加南达坂地区开始脱离接触。目前，通过"双渠道"磋商与谈判，双方已经在加勒万河谷、班公湖、温泉、加南达坂等4个对峙点实现脱离接触，边境局势进一步趋于缓和。然而，截至2023年3月，尽管边界西段多点实现了双方部队现地脱离接触，但有两处对峙点仍未脱离接触。

四、边境回归常态化管控面临挑战

经过近三年的外交磋商与军事沟通，中印边境态势总体上趋于缓和。目前，中印双方的共识在增多，分歧在逐步缩小，然而印方对常态化管控的态度暧昧不清，对通过军事争控改变现状心存幻想，尤其是谈

① 《中印举行边境事务磋商和协调机制第26次会议》，中华人民共和国外交部，2023年2月22日，http://new.fmprc.gov.cn/wjdt_674879/sjxw_674887/202302/t20230222_11029614.shtml。

判中仍坚持不合理且不切实际的要求，这不仅增加了谈判的难度，更导致边境态势从危机管理向常态化管控转化面临困难。

印度强化对中印边境地区的军事部署。印度在边界问题上始终奉行"实力对实力"政策，积极推进军事改革和军事战略转型，在大力提升军事能力建设的同时，积极调整边境地区军事部署。加勒万河谷冲突以来，印度军方日益将中国视为挑战和对手，其军事重心开始转向中印边境，不断强化对中印边境地区军事部署。2020 年 5 月，印度正式启动2018 年提出的"印藏边境警察部队"（ITBP）扩容计划，目标是增加 9个营的兵力、1 个前方指挥总部、12 个巡逻营地以及 47 个边防哨所。2023 年 2 月，莫迪政府内阁正式批准扩容计划，同意新增设 7 个印藏边境警察部队营，招募 9 400 多人，在 2025—2026 财年完成扩容计划，为新营基础设施和装备提供 180 亿卢比预算。[①] 目前，边境地区的军事化发展将会成为解决争端的新障碍。

印方以军事争控为目标加速推进边境地区基础设施建设。据印度财政部数据，印度边境道路组织（BRO）2022/2023 财年预算为 350 亿卢比，2023/2024 财年增长到 500 亿卢比。莫迪政府批准继续在边境地区升级基础设施的"中央计划"，为落实计划 5 年内（2021/2022 财年至2025/2026 财年）提供 1 300 多亿卢比预算。同时，莫迪政府开放并鼓励私营部门参与边境道路组织项目，这将进一步促进边境地区基础设施建设。目前，印方推进边境地区基础设施建设取得显著成效，过去 5 年（2017/2018 财年至 2021/2022 财年）建成 257 条边境公路，总里程达13 525 千米，其中在藏南地区建成 64 条公路共 3 097 千米，在所谓的

① "India to Bolster ITBP with 9, 400 More Troops for 7 New Battalions, Sector HQ, " *The Hindustan Times*, February 15, 2023, https://www.hindustantimes.com/india-news/india-to-bolster-itbp-with-9-400-more-troops-for-7-new-battalions-sector-hq-101676464159917.html.

"拉达克地区"建成43条公路共3 141千米。① 2022年10月和2023年1月，边境道路组织在边境地区先后启动75个和28个新项目。目前，边境道路组织在建公路里程达6 195千米。② 对此，印度媒体报道称，为了更快地进入边境地区，印度军队建造了许多桥梁、公路、隧道和直升机停机坪。例如，印度拨款50亿美元在实控线东部修建边境公路，在靠近边界的地方修建若干简易机场，两处新空军基地正在筹备中，部署在班公湖的部队也新建了码头并装备了快艇以增强其巡逻能力。③

印度将边界问题与中印关系挂钩。在解决边界问题进程中，印度采取"示强"与"示弱"相结合策略。一方面，印度歪曲事实真相，塑造其"弱者"形象，指责中国是"改变现状"国家。印度在多个场合就边界问题与中印关系发声，罔顾造成加勒万河谷冲突与多点对峙局面形成的事实与真相，企图把中印关系低谷徘徊以及中印边境紧张态势的责任推诿于中国，指责中国试图单方面改变实控线地区现状，渲染中方是边境形势紧张的"主要责任方"。例如，2022年7月，印外长苏杰生污称中国违反1993年协议和1996年协议中关于不在实控线集结军队的规定，认为中国的企图是单方面改变实控线。④ 2023年1月，苏杰生再次就边境问题指责中国，宣称"在北部边境中国正寻求改变现状，违反

---

① "How India Plans to Ramp up Infrastructure in Arunachal to Deter China," *India Today*, January 5, 2023, https://www.indiatoday.in/india-today-insight/story/how-india-plans-to-ramp-up-infrastructure-in-arunachal-to-deter-china-2317840-2023-01-05.

② "6, 195 km of Border Roads Are under Construction: Government," *The Economic Times*, August 8, 2022, https://economictimes.indiatimes.com/news/defence/6195-km-of-border-roads-are-under-construction-government/articleshow/93438095.cms.

③ Atul Kumar, "Can Xi and Modi Resolve the Sino-Indian Border Dispute?" *The National Interest*, November 28, 2022, https://nationalinterest.org/feature/can-xi-and-modi-resolve-sino-indian-border-dispute-205945.

④ "India Will Not Allow Any Unilateral Attempt by China to Alter LAC: Jaishankar," *Hindustan Times*, June 19, 2022, https://www.hindustantimes.com/india-news/india-will-not-allow-any-unilateral-attempt-by-china-to-alter-lac-jaishankar-101655577635191.html.

协议部署了大量部队"。① 另一方面，印度不断示强，将边界问题与中印关系挂钩，企图迫使中国在谈判中让步。

印度在解决边界问题上"小动作"不断。一是印度利用并引入"第三方"，谋求国际社会对其占领与管控争议地区的承认，企图使印度对争议地区的占领"合法化"。例如，印度利用窜访争议地区等手段企图实现"宣示主权"，包括允许本国官员和他国政要窜访争议地区，将重要的国际活动安排在争议地区举行，与"第三方"合作开发争议地区，开放和发展争议地区国际旅游等。二是在西段纠缠的同时在东段制造越线事件。2022 年 12 月，印军非法越线拦阻中国边防部队在中印边境东段东章地区中国实际控制线一侧定期巡逻，双方发生小规模冲突后立即脱离了接触。事实上，此次冲突并非偶然。据印媒报道，2022 年夏季以来，印军以所谓的中国军队"侵略"为由每月会制造两三次越线行动。②

美国介入和插手中印边界问题。一是美国与印度在敏感地区举行联合演习。2022 年 8 月，美印两国特种部队在喜马拉雅山南麓的喜马偕尔邦举行两阶段为期 21 天代号为"霹雳-22"（Vajra Prahar 2022）的联合作战演习，重点演练高原山地作战能力，印度国防部称演习改善了印美双边防务合作；③ 11 月至 12 月，两军在距离实控线不到 100 千米的印北阿坎德邦奥里地区举行代号为"准备战争"（Yudh Abhyas 2022）的联

① "India Will Not Allow Any Unilateral Attempt by China to Alter LAC: Jaishankar," *Hindustan Times*, June 19, 2022, https://www.hindustantimes.com/india-news/india-will-not-allow-any-unilateral-attempt-by-china-to-alter-lac-jaishankar-101655577635191.html; "On the Northern Borders, China Is Seeking to Change the Status quo: Jaishankar," *The Mint*, January 15, 2023, https://www.livemint.com/news/india/on-the-northern-borders-china-is-seeking-to-change-the-status-quo-jaishankar-11673751094278.html.

② Sushant Singh, "India and China's Latest Border Clash Is Not a One-Off," CPR India, December 24, 2022, https://cprindia.org/opinions/india-and-chinas-latest-border-clash-is-not-a-one-off.

③ "Indo-US Special Forces Joint Exercise Culminates at Bakloh, Himachal Pradesh," PIB, Government of India, August 28, 2022, https://Www.Pib.Gov.In/Pressreleasepage.Aspx?Prid=1855014.

合军演，目标是分享彼此最佳实践、策略、战术和操作，提升彼此协同性。[1] 二是美国向印提供军事与情报支持。2021年1月解密的特朗普政府《美国印太战略框架》报告提出，美国希望印度崛起以遏制中国，计划帮助印度保持在边界对付中国"挑衅"的能力。[2] 2020年10月美国与印度签署《地理空间合作基本交流与合作协议》（BECA），允许美国向印度提供先进的导航辅助设备和航空电子设备，并共享地理空间情报。据美国媒体报道，2022年12月，中印边境东段东章地区发生小规模冲突事件，美国向印度提供了地理空间情报支持，包括首次向印度提供了有关中国阵地和兵力的实时细节。[3] 美国智库报告也鼓噪，美国可以通过"侦测威慑"向印度提供帮助，以确保印度拥有先进的情报、监视和侦察能力。[4] 三是美国介入中印边界争端以及在中印边界问题上"挺印"的意图十分明显。美国家情报局2023年3月发布《美国情报界年度威胁评估》报告称，中印实控线附近悬而未决的低水平摩擦有可能迅速升级，呼吁美国进行干预。美参议员比尔·哈格蒂（Bill Hagerty）和杰夫·默克利（Jeff Merkley）在2023年3月提交两党共同议案，议

① "INDO-US Joint Training Exercise 'Yudh Abhyas 2022' to Commence in Uttarakhand," PIB, Government of India, November 15, 2022, https://pib. gov. in/PressReleseDetail. aspx? PRID=1876038.

② The White House, "U. S. Strategic Framework for the INDO-PACIFIC," January 2021, https://trumpwhitehouse. archives. gov/wp-content/uploads/2021/01/IPS-Final-Declass. pdf.

③ "US Said This on Providing Intelligence to India on Chinese 'Incursion'," NDTV, March 21, 2023, https://www. ndtv. com/india-news/cant-us-on-providing-intelligence-to-india-on-chinese-incursion-3878918.

④ Lisa Curtis and Derek Grossman, "India-China Border Tensions and U. S. Strategy in the Indo-Pacific," CNAS, March 30, 2023, https://www. cnas. org/publications/reports/india-china-border-tensions-and-u-s-strategy-in-the-indo-pacific.

案承认所谓的"阿鲁纳恰尔邦"① 是印度"不可分割的一部分"。②

目前，通过设立缓冲区，中印在边境西段多处对峙点实现了脱离接触，但解决剩余地点对峙需要巨大的外交努力。而且最为重要的是，印度一方面宣称不允许改变（实控线）现状并准备在边界问题上保持立场坚定，③ 另一方面又渐进式地通过立法、行政和军事等手段不断改变实控线现状，企图以"实际控制线+"④ 方案解决边界问题。可以说，印度在边境上小动作不断，这才是边境回归常态化管控面临的最大挑战和重大变数。

五、结语

考察 2022 年中印关系不难看出，中国始终奉行积极的对印政策，注重高层对中印关系的战略引领，向印方发出重视中印关系的明确信号，希望加快重启与印度各领域交流合作。然而，印度莫迪政府对华政策的两面性突出，其对华战略呈现出混合战略特征：多边层面调适与合作，参与亚洲基础设施投资银行、金砖国家和上海合作组织等合作机制；区域层面竞争，在印太地区就基础设施建设、经济合作等领域积极竞争；双边层面拒绝和对抗，不参与"一带一路"倡议；特定方向则推

---

① 中国藏南地区。

② "Hagerty, Merkley Introduce Resolution to Reaffirm the Republic of India's Territorial Integrity and Push Back against Provocations by China," Website of Senator Bill Hagerty, March 14, 2023, https://www.hagerty. senate. gov/press-releases/2023/03/14/hagerty-merkley-introduce-resolution-to-reaffirm-the-republic-of-indias-territorial-integrity-and-push-back-against-provocations-by-china/.

③ Ajit Doval, K. C., "Tackling Adversaries through Strong and Effective National Security Policies," in Bluekraft Digital Foundation (ed.), *Modi@20: Dreams Meet Delivery* (New Delhi: Rupa Publications India, 2022).

④ 林民旺：《中印战略合作基础的弱化与重构》，《外交评论》2019 年第 1 期，第 40 页。

行威慑，例如，沿喜马拉雅山脉和印度洋方向在传统安全领域，试图对华威慑。① 尤其是在印度对华推进总体强势和偏重对抗边境政策的背景下，印度对华边境政策向政经一体、内外协同和陆海联动方向发展的趋势十分明显。

印度对中国认知变化以及中印实力不对称是印度对华实施混合战略的两个重要因素。客观来看，经济规模与前景、大国雄心与抱负、对外环境相对有利等因素，使印度意识到其是美日澳欧等相关各方"印太战略"成功的"关键变量"。但综合实力与战略抱负并不匹配，处于崛起进程中的印度通过奉行"多向结盟"，构建涵盖政治、经济、外交和军事等领域的战略护栏。一方面，印度在战略上向美国靠拢，积极参与美日印澳四边；另一方面，印度也参与金砖国家、上海合作组织等机制。可以看出，印度对华实施涵盖合作、竞争、对抗和威慑等元素的混合战略，对美俄日等奉行"多向结盟"，即与美深化"印太战略"合作，也推进与俄罗斯的特殊特权战略伙伴关系。因此，莫迪政府的"多向结盟"政策，实质上仍是以利益为基础的不结盟政策，莫迪政府始终不希望传统意义上的结盟或联盟对印度作出独立决定的能力形成威胁或构成制约。

边境态势仍是影响中印关系的主要变量。中国始终本着积极态度妥善处理边境问题，也希望印方同中方相向而行，推动边境态势持续趋稳并逐步从应急处置向常态化管控转变。但客观而言，推进边境从应急处置向常态化管控仍难度大、变数多。尽管 2022 年是加勒万河谷冲突后印度反华情绪的消退期，印度国内对中国的认知以及对如何塑造与中国的双边关系开始出现理性声音，但只要印度仍将其界定的"恢复边境地

---

① Manjeet S. Pardesi, "India's China Strategy under Modi Continuity in the Management of an Asymmetric Rivalry," *International Politics* 59 (2022): 44–66.

区和平安宁"作为中印关系正常化的前提条件，中印关系回暖以及回归健康发展轨道将面临不确定性。但不可否认的是，中印都不希望双边关系恶化，也都有改善双边关系的愿望，只是关系调适的进程与结果还不能符合彼此的预期，这为中印关系走出困境提供了空间。

次区域篇

东北亚形势与展望

李　枬[*]

【内容摘要】自拜登执政以来，美国奉行"联盟优先"的外交政策。在东北亚，随着韩国总统尹锡悦上台，美韩全面提升同盟关系，同时强化美日韩三边联动，力图将东北亚变成美国"印太战略"的前沿和支点。朝鲜做出长期与美韩进行对抗的准备，蒙古也在积极构筑自己的安全环境，强化"第三邻国"外交。加之乌克兰危机的延续，东北亚的阵营化趋势已经逐渐显现出来。

一、尹锡悦执政下美韩关系调整与同盟走向

2022 年 3 月 10 日，韩国大选尘埃落定，保守派国民力量党总统候选人尹锡悦以微弱优势当选韩国新任总统。尹锡悦在竞选期间提出全面提升美韩同盟的外交路线，他的上台使美韩同盟加速向以"印太战略"为目标转型。

---

* 李枬，中国社会科学院美国研究所研究员。

在文在寅执政时期，韩国寻求在中美之间走均衡路线，不愿完全倒向美国，而尹锡悦竞选纲领的外交安保政策重点就是"重建美韩同盟关系和加强全面战略同盟关系"。① 因此，美韩同盟在尹锡悦执政后得到了很大提升。

尹锡悦的外交政策以"美韩同盟"为基轴展开，正如他在竞选时讲的那样，一切以美韩同盟为出发点。② 因此，他的外交政策和安保政策都是以同盟为基础。在外交政策上，首先，全面提升美韩"全面战略联盟"，以"自由民主价值观"为基础，共同规划亚太和全球秩序。"扩大和深化美韩在新技术、全球供应链、太空、网络安全和核反应堆等新前沿领域的合作。通过将双边合作扩大到空间、网络、公共卫生、能源、环境和第四次工业革命等新的领域，实现联盟现代化"。③ 由此可见，美韩同盟的提升使得韩国满足走向世界强国的梦想，开始参与更多国际事务。

其次，加强"以规则为基础"的国际秩序，与有关国家开展地区合作。在尹锡悦的外交纲领中，"开放的、以规则为基础的秩序是区域和全球和平与繁荣的基础。而美韩两国在这方面拥有共同的利益。开放的、有规则的秩序，包括供应链的安全、网络空间和数字网络的安全、促进民主、洁净的信息生态圈、航行自由、政府开发援助、人权、海上

---

① "What Yoon's Win Means for Security and Foreign Relations on the Korean Peninsula," *NKnews*, March 10, 2022, assessed March 21, 2022, https://www.nknews.org/pro/what-yoons-win-means-for-security-and-foreign-relations-on-the-korean-peninsula/.

② Ibid.

③ Yonho Kim, *US-ROK Strategic Communication: Track Ⅱ Dialogue on the US-China Strategic Rivalry and the US-ROK Alliance*, The George Washington University Institute of Korean Studies, May 24 2022, assessed June 20, 2022, https://gwiks.elliott.gwu.edu/u-s-rok-strategic-communication/.

安全以及尊重领土主权，等等"。① 尹锡悦把改善日韩关系作为其外交优先，将日韩共同战略意义和共同价值观作为其合作的基础。强调在"正确历史观"的基础上，构建面向未来的日韩合作关系。通过恢复日韩领导人之间的穿梭外交和高层沟通渠道，全面解决所有悬而未决的问题。为此，尹锡悦政府提出续订《日韩军事情报保护协定》，从而明确加强美日韩三边军事和情报合作。不仅如此，韩国也将积极加入拜登政府构筑的"小多边"，其中，韩国将采取分阶段的方法加入美日印澳"四边机制"，在未来成为正式成员。对美英澳三方安全伙伴关系、美英澳加新"五眼联盟"（Five Eyes）等其他小多边集团，韩国也在积极寻求加入。

再次，积极开展经济安全外交，加强美韩经济安全领域的合作与政策协调。尹锡悦政府非常强调"经济安全"的作用，即韩国需要以韩国的核心制造技术（如半导体和电池）作为经济安全外交的杠杆。为此，美韩需确保两国之间供应链稳定以及扩大高科技领域合作，保持美韩"2+2 经济安全会议"，在日韩关系改善的前提下，举行"2+2+2 美日韩经济安全会议"。美韩确保各自的私营部门在半导体和电池领域投入足够的投资，以防止供应链中断或被任何潜在对手所垄断控制。② 最为重要的是，美韩将制定高技术和供应链上的双边机制，并逐步转向为多边机制，特别是寻求与日本和中国台湾地区的合作，积极加入"印太经济框架"。

最后，加强对朝鲜政策上的协调。尹锡悦明确提出加强美韩延伸威慑的执行，其实际运作将由美韩两国高级别外交和国防官员（"2+2"）

---

① Yonho Kim, *US-ROK Strategic Communication: Track Ⅱ Dialogue on the US-China Strategic Rivalry and the US-ROK Alliance*, The George Washington University Institute of Korean Studies, May 24 2022, assessed June 20, 2022, https: //gwiks. elliott. gwu. edu/u-s-rok-strategic-communication/.

② Ibid.

参加的扩展威慑战略和磋商小组施行。不仅如此，尹锡悦还提出在韩国部署美国战略资产，如战略轰炸机、航空母舰、核潜艇，并需要定期演习。在政策协调上，尹锡悦政府抛弃了文在寅政府"朝鲜半岛无核化"的提法，转而使用"朝鲜弃核"的官方表述，要求朝鲜停止核开发并走向"实质性"无核化道路。可见，尹锡悦政府的对朝政策将与拜登政府对朝政策进行协调。

2022年6月29日，尹锡悦首次出席北约峰会，他表示，"期待北约和印太之间的合作关系成为守护普世价值团结的基石"，[①] 这显然与北约在"战略概念"中针对中国的所谓"系统性挑战"有关。可见，韩国正在迅速与美其他盟友形成一种对华共识，即"印太"国家和北约国家必须联合起来，才能"使基于自由、人权和法治的秩序得到尊重"。[②] 不仅如此，韩国总统府经济首席秘书官崔相穆在北约峰会的记者会上表示，因为持续20年的对华出口繁荣期即将结束，韩国依赖中国经济的时代已经结束。市场多元化是必要的。[③] 此一言论一出，韩国国内普遍认为，这将是韩国新政府与中国进行经济脱钩的前兆。[④]

未来美韩同盟将继续走向强化。首先，美韩经济安全成为美韩同盟进一步深化的重中之重。美韩领导人都强调了建立基于尖端技术和供应链合作的经济安全同盟。除此之外，美韩双方还提议设立经济安全对话机制，并将美韩司局级产业合作对话升级为部长级的美韩供应链与产业对话。这意味着"美韩两国将围绕'技术联盟'的核心议题加强政策协

[①] 《美国邀请尹锡悦出席北约峰会的理由》，韩民族新闻，2022年6月27日，https://china. hani.co.kr/arti/opinion/11355.html，访问日期：2022年7月1日。

[②] 《尹锡悦指示落实北约峰会跟进措施》，韩联社，2022年7月4日，https://cn.yna.co.kr/ view/MYH20220704013100881，访问日期2022年7月14日。

[③] 《韩官员称"通过中国实现出口经济繁荣时代结束"，韩舆论出现担忧声》，环球时报网，2022年6月30日，https://world.huanqiu.com/article/48dLaLvQm5j，访问日期：2022年7月1日。

[④] 同上。

调，开展更紧密的合作，共同应对包括半导体、二次电池、人工智能等尖端技术合作和供应链构建"。① 韩国承诺三星集团在得克萨斯州建立生产半导体的工厂，现代集团在佐治亚州建立半导体工厂。这将为美国提供数千个新工作岗位，有利于美国重新安排全球供应链。

其次，进一步提升美韩同盟的军事级别和域外活动能力。这其中最为重要的是扩大美韩军演规模和范围，并提升美韩同盟在延伸威慑的执行能力，构建反制朝鲜核导的联防体系。不仅如此，美韩联合声明也多次提及台海、南海等涉华问题。尹锡悦在北约峰会上一直强调与北约的军事合作。韩国总统府还宣布韩国计划在北约总部布鲁塞尔设立常驻代表团，以加强与北约的情报和信息交流。

最后，参与美国主导的"印太经济框架"。对韩国而言，参与"印太经济框架"可满足韩国在供应链稳定优化及多元化、数字经济、脱碳等领域的利益诉求。不仅如此，文在寅政府也一直对参与"印太经济框架"态度模糊，尹锡悦政府则希望尽快加入，称此事关"韩国国家利益"，这明显是与其外交政策纲领相吻合的。韩国希望在此框架中"既可以在规则制定中获得发言权保障自身的竞争优势，又不会引起中国特别强烈的反应"。②

由上可见，美韩在同盟强化中相互受益。对于美国而言，美国对尹锡悦政府安全上的坚定承诺，以及韩国决意本国企业在美大规模投资的决定可以被认为是拜登政府的重大胜利。对于尹锡悦而言，从美国获得更为广泛的延伸威慑承诺，也达成了保守派的一个关键目标。未来的美

---

① 《杨延龙：拜登首访亚洲之韩国行，韩美情投意合志在何方?》，国际网，2022 年 5 月 24 日，http://comment.cfisnet.com/2022/0524/1325669.html，访问日期：2022 年 6 月 20 日。

② "South Korea Keeps Strategic Ambiguity Alive by Joining US-Led Economic Framework," *NKnews*, May 25, 2022, accessed June 20, 2022, https://www.nknews.org/pro/south-korea-keeps-strategic-ambiguity-alive-by-joining-us-led-economic-framework/?t=1663416910670.

韩同盟将成为美国实施"印太战略"的重要工具。

尹锡悦政府执政后，美韩同盟看似牢不可破，然而美韩关系中的裂痕仍然存在。其中最重要的是，美韩之间的贸易和高科技壁垒还未得到真正解决。拜登政府面临国内一系列重大挑战，如高通胀、工资减少、国内支持率低以及共和党的干扰，而尹锡悦政府也面临着国内的经济和民生问题，包括通货膨胀、加息、能源和食品价格上涨以及货币贬值等。如果不改善经济，促进民生，尹锡悦政府很快将陷入困境。其实，美国在经济上帮助尹锡悦政府是加强美韩同盟的最简单方法，但面对国内的政治压力，拜登政府显然有心无力，也摆脱不了国内政治进程的羁绊，因此美韩在经济上合作将无法如预期的那样充分发展。

由此可见，美韩同盟在保持紧密的同时，也将出现分歧。归根结底，美韩同盟中的动力和制约力量都在同时增强，从而带来更多不确定性。

二、美日韩三边关系的重塑与提升

2022 年 2 月 11 日，拜登政府公布了《美国印太战略》报告。该报告认为，"中国正在全面整合其经济、外交、军事以及技术力量，加紧在'印太'构筑其势力范围，谋求成为世界最具影响力的国家"。[①] 为此，美国必须深化其在"印太"的联盟体系，加强伙伴关系。可以看出，美国正在"印太"构筑遏制中国的链条。这一链条的起点正是东北亚，加强与日本、韩国的关系随即成为美国"印太战略"的重点。在这

---

① White House, *The US Indo-Pacific Strategy*, February 2022, accessed June 20, 2022, https://www.whitehouse.gov/wp-content/uploads/2022/02/U. S. -Indo-Pacific-Strategy. pdf.

份文件中，出现加强美日韩三边关系的单独副标题，标题下称，"几乎每一个重大的印太挑战都需要美国盟友和伙伴之间的密切合作，尤其是日本和韩国。我们将继续通过三方渠道在朝鲜问题上进行密切合作。除了安全问题之外，我们还将在区域发展、基础设施、关键技术和供应链问题以及妇女权益问题上共同努力。我们将越来越多地寻求在三边背景下协调我们的区域战略"。①

自 2022 年 5 月以来，美日韩举行了 20 多次高级别会议，包括在 2022 年 6 月的北约峰会和 2022 年 11 月的东亚峰会期间举行的三方领导人会议。最值得注意的是，2022 年 11 月的金边会议关于美日韩"印太"三边伙伴关系的声明扩大了三边合作的地缘范围和功能，涵盖了朝鲜威胁以外的广泛问题，是三边关系提升的重要标志。尽管美日韩在此次会议上声称要切实落实金边声明，深化三方合作，但在三国国内外仍面临诸多障碍。其中日韩关系中的历史对立和国内政治的制约仍是主要障碍。

当前，美日韩三边关系集中于三个方面：保持对朝政策协调与军事威慑；加强三边经济安全合作；协调对华政策。

首先，保持在对朝政策上的协调与军事威慑。针对朝鲜不断提升核与导弹能力，美日韩进一步密切协调应对措施，以防止朝鲜利用盟友之间的分歧而分化同盟体系。不仅如此，美日韩还恢复了自 2017 年以来中止的大部分联合军事演习。2022 年 8 月，美日韩在夏威夷举行三国弹道导弹演习；在日本海附近的国际水域举行联合反潜演习。

其次，协调三边供应链和经济安全。2022 年，美国宣布了解决经济安全问题的新工具和机制，如供应链预警系统。在此引导下，美日韩承

---

① White House, *The US Indo-Pacific Strategy*, February 2022, accessed June 20, 2022, https://www.whitehouse. gov/wp-content/uploads/2022/02/U. S. -Indo-Pacific-Strategy. pdf.

诺启动经济安全对话机制，其中包括关键技术和新兴技术、供应链和数据透明度等有关问题。鉴于韩国和日本公司在半导体和电池供应中的重要性，韩日之间的协调至关重要。对于美国而言，美日韩在经济安全方面的合作将聚焦于限制日韩两国向中国转让先进的芯片以及芯片制造设备。随着美日韩三边经济安全合作的深化，这些对华管制政策还将扩展到其他领域，如人工智能、生物技术和量子计算等领域。

最后，在对华政策上统一协调步伐。随着拜登政府不断加强对华战略竞争，日韩两国也加紧了追随美国的步伐。日本在最近发布的新版《国家安全保障战略》文件中，"强烈反对中国改变现状的企图"。[①] 日本公开声称在发生紧急情况时支持中国台湾地区的防卫，[②] 韩国也表达了反对单方面改变台海现状的立场。[③] 韩国国会副议长郑宇泽及个别议员于 2022 年 12 月窜访中国台湾地区，显示出韩国在台湾问题上正在追随美国的脚步。2022 年 6 月 11 日，美国国防部长劳埃德·奥斯汀（Lloyd Austin）、日本防卫大臣岸信夫、韩国国防部长官李钟燮在香格里拉对话论坛上的会晤，是又一重大举措。此次会谈是韩国新政府就职以来的首次三方会谈，也是 2019 年 11 月以来美日韩首次面对面会谈。在三边发布的联合声明中，三国国防部长强调了台海和平与稳定的重要性，这是三方防长会议的联合声明首次提及中国台湾。可以看到，随着美国不断打"台湾牌"，日韩两国都将不断调整其立场。这也将三方安全关系从关注朝鲜威胁和东北亚安全扩大到更广泛的"印太"问题上，

---

① 杨伯江、卢昊：《日本新安保战略威胁地区和平稳定》，《人民日报》2022 年 12 月 23 日，http://paper.people.com.cn/rmrb/html/2022-12/23/nw.D110000renmrb_20221223_2-15.htm，访问日期：2023 年 7 月 14 日。

② 《日本国防白皮书首提"台海稳定"重要性对华政策走向引关注》，BBC，2021 年 7 月 6 日，https://www.bbc.com/zhongwen/simp/world-57848336，访问日期：2023 年 7 月 14 日。

③ 《外交部再谈"韩国需审慎处理台湾问题"：这一点怎么强调都不为过》，澎拜新闻，2023 年 2 月 28 日，https://www.thepaper.cn/newsDetail_forward_22107835，访问日期：2023 年 7 月 14 日。

从而标志着美日韩三边安全关系出现质的提升。

三、朝韩关系走向对抗

2022 年 1 月至 11 月初，朝鲜试射了 70 多枚弹道导弹和巡航导弹，其中大部分是出于实战而非开发目的的测试，这是朝鲜历史上导弹活动最为密集的一年。总体而言，朝鲜 2022 年的导弹活动显示出其导弹水平日益多样性以及高水平的特点。这一发展不仅影响到朝鲜核运载工具的稳健性，而且影响到其导弹系统长期部署的有效性以及常规战争中的远程打击能力。这些导弹试射表明，朝鲜的导弹已经可以用来实现其战术和战略目标。作为对韩国尹锡悦政府对朝强硬政策以及美韩大规模军演的回应，朝鲜的导弹发射和性能提升似乎已经成为一种新常态。

2022 年 7 月 26 日，朝鲜领导人金正恩出席朝鲜祖国解放战争胜利 69 周年纪念活动并发表讲话，强烈谴责韩国政府对朝鲜"先发制人"的军事政策。金正恩表示，如果韩国想跟朝鲜做军事对抗，"认为用什么特定的军事手段和方法发动先发制人的打击，就能削弱或摧毁我国的部分军事能力的话，那是痴心妄想"。[1] 金正恩指出，朝鲜有权行使自卫权，若韩国继续借故生非，威胁朝鲜安全并加剧军事紧张局势等，将让其付出相应的代价。[2]金正恩还高度警惕韩美联合军演，称"（朝鲜）的武装力量已完全做好准备应对任何危机"。[3] 12 月 27 日，在朝鲜劳动党第八届中央委员会第六次全体会议扩大会议上，金正恩在报告中指出：

---

[1] ［朝］《敬爱的金正恩同志在伟大的战胜 69 周年纪念活动上发表讲话》，朝中社，2022 年 7 月 28 日，http://www.kcna.kp/cn/article/q/89a48fc77872d6ade1926df12c83a334.kcmsf。

[2] 同上。

[3] 同上。

"在半岛局势面临新的挑战、国际政治局势严峻的情况下，党和政府明确了为维护国家主权和利益应贯彻落实的对外事业原则和对敌斗争方向。"①

由上可见，鉴于韩美对朝鲜的强硬政策，朝鲜明确了与韩美对抗的政策。朝鲜外务省称："因美国及其追随势力一年到头几乎每天进行大规模战争演习，朝鲜半岛成为全球军事紧张程度最高的热点地区且地区安保环境愈演愈烈。如果美国一意孤行，继续发动严重军事挑衅，我方将会考虑在下一步采取更有力的措施。"② 在朝鲜看来，朝鲜的行为只是在采取自卫措施。

对于韩国，尹锡悦政府的对朝政策基本延续了前总统李明博 2008 年上台时倡导的"无核化、开放、3000"的主张。他的外交和对朝政策顾问与李明博政府关系密切。尹锡悦在 2022 年 8 月 15 日的讲话中提出对朝政策路线图的"大胆构想"，包括对朝鲜进行大规模粮食支援项目、发电和输配电基建支援项目、港口和机场现代化项目、旨在提升朝鲜农业生产的技术支援项目、医院和医疗基础设施现代化项目、国际投资及金融支援等。③ 事实上，尹锡悦政府的对朝政策就是"3D 政策"，即"威慑（Deterrence）、劝阻（Dissuasion）及对话（Dialogue）"。"威慑"与"劝阻"占据前两位，当然不会引起朝鲜的积极反应。韩国提出"大胆构想"后，朝鲜劳动党中央委员会副部长金与正发表谈话，批驳尹锡悦涉朝言论。金与正表示，尹锡悦的对朝"大胆构想"荒谬至极。朝方绝不会用核武器这一国体的根本保障交换"经济合作"项目，尹锡悦

---

① ［朝］《朝鲜劳动党第八届中央委员会第六次全体会议第二天会议举行》，朝中社，2022 年 12 月 28 日，http://www.kcna.kp/cn/article/q/ca7280c2250709518dc9e8e91bac53cf.kcmsf。

② ［朝］《朝鲜民主主义人民共和国外务省发言人发表谈话》，朝中社，2022 年 10 月 31 日，http://www.kcna.kp/cn/article/q/8e0edbf8bb876f68ca2ed2b57ae92c35.kcmsf。

③ 《尹锡悦再提对朝"大胆计划"承诺以援助换取朝鲜半岛无核化》，凤凰网，2022 年 8 月 16 日，https://news.ifeng.com/c/8IWFgpNXZA9。

"若北方采取无核化措施"的前提本身就是错误的假设。①

面对朝鲜不断提升核导能力，韩国要求美国延长对韩国的核保护承诺，必要时，应动用全部军事外交力量阻止朝鲜或其他潜在威胁者向韩国发动攻击。尹锡悦恢复了美韩大规模联合军事演习，确保美韩军队进行战区级指挥所演习和野战训练演习。在完成环境影响评估并确保任务执行条件的情况下，使"萨德"系统在韩部署正常化。为了应对朝鲜的导弹，尹锡悦明确提出韩国需要获得强大的先发制人打击能力，例如高功率、超精确和高超声速打击能力。加强韩国防空导弹防御系统，通过部署额外的"萨德"系统和"标准3"型（SM-3）拦截导弹来构建多层导弹防御系统。开发新的拦截武器，如激光武器。同时加强韩国"大规模惩罚和报复"能力，使用强大的超精确打击系统和美韩战略资产对朝鲜进行所谓的"惩罚"。此外，韩国需要建立自己的情报、监视和侦察系统。增加军用侦察卫星，获得随时监控关键目标的能力。② 由此可见，朝韩军备竞赛将随之加剧。

2022年，朝韩关系逐渐走向对抗，危机不断上演。2022年12月26日，韩国国防部发布在京畿道一带捕捉到多条疑似朝鲜无人机航迹。这些朝鲜无人机越界飞入京畿道金浦、坡州和江华岛一带，其中一架飞入首尔上空后离开。在12月26日的拦截行动中，韩军一架KA-1轻型攻击机坠毁。"朝鲜无人机"事件让韩国认识到朝鲜军事侦察能力的大幅度提升。尹锡悦在首尔龙山总统府听取国防部长官李钟燮有关应对朝鲜无人机的报告时斥责军方应对不力，提出尽早成立无人机部队，部署隐

---

① 《朝鲜劳动党中央委员会副部长金与正发表谈话》，朝中社，2022年8月19日，http://www.kcna.kp/cn/article/q/0332729e8bd20a7d201be9a206f8ffaa.kcmsf。

② Yonho Kim, *US-ROK Strategic Communication: Track Ⅱ Dialogue on the US-China Strategic Rivalry and the US-ROK Alliance*, The George Washington University Institute of Korean Studies, May 24 2022, assessed June 20, 2022, https://gwiks.elliott.gwu.edu/u-s-rok-strategic-communication/.

形无人机，以增强侦察能力。①

由上可以看出，朝韩关系在走向对抗的道路上，危机将不断衍生出来，相互误判或使危机上升为冲突，同时造成东北亚局势进一步紧张。

四、困境中的中韩关系

尹锡悦刚刚胜选，就表示要"发展相互尊重的中韩关系"②。在随后出120个施政课题中，专门强调促进中韩两国首脑互访和高层间的交流、沟通等问题。其对华政策的核心是以"相互尊重"为基础，立足"国家利益"发展两国关系。事实上，尹锡悦的对华政策是以美韩同盟为出发点，这就为中韩关系出现波动埋下了伏笔。

首先，"相互尊重"造成中韩在价值观上出现分歧。尹锡悦政府一直强调西方民主和自由的价值原则。中韩在如何理解"相互尊重"上存在分歧，一旦遇到具体问题或将出现严重矛盾。

其次，中韩在"萨德"问题上在未来或将再次陷入争端。韩国外交部在谈及"萨德"问题时指出，此问题事关韩国国家安全主权，不能成为与任何国家妥协的对象。韩国政府推进"萨德"基地正常化一事是为应对朝鲜核导威胁、维护国家安全主权。③ 尹锡悦政府还否认了文在寅

---

① ［韩］《2022年12月28日韩联社要闻简报-1》，韩联社，2022年12月28日，https://cn.yna.co.kr/view/ACK20221228001400881?section＝search，访问日期：2023年7月10日。

② 《稳定并改善中韩关系是中韩两国的"必然选择"》，中国网，2022年3月15日，http://www.china.com.cn/opinion2020/2022-03/15/content_78108489.shtml，访问日期：2023年7月10日。

③ ［韩］《韩外交部：萨德问题事关国安主权不容妥协》，韩联社，2022年8月25日，https://cn.yna.co.kr/view/ACK20220825006500881，访问日期：2023年7月10日。

政府与中国达成的"三不一限"① 的说法，认为这不是中韩双方达成的协议或者约定，只是上届韩国政府表明的立场。② 2022 年 9 月，韩国政府声称已完成了向美国供地 40 万平方米的相关程序。对此，中国表明了严正的立场。随着"萨德"部署再次提上日程，中韩围绕"萨德"的争论与对话也将再次成为热点。

再次，中韩在经贸以及高科技的竞争将凸显出来。"在贸易领域，中韩贸易过去一直遵循着韩国出口零部件等中间产品、中国再加工成成品销往世界的分工格局"。③ 然而，随着中国持续进行经济结构调整，原有的中韩贸易结构也随之发生变化。"在韩国具有相对竞争优势的液晶面板、智能手机、电动汽车和新能源电池领域，如今都能找到已成为韩国最大竞争对手的中国企业。虽然韩国在尖端技术产业，如半导体等电子通信领域仍保持着竞争优势，但在航空航天、生物医疗、能源资源、信息通信科技和软件领域已经为中国所赶超"。④ 这意味着中韩经贸关系已经从历史上的互补型向战略竞合型方向发展。随着韩国越来越受到来自美国的压力以及其对自身竞争优势地位的考虑，中韩在经贸以及高科技领域的竞合态势已经形成。

最后，台湾问题成为中韩关系的新焦点。拜登政府一直在台湾问题上掏空"一中原则"，更将台湾问题国际化。美韩在 2021 年 5 月的首脑会谈上首次指出"维持台湾海峡和平与稳定"的重要性，此后美韩军事

---

① "三不一限"是韩国上任总统文在寅执政时期，为避免中韩关系持续恶化，代表韩国政府所作出的承诺，即韩方承诺不追加部署"萨德"，不与美国和日本形成三方军事联盟，不参与美国主导的导弹防御系统，对已经在韩部署的"萨德"系统，限制实际使用。

② 《韩外交部重申涉萨"三不"非韩中间协议》，中国评论新闻网，2022 年 8 月 11 日，http://220.194.47.118/doc/1064/4/0/0/106440012.html? coluid = 0&kindid = 0&docid = 106440012&mdate = 0811094119，访问日期：2023 年 7 月 10 日。

③ 《中韩贸易三十年：交易额增 40 倍，从互补走向竞合》，第一财经，2022 年 8 月 28 日，https://www.yicai.com/news/101520074.html，访问日期：2022 年 7 月 1 日。

④ 同上。

高级别对话屡屡提起台湾问题，今后尹锡悦就台湾问题与美国保持一致步调的可能性很大。

尽管韩国对华政策显现出强硬的一面，但尹锡悦政府在 2022 年涉华问题上仍较为谨慎。2022 年 8 月，美时任众议院议长佩洛西窜访中国台湾地区后访问韩国，尹锡悦以休假和日程安排冲突为由"拒见"，只进行了电话沟通，韩国政府重申坚持"一个中国"原则，有意展现出韩国不愿过多介入台湾问题的姿态；8 月 4 日，针对美国向韩国提出加入"芯片四方联盟"的要求，韩总统办公室表示，韩国将继续与中国保持有针对性的供应链合作；8 月 7 日，尹锡悦派遣外交部长朴振访华，"承诺妥善处理'萨德'问题"。8 月 27 日，在第 17 次中韩经济部长会议上，中韩签署三份涵盖产业链、供应链、第三市场等重点项目的合作谅解备忘录，同时设立司局级协商协调机制，确保出现供应链不稳时及时进行政策磋商与合作。①

对比尹锡悦政府的对华政策，中国一直保持对韩政策的连续性。2022 年 5 月 10 日，中国国家副主席王岐山作为习近平主席特别代表参加了尹锡悦的总统就职仪式。王岐山在与尹锡悦会晤时，就中韩关系发展提出五点建议："一是加强战略沟通和高层交往，并进一步活跃各方面、各层级对话交流。二是深化务实合作，加强发展战略对接，深化重点领域和第三方市场合作，推动两国合作提质升级。三是充分发挥地缘相近、文缘相通、人缘相亲优势，以建交 30 周年和举办中韩文化交流年为契机，设计实施更多有利于增进国民友好的活动，为两国关系发展持续注入正能量。四是就国际、地区事务加强沟通协调，共同致力于维护多边主义和自由贸易体系，促进地区与全球发展繁荣。五是加强半岛

---

① 《中韩举行第 17 次经济部长会议首签供应链合作协议》，中国国际贸易促进会网，2022 年 8 月 29 日，https://www.ccpit.org/korea/a/20220829/20220829hptg.html，访问日期：2023 年 7 月 1 日。

事务协调合作，妥处敏感问题。中方真诚支持半岛南北双方改善关系，推进和解合作，愿同韩方加强沟通，推动半岛无核化和持久和平。"①

8月24日，适逢中韩建交30周年，习近平主席与尹锡悦总统互致贺电。习近平指出，"中韩关系之所以能取得辉煌发展成就，在于双方坚持登高望远，顺应时代发展潮流，不断为双边关系注入新的时代内涵；在于双方坚持互尊互信，照顾彼此核心利益和重大关切，通过真诚沟通增进理解与信任；在于双方坚持合作共赢，深化互利合作与交流互鉴，实现相互成就、共同繁荣；在于双方坚持开放包容，携手维护地区和平稳定，促进区域融合发展，维护国际关系基本准则。这些宝贵经验值得我们倍加珍惜和长期坚持"。② 习近平强调，中韩要做好邻居、好朋友、好伙伴。

9月15日，中国全国人大常委会委员长栗战书应韩国国会邀请对韩国进行为期两日的正式友好访问。栗战书指出："中方始终将同韩国的关系置于重要位置。经贸合作是两国关系的重要亮点。双方应进一步深化合作，加强发展战略对接，尽快完成中韩自贸协定第二阶段谈判，确保产业链供应链安全稳定，共同维护基于规则的自由贸易体系。国民友好感情是两国关系发展的基础。要进一步加强双方在人文、媒体、智库等领域交流，增进两国人民之间的相互理解和友谊。妥善处理敏感问题对于确保中韩关系健康稳定发展至关重要。"③

然而，随着中美关系的下滑，中韩关系也在受到严重的冲击，加之

---

① 《王岐山出席韩国新任总统尹锡悦就职仪式》，中国驻韩大使馆，2022 年 5 月 11 日，http://kr.china-embassy.gov.cn/chn/yhjl/202205/t20220511_10684365.htm，访问日期：2023 年 7 月 1 日。

② 《习近平同韩国总统尹锡悦就中韩建交 30 周年互致贺函　李克强同韩国国务总理韩德洙互致贺电》，中华人民共和国外交部，2022 年 8 月 24 日，https://www.mfa.gov.cn/zyxw/202208/t20220824_10750961.shtml，访问日期：2023 年 7 月 1 日。

③ 《栗战书对韩国进行正式友好访问》，中国人大网，2022 年 9 月 18 日，http://www.npc.gov.cn/npc/kgfb/202209/46f7870f887e4f5a9eee0edece1c444d.shtml，访问日期：2022 年 7 月 1 日。

两国民间关系日趋负面，中韩关系的改善面临重重阻力。

五、"第三邻国"外交下的蒙古

2022 年，蒙古内政党政治、国际环境和经济都面临机会与挑战。为了应对乌克兰危机，蒙古一面保持与俄罗斯的关系，另一面也加紧和西方国家的联系。

2022 年 9 月，蒙古总统呼日勒苏赫在联合国大会上发表讲话，讨论了寻找和平解决冲突的必要性，明确指向乌克兰危机的解决。蒙古总理奥云额尔登还访问了德国，总统呼日勒苏赫于 2022 年下半年访问中国和日本，以加强蒙古对外联系。

2022 年 11 月 27—28 日，应中华人民共和国主席习近平的邀请，蒙古总统呼日勒苏赫对中国进行国事访问。访问期间，两国签署 16 项合作文件。双方就把双边贸易额增至 200 亿美元，增加矿产品贸易、长期稳定出口煤炭，多元化贸易结构，促进在无偿援助和优惠贷款框架内联合落实的项目等问题深入交换了意见。中蒙延续了两国高层密切交往的友好传统，反映了全面战略伙伴关系的高水平发展，取得了一系列丰硕合作成果，展现了中蒙邻国关系典范的重要意义。[①] 中国已连续 18 年成为蒙古第一大投资来源国和贸易伙伴国，中蒙贸易总额占蒙古对外贸易总额的 60% 以上。2021 年，中蒙双边贸易额首次突破 100 亿美元。[②]

拉近美蒙关系是冷战后美国的既定目标。2019 年 7 月，美蒙提升为战略伙伴关系。美国媒体透露，美国防部正在寻求执行以应对中俄为中

[①] 《打造邻国关系典范，新时代中蒙关系迈上新台阶》，中国网，2022 年 11 月 30 日，http://www.china.com.cn/opinion2020/2022-11/30/content_78544006.shtml，访问日期：2023 年 7 月 1 日。

[②] 同上。

心的战略，蒙古则最好地代表了美国未来数十年的重点所在。① 美国防部希望和蒙古扩大防务和情报合作，以把蒙古作为针对美国对手的监听和监控站的理想地点。在经贸上，美国希望加强与蒙古的经济贸易关系。美国对蒙古丰富的矿产资源充满兴趣，特别是稀土资源。尽管美蒙关系呈现紧密之势，但对蒙古而言，中国和俄罗斯始终都是最重要的国家。美国希望以蒙古作为遏制中俄的工具难以如愿。

与此同时，蒙古也在加强同东北亚其他国家的联系。2022 年 8 月 28 日，韩国外交部长朴振对蒙古进行为期三天的正式访问。这是韩国外长时隔 8 年首次对蒙古进行正式访问。在韩国看来，蒙古是战略要冲，矿物等资源丰富。韩国希望促进韩蒙高层交流与政府间战略沟通，从而探寻在供应链稳定与蒙古的合作可能性。②

11 月 29 日，蒙古总统呼日勒苏赫访问日本，强化与日本享有共同价值观。双方决定提升蒙日战略伙伴关系水平。蒙日制定《蒙日和平与繁荣特别战略伙伴关系》十年行动纲领，深化双方在政治、安全、经贸和投资等方面的合作。蒙方承诺："在经济优先发展领域引进日本投资、技术和诀窍，开发贺西格盆地，稀土元素、稀有金属等矿产以及'制氢及副产品加工'领域上与日本开展合作。"③

由此可见，在东北亚阵营化不断强化的趋势下，与蒙古的关系会引起大国间关系的波动，而此种波动会直接影响到整个东北亚地区的和平与安全。因此，美日韩虽然都希望实现东北亚地区的和平稳定，但在东北亚新老安全问题相互交织的背景下又都各自为政、以单边行动为主，

---

① 《美国防长访问蒙古欲强化战略关系，美蒙进入"蜜月期"？》，澎湃新闻，2019 年 8 月 9 日，http://m.thepaper.cn/rss_newsDetail_4113454?from=sina，访问日期：2023 年 7 月 1 日。

② 《韩外长朴振将对蒙古进行正式访问》，韩联社，2022 年 8 月 25 日，https://cn.yna.co.kr/view/ACK20220825006800881，访问日期：2023 年 7 月 1 日。

③ 《蒙古总统乌·呼日勒苏赫和日本首相岸田文雄举行正式会谈》，蒙古国家通讯社，2022 年 11 月 30 日，https://www.montsame.mn/cn/read/308985，访问日期：2023 年 7 月 10 日。

对蒙古的政策都以实现自身利益最大化和钳制对手的安全环境为目的。因此，为了自身安全，蒙古所采取的对外关系政策也在面临挑战。

六、东北亚阵营化趋势走向

当今国际形势复杂多变，东北亚格局也在经历急剧动荡。随着韩国总统选举落幕，朝鲜半岛的局势变化将处在新一轮的调整周期中，东北亚格局或将日见浮现出阵营化的局面。

第一，朝韩对抗格局业已形成。2022年朝鲜连续发射各种类型导弹和侦察卫星，加速提升朝鲜的军事力量。与此同时，韩国也在加紧研发高精尖武器，构筑自己的导弹系统。朝鲜半岛局势的对抗格局将逐步显现出来，半岛军备竞赛将加剧，危机与挑战将随时出现。

第二，朝俄关系持续回暖，韩俄关系停滞不前。2022年，朝鲜官方将乌克兰危机归咎于美国，认为"造成乌克兰危机的根源，完全在于总是对他国使用强权、极其专横的美国和西方奉行的霸权主义政策"。[1] 在联合国相关议题的会议上，朝鲜也与俄罗斯保持一致。由此，朝俄关系将更为紧密。

2022年的韩俄关系仍然受乌克兰危机的影响。韩国继续维持对俄罗斯的制裁，俄罗斯仍将韩国列入"不友好国家"名单，从而波及韩国企业与俄罗斯的贸易。可以预期，韩俄关系很难在短期予以改善。

第三，美朝关系将进入长期对立局面。2022年1月19日，金正恩主持召开政治局会议时强调："会议重新部署国防政策任务，决定立即

---

[1] 《朝鲜外务省发言人答记者问》，朝中社，2022年2月28日，http://www.kcna.kp/cn/article/q/b18477ffa6e6e3d1152f1d891cf105e3.kcmsf，访问日期：2022年3月21日。

加强和发展更强有力的物质手段，以压制美国愈演愈烈的对朝敌对行为，并向相关部门下达指示，要重新考虑朝鲜为建立信任关系曾对美国率先主动采取的措施，及时研讨重启暂停过的一切活动的问题。更加彻底做好同美国长期对抗的准备。"① 由此可见，美朝关系改善的窗口期已经结束。

第四，美日韩三边关系将得以强化。尹锡悦上台后，将积极修补日韩关系，同时加强美日韩三边军事关系，积极加入美日印澳"四边机制"等"小圈子"之中，日韩将更为紧密地被嵌入美主导的"印太战略"之中。日韩两国不仅作为美国东北亚军事存在的前沿，也是美国在东北亚地区发挥地缘政治力量的基础。其影响不止于军事领域，也将深刻影响安全、战略、经济等领域。

由上可见，东北亚地区的阵营化局面正在逐渐显现。应该说，目前是冷战结束以来安全形势极其严峻的阶段，但客观而言，仍比冷战时期要缓和得多。虽然一些消极因素在不断发酵和积累，但东北亚地区总体局势仍可控，各国之间沟通渠道畅通，也建立了各层次的紧急事态管控机制。因此，短期内爆发严重冲突的可能性不大。最为重要的是，中国一直是维护该地区和平与稳定的重要力量。

---

① 《朝鲜劳动党第八届中央委员会第六次政治局会议举行》，《劳动新闻》2022 年 1 月 20 日，http://www.rodong.rep.kp/cn/，访问日期：2022 年 3 月 21 日。

美国"印太战略"强推下的
东南亚安全现状与发展

李志斐[*]

【内容摘要】2022 年，美国拜登政府强力推动"印太战略"在东南亚地区的实施，强调中美竞争，强化盟伴体系建设，力图主导地区安全机制发展和合作进程。在美国"印太战略"和乌克兰危机的双重冲击下，东南亚地区的传统安全风险和非传统安全风险"居高不下"。作为应对，东盟不断强化自身统一性与"中心地位"建设，努力提升战略自主性。同时，面对美国发起的对华全面战略竞争，中国"控变局、开新局"的能力进一步提升，与东盟联合发布《中国—东盟全面战略伙伴关系行动计划（2022—2025）》，明确"五位一体"的伙伴关系发展目标和主要措施，积极推动更紧密的中国—东盟命运共同体稳步建设。

2022 年是东南亚地区安全秩序重构的关键时期，美国加紧在该地区强推"印太战略"，发起对华全面战略竞争。这导致南海问题、台湾问

---

[*] 李志斐，中国社会科学院亚太与全球战略研究院研究员。

题等地区热点持续发酵，传统安全和非传统安全挑战更加凸显，地区安全环境更加错综复杂。东盟在努力维持与中美的"跷跷板"外交平衡的同时，注重自身统一性建设和"中心地位"维护，试图在地区安全稳定塑造方面有更多战略自主性和影响力。

一、美国"印太战略"在东南亚实施的新内容

2022 年 10 月美国发布《美国国家安全战略》报告，对于未来十年的美国重要利益和"印太战略"的区域布局给予详细阐述，东南亚地区作为"印太战略"实施的关键区域，美国全方位加强东南亚安全布局，努力"落地""印太战略"并积极打造前沿地带。

（一）强调中美博弈，建构东南亚国家对中国的安全威胁认知

在新发布的《美国国家安全战略》报告中，美国宣称中国要在"印太"地区建立势力范围，是亚太地区安全的主要威胁者；中国是美国"唯一既具有战略意图，又具有不断上升的、重塑国际秩序的能力的竞争对手"，"是美国最大的地缘政治挑战"；未来十年是中美较量的"决定性十年"，应对国家间战略竞争应该是美国未来一段时间的主要目标任务。① 美国将中美竞争作为制定国家安全与国防战略的核心内容和主要出发点。美国国防部长奥斯汀（Lloyd Austin）在 2022 年 6 月第 19 届香格里拉对话会上强调，中国所谓的"挑衅性和破坏性"行动越来越

① The White House, *National Security Strategy*, October 2022, https://www.whitehouse.gov/wp-content/uploads/2022/11/8-November-Combined-PDF-for-Upload.pdf.

多，美国强调美方将协助台湾地区加强自卫能力。① 美国不仅通过加固盟伴体系建设，提高在亚太地区的军事部署和威慑力，还积极打造经济领域的阵营对立，推动亚太国家与中国的全面"脱钩断链"，实现对中国在安全、政治和经济领域的全面遏制与"规锁"。

（二）强化双边军事联盟与安全伙伴关系建设

东南亚地区是 2022 年美国增大"印太战略"投入的重点区域，通过高层密集访问和合作深化来巩固菲律宾、泰国等双边军事联盟和安全伙伴之间的关系与合作，使其成为实施"印太战略"的坚实基础。

美国持续深化美菲军事同盟，重申与菲律宾"联手对抗地区威胁"的承诺，拨款 8200 万美元，用于五个美国在菲军事基地的基础设施改善，并在"国家的战略性地区"扩大四个新基地。② 美国通过"印太海域态势感知伙伴关系"（IPMDA）等项目与菲律宾共享更多情报信息，提升菲律宾反舰导弹等武器的威慑能力。2022 年 7 月 10 日，美国和泰国发表《美泰战略联盟和伙伴关系公报》，强调美泰共同致力于加强和促进战略联盟和伙伴关系，包括经济振兴、国防、安全和情报合作、公共卫生发展、人员协作，以及创新环境和减少温室气体排放的可持续性解决方案、气候变化适应等。美泰声明将追求共同战略目标，保持高层战略对话，在坚持核心原则、重振经济、气候变化威胁应对、深化条约联盟、拓展和加强执法合作、深化网络安全与技术合作、推动地区合作、促进全球健康和人员交流等方面开展更紧密合作。③

---

① U. S. Department of Defense, "Austin Speaks at the Shangri-La Dialogue, " https://www.defense. gov/Multimedia/Videos/videoid/846828/.

② "U. S. , Philippines Agree Larger American Military Presence, " February 22, 2023, https://www. cnbc.com/2023/02/02/us-philippines-agree-to-larger-american-military-presence. html.

③ U. S. Department of state, *United States-Thailand Communiqué on Strategic Alliance and Partnership*, July 10, 2022, https://www. state. gov/united-states-thailand-communique-on-strategic-alliance-and-partnership/.

伙伴关系建设方面，美国加大支持印尼的军事现代化进程，向印尼出售包括 36 架 F-15 型战机在内的 139 亿美元的装备。① 同时继续推进在廖内群岛巴淡岛新建海事训练中心事宜，工程将耗资 350 万美元，配备有教室、军营和一座发射台。② 同时，美国将与越南的军事合作范围扩展到医生培训、人道主义援助、灾害援助、维和、信息共享、反恐、维护网络安全和水安全等领域。同时，美国还加强两国之间的"海岸警卫队伙伴关系"，为越南提供"汉密尔顿"级巡逻快艇、无人机等装备，帮助训练越方人员，增强越南的海上军事对抗能力。③

（三）主导安全机制对接和安全合作进程

除了在双边层面，美国还努力推动多边机制与东盟的对接，强化对地区安全合作进程的把控。2022 年 5 月，东盟—美国特别峰会在美国华盛顿特区举行，美国宣布将拨款 1.5 亿美元用于扩大双边合作，协助东盟国家发展清洁能源、推动教育，其中 6000 万美元用于区域海事计划，包括增派海岸警卫队人员和器材，协助伙伴国提高海事防卫能力。④ 11月，美国总统拜登赴柬埔寨参加美国—东盟峰会和东亚峰会，宣布与东盟正式建立美国—东盟全面战略伙伴关系，强调将重点实现东盟—美国全面战略伙伴关系规划（2021—2025），通过东盟主导的机制促进海上

---

① "US Approves \$14B Sale of F-15 Fighter Jets to Indonesia," *The Defense Post*, February 10, 2022, https://www.thedefensepost.com/2022/02/10/us-f-15-sale-indonesia/.

② "US Partners with Indonesia to Build Maritime Center in Strait of Malacca," *East-West Center*, June 25, 2021, https://asiamattersforamerica.org/articles/us-partners-with-indonesia-to-build-maritime-center-in-strait-of-malacca.

③ 赵明昊：《中美竞合｜凛冬将至，中国需更加重视周边安全》，澎湃网，2022 年 11 月 30日，https://www.thepaper.cn/newsDetail_forward_20962422。

④ The White House, "Fact Sheet: U. S. -ASENA Special Summit in Washington, DC," May 12, 2022, https://www.whitehouse.gov/briefing-room/statements-releases/2022/05/12/fact-sheet-u-s-asean-special-summit-in-washington-dc/.

合作，维护航行和飞越自由，恢复和可持续管理海洋环境，海上安全，安保和教育，以及促进可持续和负责任的渔业，包括通过与东盟打击非法、不报告和无管制捕捞活动（IUU）捕鱼网络（AN-IUU）的可能合作；表示要通过东盟防长扩大会议框架，加强在人道主义救援救灾、海上安全、反恐、维和、军事医学、人道主义排雷、网络安全等领域的务实合作。①

美日印澳"四边机制"作为美国"印太战略"的核心性机制，在2022年重视与东盟的战略对接。2022年5月24日，第二次"四边机制"线下峰会在东京召开，会后四国发表《联合声明》，重申各方坚定不移地支持东盟的团结和中心地位，支持《东盟印太展望》，支持以东盟方式妥善处理缅甸问题，支持东盟轮值主席国特使发挥积极作用，并呼吁尽快落实东盟"五点共识"；四国还强调维护航行和飞越自由等。② 对美国来说，东南亚地处"印太战略"核心区，具有重要战略价值，通过与东盟主导下的地区机制的对接与合作，深化在东南亚的影响，有助于其"联合排华"，在落地"印太战略"过程中阻力小、过程顺、效果好。

此次"四边机制"峰会还推出"印太海域态势感知伙伴关系"（IPMDA），宣称将通过提供技术和培训，支持并与"印太"国家和印度洋、东南亚以及太平洋岛国的地区信息汇集中心开展协商努力，支持加强共同的海域意识，促进我们的海上和大洋稳定与繁荣。③ 同时，美

---

① The White House, "ASENA-U. S. Leaders' Statement on the Establishment of the ASENA-U. S. Comprehensive Strategic Partnership," November 12, 2022, https://www.whitehouse.gov/briefing-room/statements-releases/2022/11/12/asean-u-s-leaders-statement-on-the-establishment-of-the-asean-u-s-comprehensive-strategic-partnership/.

② The White House, "Quad Joint Leaders' Statement," May 24, 2022, https://www.whitehouse.gov/briefing-room/statements-releases/2022/05/24/quad-joint-leaders-statement/.

③ 《四方伙伴关系领导人联合声明》，美国驻华大使馆和领事馆，2022年5月25日，https://china.usembassy-china.org.cn/zh/quad-joint-leaders-statement-zh/。

国还大肆宣传与抹黑中国"非法捕鱼"问题，有分析认为，所谓的渔船非法活动只是借口或托词，该倡议的根本目的是动摇或剥夺中国利用海洋的正当权利，旨在通过舆论和外交手段破坏中国海洋强国建设及和平发展的国际环境，并企图以渔业信息分享等非传统安全合作为起点，构建针对中国海洋活动的全面情报信息网络。①

二、传统安全与非传统安全风险居高不下

在美国"印太战略"和乌克兰危机的双重刺激下，东南亚国家纷纷调整军事预算，南海问题高温发酵，气候变化、跨境犯罪等非传统安全问题挑战凸显。传统安全与非传统安全挑战的交织、复合存在，对东南亚地区的安全形势造成明显的消极性影响。

（一）新一轮军备竞赛的风险加剧

乌克兰危机发生之后，东南亚国家的安全观深受影响，纷纷调整本国安全政策和国防开支预算，改变武器装备购买方案，努力加强自身的安全防御能力建设，致使东南亚地区的军备竞赛风险加剧。新加坡军费开支不断上升，已经占国民生产总值的 2.8%。② 越南、菲律宾、印尼等东南亚国家重点通过购买军备和接受军援，加强非对称性军事力量建设。在俄罗斯受到国际制裁后，越南转而希望能够从美国进口军事装备，包括可以帮助其提高在海洋进行空中、海上侦察能力的军事装备。2022 年 12 月，越南国防部和安全部官员与美国洛克希德·马丁、波音

---

① 胡波：《"印太海域态势感知伙伴关系"意味着什么?》，《光明日报》2022 年 12 月 5 日。

② 关于 2022 年新加坡军费支出占 GDP 的百分比，参见世界银行数据库数据，https://data.worldbank.org.cn/indicator/MS. MIL. XPND. GD. ZS?locations＝SG。

和雷神等美国主要的国防承包商会面，讨论了向越南提供直升机、无人机、雷达等非杀伤性武器的问题。①

2022年1月，时任菲律宾国防部长德尔芬·洛伦扎纳证实，菲律宾与美国洛克希德·马丁公司签订合同，将以超过6.2亿美元购买32架新型"黑鹰"直升机。②2月，菲律宾与印度达成价值约3.75亿美元的军事贸易协议，印度计划向菲出口"布拉莫斯"超声速反舰导弹，该导弹具备较强的突防能力，制导精度高、射程远，导弹综合采用"惯导+卫星导航+主/被动雷达"的复合制导方式，抗干扰能力较强。2021年12月28日，韩国现代重工集团宣布赢得了为菲律宾国防部建造3200吨级护卫舰的订单，到2026年为菲律宾建造和交付2艘HDC-3100护卫舰。该舰配备了由韩国提供的SSM-700K"海星"反舰导弹，导弹最大射程150千米。③

（二）南海、台海安全局势升级

美国在国际上煽动"今日乌克兰、明日台湾和南海"的舆情，加大对南海问题和台湾问题的介入力度，企图制造更多与中国相关的军事对抗，刺激安全局势进一步紧张。台湾问题作为中美之间最敏感和最核心的问题，2022年8月美国国会议长佩洛西"不顾中方强烈反对和严正交涉，窜访中国台湾地区，严重违反一个中国原则和中美三个联合公报规定，严重冲击中美关系政治基础，严重侵犯中国主权和领土完整，严重

---

① "Exclusive-U. S. Defense Companies in Talks to Sell Vietnam Helicopters and Drones," Reuters, December 15, 2022, https://www.reuters.com/business/aerospace-defense/us-defence-companies-talks-sell-vietnam-helicopters-drones-sources-2022-12-15/.

② 《菲律宾一口气购买32架美制"黑鹰"直升机，背后都是啥戏码》，央广网，2022年1月20日，http://military.cnr.cn/ycdj/20220120/t20220120_525721200.html。

③ 《菲律宾购印度"布拉莫斯"导弹能多大程度慑控周边》，新华网，2022年2月8日，http://www.xinhuanet.com/mil/2022-02/08/c_1211559890.htm。

破坏台海和平稳定，向'台独'分裂势力发出严重错误信号。中方对此坚决反对，严厉谴责，向美方提出了严正交涉和强烈抗议"。① 南海问题上，中国和东南亚相关国家保持了一定的克制，避免争议的复杂化和扩大化。但是美国等域外国家则"不遗余力"地推动南海问题国际化，加强在南海地区的军事活动，并将南海地区纳入"印太海域态势感知伙伴关系"，试图把控海上战略态势的主动权。2022 年 11 月美国副总统哈里斯访问菲律宾，强调大力支持菲律宾海岸警卫队的安全能力建设，提升反舰导弹等武器的威慑能力，并计划在菲律宾新增四个军事基地，增强靠近台海一线的前沿部署。美国持续推动台湾问题和南海问题实现"海海联动"，提高了亚太地区军事意外摩擦发生的概率，使东南亚安全形势更加具有不确定性。

（三）非传统安全挑战凸显

东南亚地区汇集了人口贩卖、制毒贩毒、非法贸易等多种跨境犯罪问题，同时，气候变化、电信诈骗、公共卫生安全等新问题层出不穷。非传统安全问题的复合性和联动性特点明显，对于东南亚地区的安全稳定和经济可持续发展产生深远影响。

近年来，东南亚地区的跨境电信网络诈骗猖獗，菲律宾的马尼拉、缅甸北部、柬埔寨西哈努克港等地是不法分子的重点"盘踞之地"。跨境电信网络诈骗的犯罪金额巨大，犯罪网络发达，犯罪分子隐藏手段高，但联合执法难以有效遏制该问题的发展，现在已经成为威胁中国和东南亚国家经济发展的重要安全问题。

东南亚国家是受气候变化影响非常明显的区域。世界经济论坛 2021

---

① 《中华人民共和国外交部声明》，中央政府网，2022 年 8 月 2 日，https://www.gov.cn/xinwen/2022-08/02/content_5704034.htm。

年报告显示，全球变暖预计最早将在 2030 年达到危险的 1.5 摄氏度水平，东南亚将面临严峻的后果，这一群岛区域将受到海平面上升、热浪、干旱以及更强烈和更频繁的降雨的打击。被称为"雨水炸弹"的现象影响深重，全球变暖每增加 1 摄氏度，暴雨事件将加剧 7%。海平面如果上升 1 米，受影响最严重的 25 个城市中，有 19 个在亚洲，仅菲律宾就占有其中 7 个。如果没有适应和缓解措施，东南亚的社会和经济情况将会越发脆弱。[①] 但迄今为止，大多数东南亚国家没有制定碳减排战略，以有效缓解联合国政府间气候变化专门委员会（IPCC）报告中所述气候风险的严重性。东南亚的发展中国家部分地依赖气候融资来帮助它们解决这一主要由先发工业国所造成的气候问题。但富裕国家承诺到2020 年每年会提供 1 000 亿美元的资金，并没有得到兑现。[②] 2022 年，东南亚地区的自然灾害发生频繁，高温、洪涝灾害等造成的经济损失巨大。2022 年 7 月菲律宾吕宋岛发生 7 级地震，[③] 11 月印尼西爪哇省遭受地震灾害，[④] 都造成严重的人员伤亡和重大经济损失。

三、东盟强化"中心地位"与统一性建设

美国强推"印太战略"，积极打造的"四边机制"和美英澳三边安全伙伴关系等小多边地区安全机制，对东盟在亚太地区安全架构中的

[①] 《"一带一路"倡议下东盟国家低碳转型的潜力和机遇》，《南方电网报》2022 年 4 月 6 日。

[②] 《全球气候恶化，东南亚将首当其冲》，世界经济论坛，2021 年 9 月 24 日，https://cn.weforum.org/agenda/2021/09/quan-qiu-qi-hou-e-hua-dong-nan-ya-jiang-shou-dang-qi-chong/。

[③] 《菲律宾吕宋岛 7 级地震致 4 死 60 伤》，新华网，2022 年 7 月 27 日，http://www.news.cn/2022-07/27/c_1128868022.htm。

[④] 《印尼西爪哇省发生地震》，新华网，2022 年 11 月 21 日，http://www.news.cn/world/2022-11/21/c_1129146696.htm。

"中心地位"形成显著冲击。同时，东盟部分国家是美国的军事盟友或安全伙伴，不断深化与美国的双边军事合作，在事实上削弱了东盟的统一性。因此，东盟希望维护自身在地区安全中的主导性作用，着力加强统一性和战略自主性的提升。

（一）重点落实《东盟印太展望》，强调"中心地位"建设

2022年11月，第40届和第41届东盟峰会上发布《东盟成立55周年宣言》《东盟领导人关于"东盟行动：共同应对挑战"的愿景声明》《东盟领导人关于将〈东盟印太展望〉的四个优先领域纳入东盟重点推进领域的宣言》，这些文件均强调对《东盟印太展望》的落实，重点加强海上安全、互联互通、可持续性等优先议题领域的合作，从而提高应对传统安全和非传统安全挑战的韧性能力，推进东盟与对话伙伴的战略对接，体现了东盟"进一步凝聚共识、努力将东盟打造成经济持续增长、政局稳定、在国际舞台上发挥重要作用的地区"的努力。[1]

2022年11月是东盟的"主场外交月"。东亚领导人系列会议、二十国集团峰会和亚太经济合作组织非正式会议三大国际会议顺序在柬埔寨、印度尼西亚和泰国举行。三个国家成功举办三大主场外交，充分发挥了东盟在全球和东南亚地区层面的领导力，体现了东盟国家努力克服新冠疫情肆虐全球产生的健康、经济发展和政治动荡等全球和区域挑战，维护了东盟的"中心地位"。

此外，东盟还积极扩大"朋友圈"，在第55届东盟外长会议期间，丹麦、希腊、荷兰、阿曼、卡塔尔和阿拉伯联合酋长国签署加入《东南亚友好合作条约》（TAC），随后乌克兰也在11月10日加入《东南亚友

---

[1] 《中国—东盟守望相助、携手发展》，中华人民共和国商务部，2022年11月28日，https://dzswgf.mofcom.gov.cn/news/phone/183/2022/11/m-1669599476305.html。

好合作条约》，① 使条约成员国增至 50 个。

（二）努力加强自身统一性建设

在缅甸问题上，东盟坚持以"东盟方式"斡旋，强调"五点共识"路线图是解决缅甸问题的基础，积极管控缅甸局势，防止危机外溢。2022 年柬埔寨担任东盟轮值主席国后，首相洪森在 1 月作为缅甸政局变化后第一个访问缅甸的国外领导人，努力推动缅甸各方开展对话和接触，并委派副首相兼外交大臣布拉索昆两次以东盟缅甸问题特使身份访问缅甸，督促缅甸各方开展建设性对话，并分享柬埔寨在解决民族冲突和实现国内和平方面的经验，希望缅甸制定出一个包容性的政治解决方案。② 在第 40 届和第 41 届东盟峰会上，东盟领导人强调，东盟将制定具体时间来支持缅甸各方落实五点共识。③ 虽然缅甸问题无法得到彻底解决，但东盟的积极斡旋和渐进式的问题解决路径，对于缅甸问题的解决具有积极意义。

东盟加强统一性建设的另一个重要步骤是实现扩员。2022 年 11 月，东盟峰会宣布"原则上同意接纳"东帝汶成为第 11 个成员国，允许其参加本届峰会结束后列席包括首脑会议在内的东盟所有会议，并帮助其

---

① 《乌克兰签署加入〈东南亚友好合作条约〉协议书》，澎湃网，2022 年 11 月 10 日，https://www.thepaper.cn/newsDetail_forward_20674363。

② "Keynote Address His Excellency Deputy Prime Minister PRAK Sokhonn, Minister of Foreign Affairs and International Cooperation, at the ISEAS-Yusof Ishak Institute's Special Discussion on the 'Update on ASEAN's Efforts in Myanmar'," ISEAS, July 21, 2022, https://www.iseas.edu.sg/wp-content/uploads/2022/07/Myanmar_DPM_Keynote_address_ISEAS_Updates_on_Myanmar_21_July_2022.pdf.

③ ASEAN Leaders' Review and Decision on the Implementation of the Five-Point Consensus, November 11, 2022, https://asean.org/asean-leaders-review-and-decision-on-the-implementation-of-the-five-point-consensus/.

指定成为正式成员国的路线图。① 东帝汶 2002 年宣布独立，从 2011 年起申请加入东盟，2015 年起成为东盟观察员国，2022 年正式加入，可谓"入盟之路，道阻且长"。有分析认为，同意东帝汶原则上入盟，有助于对内提振东盟士气，对外展现东盟的统一性，并稳固东盟在地区架构中发挥中心地位的基本盘，同时拥有太平洋岛屿论坛观察员国身份，接纳东帝汶有助于东盟加强与南太平洋国家的联系。"从五国到十一国，东盟走出了一条因势利导、包容开放、勇敢塑势之路。东盟较为准确地把握住了国际地区形势变化带来的历史机遇，克服地区国家的多样、复杂特性，坚持发展导向，采取开放、灵活的方式完成一次次扩员进程，并注重制度化、机制化建设，在照顾新老成员国舒适度的同时，确保了东盟的统一性不发生根本动摇，也为世界其他地区提供了区域治理的成功经验……对东盟来说，完成从十国到十一国的机制建设，有利于其进一步提升自身统一性，在地区和国际舞台上发挥更加建设性的作用"。②

（三）在乌克兰危机上保持整体"中立"政策

在乌克兰危机问题上，东盟一直坚持"不选边站"的中立立场和大国平衡政策。东盟在声明中强调，东盟对事态发展深表关切，呼吁有关各方保持最大限度克制，通过包括外交手段在内的各种渠道进行对话，遏制局势，缓解紧张趋势。但是在对乌克兰危机的性质等方面，东盟国家的差异性是比较明显的。新加坡和缅甸的态度可谓是"截然相反"的"两极化"。新加坡强烈谴责"俄罗斯无端攻击乌克兰"，认为"俄罗斯入侵乌克兰违反了《联合国宪章》，明显违反了国际法"，呼吁"许多志同道合的国家一起采取行动，对俄罗斯实施适当的制裁和限制，以限

---

① 《东盟各国原则上同意接纳东帝汶为成员国》，新华网，2022 年 11 月 11 日，http://www.news.cn/world/2022-11/11/c_1129122342.htm。

② 梁鸿、张洁：《东盟扩员之路：从五国到十一国》，《世界知识》2023 年第 1 期，第 31 页。

制俄罗斯对乌克兰发动战争的能力"。①

　　除了新加坡和缅甸，东盟国家的立场是基本统一的，军事上保持尽量避免"卷入冲突"的相对平衡态度，不采取激进政策。泰国是最努力为乌克兰危机解决出路"操心"的国家，呼吁通过联合国进行对话与和平谈判，通过和平与可持续的解决方案解决，并希望通过与"志同道合的国际组织"合作，尽最大努力帮助解决乌克兰的人道主义危机。② 马来西亚只是表示对乌克兰升级表示严重关切，敦促有关各方立即采取措施缓和局势。菲律宾明确表示对俄罗斯和乌克兰之间的冲突保持中立，越南和老挝则在在联合国大会谴责俄罗斯的决议案上选择投弃权票。印尼"对乌克兰的军事攻击是不可接受的，袭击使人民的生命处于严重危险之中，威胁世界和平与稳定，敦促联合国安理会采取具体步骤"，印尼外交部为在乌克兰公民紧急制定撤离计划，因为"人民安全是政府的首要任务"。③ 面对美国、澳大利亚等国提出的"不想在二十国集团会议上见到俄罗斯总统普京"，作为2022年二十国集团轮值主席国的印尼保持中立立场，邀请俄罗斯与乌克兰领导人参会，并最终成功斡旋，确保了二十国集团峰会发表联合声明。

　　东盟作为东南亚的地区性组织，在乌克兰危机问题上明确维持中立立场，战略自主性不断加强的态势明显。乌克兰危机发生之后，东盟成员国（不包括缅甸）外交部长发表声明，强调东盟对于危机的两点态度

① "Sanctions and Restrictions against Russia in Response to Its Invasion of Ukraine," Ministry of Foreign Affairs, Singapore, March 5, 2022, https://www.mfa.gov.sg/Newsroom/Press-Statements-Transcripts-and-Photos/2022/03/20220305-sanctions.

② Tara Abhasakun, "Thailand 'Worried' about Ukraine Violence, Humanitarian Crisis, Representative Tells UN,"The Thaiger, https://thethaiger.com/news/world/thailand-worried-about-ukraine-violence-humanitarian-crisis-representative-tells-un.

③ "Indonesian Government Statement regarding the Military Attack in Ukraine,"Consulate General of the Republic of Indonesia in Vancouver, Canada, February 25, 2022, https://kemlu.go.id/vancouver/en/news/17861/indonesian-government-statement-regarding-the-military-attack-in-ukraine/.

和诉求，一是呼吁各方保持最大限度克制，根据国际法、《联合国宪章》和《东南亚友好合作条约》寻求和平解决问题方式；二是强调拥有和平谈判空间。[①] 东盟将俄罗斯的行动定义为"武装敌对行动"，敦促双方尽量避免伤害平民和制造更大范围的人道主义灾难。[②]

（四）在大国之间坚守平衡政策

中美博弈对东南亚整体形势具有重要影响。面对大国博弈加剧，东盟坚持平衡政策，继 2021 年与中国实现全面战略伙伴关系之后，2022年先后与美国、印度建立全面战略伙伴关系。"全面战略伙伴"是双边关系中最高的合作层次，意味着在整体上、全局上、核心利益上的关键性国家间合作，意味着国家之间更紧密、更全面、更牢固的政策协调与战略配合。东盟先后升级与中国、美国、印度等大国的双边关系，体现出非常明显的大国平衡特点。

在经济领域，东盟则试图分享中美博弈的"红利"。2022 年《区域全面经济伙伴关系协定》正式生效，标志着全球人口最多、经贸规模最大、最具发展潜力的自由贸易区正式落地。[③] 多数东盟国家加入其中，对东盟而言，《区域全面经济伙伴关系协定》的生效能有效提升贸易便利化水平，拓宽跨境物流"大动脉"，加速产业链供应链融合，促进经济要素自由流动，发挥成员国之间的互补优势，合理配置生产要素，[④] 有助于提升东盟的区域经济合作领导力，巩固在区域一体化进程中的中

---

① "ASEAN Foreign Ministers' Statement on the Situation in Ukraine," ASEAN, February 26, 2022, https://asean. org/asean-foreign-ministers-statement-on-the-situation-in-ukraine/.

② "ASEAN Foreign Ministers' Statement Calling for a Ceasefire in Ukraine," ASEAN, March 3, 2022, https://asean. org/asean-foreign-ministers-statement-calling-for-a-ceasefire-in-ukraine/.

③ 《〈区域全面经济伙伴关系协定〉（RECP）于 2022 年 1 月 1 日正式生效》，中国政府网，2022 年 1 月 1 日，https://www. gov. cn/xinwen/2022-01/01/content_5665942. htm。

④ 《RECP 助中国东盟经贸合作再提速》，中国政府网，2022 年 8 月 20 日，https://www. gov. cn/xinwen/2022-08/20/content_5706149. htm。

心地位。

2022年5月23日，美国主导的"印太经济框架"正式启动，美国、日本、韩国、印度、澳大利亚、新西兰、印度尼西亚、新加坡、菲律宾、越南、泰国、马来西亚、文莱13个国家首批加入。根据美国战略与国际问题研究中心的报告，东盟是希望美国邀请所有东盟国家加入"印太经济框架"的，以维持东盟的整体性及意见一致性，但美国显然是不可能邀请所有东盟国家参与框架建设的。① 在5月的世界经济论坛上，柬埔寨首相以东盟轮值主席国的身份强调，所有"印太"倡议都应该服务于和平与发展、不反对任何国家，应该尊重东盟的中心地位。② 可以说，面对中美在亚太地区的战略博弈，东盟在中美博弈间努力保持"平衡"的同时，始终还是把维护中心地位放在首位。

四、东南亚地区安全形势发展趋势与中国

未来，东南亚仍是中美战略博弈的重点区域，美国会继续加强"印太战略"在东南亚地区的实施，迫使东南亚各国"选边站"。同时，中国将进一步提升"控新局"的能力，增强对亚太地区秩序重构的影响力。中美关系将是影响东南亚地区安全形势发展的主要因素。

（一）中美在东南亚地区的战略博弈会更加激烈

美国对华战略已经基本定型，打压和遏制中国会继续保持常态，更

---

① 《美国"印太经济框架"之于东盟国家：机遇与风险并存》，澎湃网，2022年4月17日，https://www.thepaper.cn/newsDetail_forward_17660396。

② 《ASENA 2022：柬埔寨担任东盟轮值主席国的努力与成就》，澎湃网，2022年11月21日，https://www.thepaper.cn/newsDetail_forward_20791855。

多的排挤、制约中国的措施会陆续出台。尤其是借助乌克兰危机的爆发，美国企图"捆绑中俄"，推动欧洲和"印太"地区的联动，实施"引欧入亚"策略，推动"印太北约化"和"北约印太化"的加速发展。所以，美国国家安全战略重心进一步针对"中国挑战"并加大力度打造对抗中国的盟伴体系，在对南海问题和台湾问题加大介入力度的同时，试图使二者形成联动效应，从而促使东南亚地区安全形势更加充满不稳定性和不确定性。

（二）中国在东南亚地区的"控新局、开新局"的能力进一步提升

2023 年是中国加入《东南亚友好合作条约》20 周年，是中国提出构建中国—东盟命运共同体 10 周年，也是"一带一路"倡议实施 10 周年。中国和东盟开启对话进程已经 30 年，中国与东盟各国都建立了稳定和成熟的双边关系。正如中国与东盟建立对话关系 30 周年之际，中国和东盟发布的《中国—东盟合作事实与数据：1991—2021》中所强调的，30 年来，中国始终坚定支持东盟团结和东盟共同体建设，支持东盟在区域架构中的中心地位，支持东盟在地区和国际事务中发挥更大作用；中国东盟关系一直引领东亚区域合作，成为亚太合作的典范；中国东盟各领域合作取得的累累硕果，照亮中国东盟关系更加光明的未来。[①]

2022 年中国与东盟联合发布了《关于加强中国—东盟共同的可持续发展联合声明》和《中国—东盟全面战略伙伴关系行动计划（2022—2025）》，就和平伙伴关系、安全伙伴关系、促进繁荣的伙伴关系、可

---

① 《中国—东盟合作事实与数据：1991—2021》，中华人民共和国外交部，2021 年 12 月 31日，http://new.fmprc.gov.cn/web/wjbxw_673019/202201/t20220105_10479078.shtml。

持续发展伙伴关系、友好伙伴关系等"五位一体"的伙伴关系明确了目标，[1] 提出了共护和平、共守安宁、共促繁荣、共谋可持续发展、共建友好的主要举措，[2] 为未来中国东盟全面战略伙伴关系建设指明了道路。中国继续推动和加深与东盟及东盟国家的全面合作，是东南亚地区安全形势可控的"压舱石"和"稳健器"。

---

[1] 《2022 年：中国与东盟合作一路前行》，中国日报网，2022 年 12 月 31 日，https://cn.chinadaily.com.cn/a/202212/31/WS63b02c1ea3102ada8b229438.html。

[2] 《中国—东盟全面战略伙伴关系行动计划（2022—2025）》，中华人民共和国外交部，2022 年 11 月 11 日，https://www.mfa.gov.cn/web/ziliao_674904/1179_674909/202211/t20221111_10972996.shtml。

南亚陷入地区安全治理赤字困局

楼春豪[*]

【内容摘要】2022 年南亚地区安全形势未有明显好转。美国加强对南亚各国的威逼利诱，图谋将各国绑上美国对华战略竞争的轨道；印度固执于将中印边界问题与双边关系挂钩，"联美制华"态势日益明显；政治乱局、经济困局与安全危局相互交织，扰动多个国家经济社会发展；阿富汗变局外溢效应持续发酵，南亚反恐形势未有好转。中国积极推动与南亚国家合作，但在南亚方向的地缘政治环境趋于严峻，海外利益安全保障压力明显增大。展望 2023 年，南亚地区将大概率延续动荡与不安的总态势，中美印关系变化、国家治理赤字、非传统安全问题等是重要的观察视角。

南亚素来是安全形势较为脆弱和动荡的地缘板块。2022 年，虽然印巴对峙强度、阿富汗恐情烈度等较 2021 年有所缓和，但南亚整体安全形势依然不容乐观，面临大国博弈僵局、国家治理困局、恐怖主义乱局等交织共振引发的多重风险挑战。对于中国而言，中国在南亚利益的维

---

* 楼春豪，中国现代国际关系研究院南亚研究所执行所长、研究员。

护和拓展遭遇更大挑战，这种挑战既有美国、印度等国对中国的对冲性挑战，也有地区治理赤字引发政治经济乱局的内生性挑战，更有部分恐怖势力开始将中国目标作为恐袭对象的暴恐性风险。2023 年，南亚地区安全形势难有明显好转，美印联手抗华的态势料将延续，巴基斯坦、斯里兰卡等短期内很难走出治理困境，中国在南亚地区的利益维护和保障面临更加复杂的挑战。

一、美国将对华战略竞争延展至南亚

2022 年，拜登政府持续推进对华战略竞争，以"印太战略"裹挟中国周边国家加入美国对华战略轨道，将在中国周边战略布局作为"竞赢""智胜"策略的重点内容，刻意挑起"阵营化"对抗。与东南亚和东北亚相比，美国在南亚地区并无军事盟友，是美国对华包围圈相对薄弱的方向，也是美国急欲补强的地缘板块。纵观 2022 年，美国重点深化与印度的战略合作，同时加强对其他国家的战略资源投入，将对华战略竞争延展至南亚。

（一）继续搞"扶印制华"策略

2022 年，美国出于对华战略竞争的考虑，对印度在乌克兰危机问题上没有追随美国加入"反俄大阵营"、没有谴责或制裁俄罗斯的政策予以理解，继续加大对印度的战略扶持力度。美国深化与印度在"四边机制"框架下的合作，推进"网络安全伙伴关系""印太海域态势感知伙伴关系""印太人道主义救援和救灾伙伴关系""印太经济框架"等倡议；两国举行第四次国防部长和外交部长的"2+2"对话，达成签署空间态势感知协定、举办首次国防太空对话和人工智能对话等一系列实质性合作成果；加强在气候变化、清洁能源、关键和新兴技术等领域合作，涉及人工智能、通信技术、量子科学、半导体及生物技术等。2023年1月31日，美国和印度正式举行"关键和新兴技术倡议"（iCET）首次会议，由美国国家安全事务助理和印度国家安全顾问牵头，被认为是"美印关系的重大里程碑"。① 该倡议重点加强两国在创新生态系统（包括量子科技、太空、下一代通信等）、国防创新和技术合作、有韧性的半导体供应链、太空、科技工程和数学人才等诸多领域的合作，② 预示着美印通过高科技领域相互绑定、深化战略合作的态势。

（二）消费巴基斯坦"战略价值"

美国继续"抬印压巴"的南亚政策，但同时也不愿完全放弃巴基斯坦。一是希望利用巴基斯坦区位特点，将巴基斯坦作为对阿富汗"超视距打恐"的依托；二是试图利用巴基斯坦战略界对"被中美博弈捆绑"的担忧心态做文章，图谋给中巴合作"使绊子"。2022年，美国利用美巴建交75周年之际策划系列活动，美战略界频频发声呼吁继续深化与巴基斯坦战略合作；对巴基斯坦政局走向施加影响，将"不听话的"前总理伊姆兰·汗赶下台，威逼利诱巴基斯坦新政府在乌克兰危机、中美关系等问题上向美国期望方向调整；向巴基斯坦提供多种形式援助，与中国开展影响力竞争。数据显示，2022财年，美国各部门共向巴基斯坦提供约1.9亿美元援助，其中紧急援助约6 092万美元、基础卫生约1

① "Joint Statement from the United States and India," The White House, June 22, 2023, https://www.whitehouse.gov/briefing-room/statements-releases/2023/06/22/joint-statement-from-the-united-states-and-india/.

② "Fact Sheet: United States and India Elevate Strategic Partnership with the initiative on Critical and Emerging Technology (iCET)," The White House, January 31, 2023, https://www.whitehouse.gov/briefing-room/statements-releases/2023/01/31/fact-sheet-united-states-and-india-elevate-strategic-partnership-with-the-initiative-on-critical-and-emerging-technology-icet/.

975 万美元、农业约 1 653 万美元。①

（三）加大对尼泊尔、斯里兰卡和孟加拉国的拉拢

美国看重斯里兰卡、孟加拉国在环孟加拉湾的区位特点，欲将两国打造成"印太战略"的重要支点，这从特朗普时期的"孟加拉湾倡议""印太海上安全倡议"等政策中即可观察。2021 年初提前解密的《美国印太战略框架》也指出，美国在南亚地区的目标是"加强马尔代夫、孟加拉国、斯里兰卡等新伙伴的能力，促进自由和开放的秩序"。② 2022 年 5 月在日本东京举行的第四次"四边机制"峰会上，四国宣布成立"印太海域态势感知伙伴关系"，亦有加强对"印太"海上通道管控的意图，而对孟加拉国、斯里兰卡的战略布局有助于美国实现相关战略意图，即对中国的海上战略通道构成牵制。美国积极推进对斯里兰卡的"危机外交"。2022 年 9 月，时任美国国际开发署署长萨曼塔·鲍尔（Samantha Power）访斯，宣布在此前 3 175 万美元援助基础上再提供 6 000 万美元紧急援助，并与斯签订价值 6 500 万美元的 5 年长期援助协议。③ 同时，美发声谴责斯政府"暴力镇压示威""侵犯民众民主权利"，干预斯内政。美国着力将孟加拉国纳入"印太战略"轨道。2022 年，美重启因疫情中断两年的与孟加拉国之间的伙伴关系对话，敦促孟加拉国尽快签署《军事情报保护协定》和《相互提供物资与劳务协定》；举办美孟第二届高级别经济磋商，积极向孟推销"印太经济框架"。

美国对尼泊尔的投入尤其值得警惕。美国施压尼泊尔议会批准实施

---

① "U. S. Foreign Assistance By Country," U. S. Department of State, U. S. Agency for International Development, Data last updated on September 29, 2023, https://www.foreignassistance.gov/cd/pakistan/.

② U. S. National Security Council, "U. S. Strategic Framework for the Indo-Pacific," January 2021, p. 6, https://trumpwhitehouse.archives.gov/wp-content/uploads/2021/01/IPS-Final-Declass.pdf.

③ "USAID Signs New Five-year Agreement with Sri Lanka," *Daily Mirror*, September 16, 2022, https://www.dailymirror.lk/breaking_news/USAID-signs-new-five-year-agreement-with-Sri-Lanka/108-245057.

其"千年挑战计划"（MCC）协议，共同出资建设尼印跨境输电线路和尼泊尔东西向的公路维护升级。虽然尼泊尔议会发表了 12 点"解释性声明"，但"千年挑战计划"协议里夹杂的有损尼泊尔国家主权的内容还是引起了其国内的极大分歧，而美国借此加强对尼泊尔战略性基建项目的掌控，也将对中国的"一带一路"建设形成对冲。此外，美还借"州伙伴关系计划"（SPP）加强对尼安全事务介入，与尼军政高层频繁接触，催促尼尽快加入"州伙伴关系计划"。2022 年 6 月 10 日，美太平洋陆军司令查尔斯·弗林（Charles Flynn）访尼会晤总理德乌帕和陆军参谋长普拉布·拉姆·夏尔玛（Prabhu Ram Sharma）；7 月中旬，德乌帕访美，成为近 20 年来首位访美的尼总理；7 月 28 日，美助理国务卿唐纳德·卢突访尼并与德乌帕会晤，商议加强美尼战略合作。此外，美国还试图重新将尼泊尔打造成在涉藏问题上对中国干扰破坏的桥头堡。2022 年 5 月，美国负责公民安全、民主和人权的副国务卿、"西藏事务特别协调员"乌兹拉·泽亚（Urza Zeya）在印度会见第十四世达赖喇嘛后，紧接着出访尼泊尔，接触尼泊尔的"流亡藏人"，并在涉藏问题上对尼泊尔政府施压。

（四）有意将阿富汗问题"地区包袱化"

美国家安全战略重点从"反恐压倒一切"回调至大国博弈，对阿政策从此前寻求阿问题解决之道转向乐见阿问题延宕，甚至对地区国家实施"战略成本强加"。其一，拒不承认阿富汗塔利班（以下简称"阿塔"）政权合法性。美并不乐见阿塔推翻美国支持的阿富汗前政府，对阿塔怀疑与不信任短期内难解。为此，美将政治承认作为影响阿局势走向、规制阿塔政权的重要筹码，宣称"短期内不考虑政治承认问题"。此外，阿塔多位高层被列入安理会制裁名单，若美不松口，安理会不可能通过决议取消制裁，这已成国际社会和地区国家承认阿塔政权合法性的重大障碍。其二，拒不归还阿央行海外资产。2021年阿政权易手后，美国冻结阿央行在美金融机构的大约95亿美元资产。2022年2月，美国总统拜登下令把在纽约联邦储备银行冻结的部分阿央行资产的一半（约35亿美元）用于赔偿2001年"9·11"恐怖袭击受害者，另一半则用于"帮助"阿人民，不会交给阿塔。2022年9月，美宣布将剩余35亿美元转移到在瑞士成立的"阿富汗基金"，用于"稳定阿宏观经济、支付电力等必需品进口"，而又"不让阿塔从中获益"。① 其三，持续削减在阿反恐投入。拜登政府强调在阿富汗仍有重要且唯一的国家利益——防止对美本土的恐怖袭击，为此将在阿"复制在中东、北非等地的反恐策略"，尤其是发展"超视距"反恐能力，实时监控阿境内乃至整个地区内对美国家安全的直接威胁。② 然而，自2021年8月底完成撤军以来，美在阿发起"超视距"反恐行动屈指可数，尽管击毙了"基地"组织大头目扎瓦希里，但"伊斯兰国"等恐怖组织屡次在阿发动造成惨重伤亡的特大暴恐袭击。美国借此指责阿塔反恐不力。未来，阿恐情升级乃至外溢的可能性依然很高。

二、多国陷入国家治理困局

2022年，受新冠疫情、乌克兰危机、美联储加息等事件叠加影响，加之自身经济抗风险能力较弱，南亚多国遭遇巨大的金融风险，斯里兰

---

① Charlie Savage, "U.S. Establishes Trust with $3.5 Billion in Frozen Afghan Central Bank Funds," *The New York Times*, September 14, 2022, https://www.nytimes.com/2022/09/14/us/politics/afghanistan-central-bank-switzerland.html.

② "Remarks by President Biden on the Way Forward in Afghanistan," The White House, https://www.whitehouse.gov/briefing-room/speeches-remarks/2021/04/14/remarks-by-president-biden-on-the-way-forward-in-afghanistan/.

卡发生债务危机、巴基斯坦财金形势困难、其他国家形势亦难乐观，经济危机逐渐传导至政治、社会和安全领域，造成更大的国家治理危机。

（一）经济金融风险空前

受乌克兰危机导致国际能源粮食价格上涨、洪灾造成严重人道主义灾难等因素冲击，巴基斯坦经济形势严峻，遭遇外汇缩水、本币贬值、通胀高企、债台高筑等多重风险。据巴央行数据，截至 2022 年 12 月底，巴总外汇储备降至 108.45 亿美元，央行管理外汇仅 55.85 亿美元；进入 2023 年，外汇缩水的趋势持续，截至 2023 年 3 月底，总外汇和央行管理外汇的余额分别是 91.64 亿美元和 42.08 亿美元。[①] 巴基斯坦全年通胀高企，2023 年 2 月消费者价格指数同比飙升 31.5%，是 1974 年以来的最高值。[②] 此外，巴经济形势恶化导致卢比贬值，国际评级机构调低巴主权信用评级削弱巴融资能力，国际货币基金组织也为对巴援助设定诸多前提条件，引起各方对巴是否会爆发债务危机的担忧。截至 2022 年 12 月底，巴基斯坦外债 1 263 亿美元，其中巴基斯坦政府所持外债占 77%（约 975 亿美元）；从债务来源看，多边机构约 450 亿美元、巴黎俱乐部约 85 亿美元、私人和商业债务约 70 亿美元、中国约 270 亿美元。[③] 总体上看，巴基斯坦是实际拥有核武器的国家，加之人口众多、地缘区位重要，国际社会不愿意看到巴基斯坦陷入国家破产，以免对地区和国际局势造成更大的动荡，巴基斯坦大概率将度过危机（虽然是异常艰难且难以治本）。

[①] "Liquid Foreign Exchange Reserves," State Bank of Pakistan, https://www.sbp.org.pk/ecodata/forex.pdf.

[②] "Pakistan's CPI Soars to Highest Rate in Nearly 50 Years," Al Jazeera, March 1, 2023, https://www.aljazeera.com/economy/2023/3/1/pakistans-cpi-soars-to-highest-rate-in-nearly-50-years.

[③] Shahbaz Rana, "Pakistan's Existential Economic Crisis," United States Institute of Peace, April 6, 2023, https://www.usip.org/publications/2023/04/pakistans-existential-economic-crisis.

斯里兰卡陷入自独立以来最严重的经济危机。斯产业结构单一，长期面临财政和贸易"双赤字"问题，经济脆弱性较高。2019年复活节恐袭、2020年新冠疫情、2022年乌克兰危机，叠加美元加息导致资本外流、斯政府在经济治理上的诸多失误，使得斯里兰卡陷入独立以来最严重的经济危机。2022年4月12日，斯里兰卡宣布暂停偿还政府所有外债，此系斯首度出现债务违约。2022年6月，斯中央政府债务占GDP比例已达106.1%，其中外债占比达57.2%，[①] 远超世界平均水平。世界银行2023年3月发布的《南亚经济聚焦（2023年春季）》报告称，2022年斯里兰卡经济增速为-7.8%，并预计2023年经济增速为-4.3%，是南亚地区经济表现最糟糕的国家。[②]

此外，孟加拉国、尼泊尔、马尔代夫的经济形势也不容乐观。以近年来表现亮眼的孟加拉国为例，亚开行2022年9月预测其2023财年GDP增长率为6.6%，[③] 世界银行则将孟加拉国的GDP增长预测下调至6.1%，[④] 低于孟政府此前制定的7.5%目标。孟加拉国外汇储备由2022年1月的449.51亿美元降至2022年12月的337.48亿美元，并进一步降低至2023年3月的311.43亿美元。[⑤] 此外，自2011年以来，出口占

[①] "IMF Bailout at Least 3-4 Months Away as Assurances from Bilateral Creditors Essential," *Daily Mirror*, September 26, 2022, https://www.dailymirror.lk/print/business__main/IMF-bailout-at-least-3-4-months-away-as-assurances-from-bilateral-creditors-essential/245-245586.

[②] "Expanding Opportunities: Toward Inclusive Growth," *South Asia Economic Focus Spring 2023*, World Bank, March 2023, https://openknowledge.worldbank.org/server/api/core/bitstreams/efe1e55a-fe61-452f-a2da-3b01b9c9c477/content.

[③] "ADB Cuts Bangladesh's GDP Growth Forecast to 6.6%," *The Business Standard*, September 21, 2022, https://www.tbsnews.net/economy/adb-cuts-bangladeshs-gdp-growth-forecast-66-revises-inflation-500398.

[④] World Bank, *Coping with Shocks: Migration and the Road to Resilience*, South Asia Economic Focus, Fall 2022, https://openknowledge.worldbank.org/server/api/core/bitstreams/5ce11ef4-877e-5037-8736-4b0b235ebebf/content, p. 78.

[⑤] "Foreign Exchange Reserve (Monthly)," Bangladesh Bank, https://www.bb.org.bd/en/index.php/econdata/intreserve.

孟加拉国 GDP 的比例持续下降，孟加拉国经济增长可持续性备受压力。世界银行指出，若无重大改革措施，孟加拉国经济增长可能会很快失去动能。[①]

（二）多国政局陷入动荡

巴基斯坦政权意外易手。2022 年 4 月 10 日凌晨，巴国民议会（下院）投票通过反对党联盟提起的不信任动议，正式罢免总理伊姆兰·汗。2022 年 4 月 11 日，反对党联盟领导人、穆斯林联盟（谢里夫派）[下称"穆盟（谢）"] 领导人夏巴兹·谢里夫当选新一届总理，将组阁完成余下任期。本轮政治变动反映了巴政治发展的反复性和曲折性。巴基斯坦民选政府传统上由穆盟（谢）和人民党轮流执政，但 2018 年大选时，凭借军方的幕后扶持和城市中产阶级的支持，伊姆兰·汗带领正义运动党（下称"正运党"）首次上台执政，打破了由世家大族主导的政坛格局。但随着伊姆兰·汗与军方的嫌隙扩大，反对伊姆兰·汗的政治力量不断积蓄动能，伊姆兰·汗最终遭国民议会罢免。此前为实现首次上台执政，正运党与部分传统政治势力政治结盟，这增强了正运党在选举中的实力，但也使得反对党联盟得以利用执政联盟中的"关键少数"实现倒阁。本轮政权变动后巴政局难言由此落稳，伊姆兰·汗及其支持者不会善罢甘休，势必会挟民意继续抗争，而军方对不同政治派别的态度、正运党是否会树倒猢狲散、穆盟（谢）内部斗争如何演进等，都是影响巴政局走向的重要因素。斯里兰卡经济危机迅速延烧至政治领域，引发政局动荡。2022 年 3 月底起，斯民众发起声势浩大、旷日持久的反政府示威活动，要求总统戈塔巴雅·拉贾帕克萨和总理马欣

---

① "Policy Reforms Needed to Avert Slowdown: WB," *The Daily Star*, September 26, 2022, https://www.thedailystar.net/news/bangladesh/news/growth-unsustainable-without-policy-reforms-now-3128026.

达·拉贾帕克萨兄弟下台。2022 年 7 月初，总统戈塔巴雅被迫逃往海外并宣布辞职。随即，时任总理维克拉马辛哈代理总统，后在人民阵线党支持下获议会多数选票并赢得总统选举，成为斯第 8 任总统。同年 7 月 22 日，维克拉马辛哈组建新内阁，并任命人民阵线党盟党"人民联合阵线"党党首古纳瓦德纳担任总理。在维克拉马辛哈领导下，斯里兰卡逐步回归正轨，但各派力量相互咬合，维系某种"脆弱平衡"。维克拉马辛哈所在统一国民党在议会中仅有 1 席，执政完全仰仗人民阵线党支持，但两党在执政理念和施政方针上南辕北辙，相互合作仅为"权宜之计"；最大反对党统一国民力量党在国家陷入危机时仍"只破不立""为反对而反对"，民意支持率走低；拉贾帕克斯家族很难东山再起，但其领导的人民阵线党仍是议会第一大党。显然，斯政局稳定系数并不高。

孟加拉国各方围绕下届大选博弈升温。执政党人民联盟（wami League，人盟）强势推进 2023 年大选议程，但主要反对党孟加拉国民族主义党（Bangladesh Nationalist Party）拒绝对话，要求人盟政府下台并交权给中立的看守政府，同时努力联合其他反对党试图同时发起反政府运动。[①] 此外，反对党围绕物价上涨、能源危机和腐败问题等频繁发起抗议示威，人盟政府则强势弹压，对抗烈度日益加剧。

尼泊尔政局暗流涌动。尼泊尔于 2022 年 11 月 20 日举行大选，没有一个政党能够在联邦议会众议院获得多数席位。12 月 26 日，尼共（毛主义中心）领导人普拉昌达在尼共（联合马列）等政党支持下出任总理，2023 年初，尼共两党领导的执政联盟分裂，普拉昌达在大会党支持下继续担任总理，新执政联盟各领导人就 5 年总理任期达成约定，但从

[①] Mohammad Al-Masum Molla, "BNP Working at a Synchronous Movement," *The Daily Star*, September 21, 2022, https://www.thedailystar.net/news/bangladesh/politics/news/bnp-working-synchronous-movement-3124176.

尼泊尔政治现实和历史教训来看，此类权力分配约定并不稳定。

南亚地区是中国推进共建"一带一路"的重点地区，中巴经济走廊、科伦坡港口城、汉班托塔港等重点项目均位于该地区。但在内外多重因素冲击下，这些国家在不同程度上陷入治理困境。这些国家经济社会发展面临的困境，以及政治上的动荡，推高了中国"一带一路"项目建设的不确定性。此外，受美西方舆论误导，相关国家一些精英人士错误地将本国发展困境归咎于中国，接受所谓的"债务陷阱""腐败陷阱"等错误论调，甚至向中国提出不切实际的减免债务的诉求，给中国造成了"债务包袱"。

三、恐怖主义形势趋于严峻

巴基斯坦和阿富汗一直是恐怖主义形势非常严峻的地区。2021 年，美国从阿富汗仓促撤军留下烂摊子，阿塔重新执政，加强了对国内安全形势的管控，暴力恐怖袭击事件总体上有所减少。不过，根据联合国安理会的报告，阿塔与"基地""巴基斯坦塔利班"等暴恐组织联系密切，一些极端组织甚至以阿富汗为基地壮大力量或越境恐袭，导致巴基斯坦安全形势急剧恶化。此外，极端组织"伊斯兰国呼罗珊分支"（Islamic State Khorasan Province） 在巴基斯坦和阿富汗的存在都有所增强。

（一）阿富汗安全形势表面有所好转，但存在恐情反弹风险

阿塔执政两年有余，总体安全形势有所好转。联合国报告显示，阿富汗国内冲突事件在 2022 年前几个月降低到往年的 18% 左右，但从 8

月到 11 月，暴力冲突事件同比又有所增加。① 当然，安全形势的总体好转只是相对而言，并不意味着阿富汗安全局势的完全落稳。相反，阿富汗国内仍面临多重安全挑战。其一，与前政府关系密切的反阿塔力量。由塔吉克领导人小马苏德领导的"阿富汗民族抵抗阵线"（National Resistance Front of Afghanistan）是主要力量，主要在潘杰希尔谷地及其周边地区活动。2022 年上半年，这股力量超过"伊斯兰国呼罗珊省"，成为最活跃的反阿塔力量，平均每周都会发起十余起袭击。② 此外，还有"阿富汗自由阵线"（Afghanistan Freedom Front）、"阿富汗解放运动"（Afghanistan Liberation Movement）等，以及一些呼吁阿富汗内部对话的政治派别。阿塔在应对人道主义危机方面的乏善可陈，在改善妇女权利方面的倒退，也是其长期稳定执政的一大变数。2022 年 12 月，阿塔当局宣布暂停妇女接受高等教育和在非政府组织工作的权利，引起国际社会广泛关注。③

其二，"伊斯兰国呼罗珊分支"。"伊斯兰国呼罗珊分支"发展势头迅猛，通过发起针对什叶派穆斯林和外国目标的袭击，以及争取阿富汗境内外国武装人员入伙等，图谋抢占在阿富汗的"圣战"主导权。2022 年 9 月，"伊斯兰国呼罗珊分支"在俄罗斯驻阿大使馆附近发动炸弹恐袭，导致至少 8 人死亡。同月，该组织又策划袭击阿西部赫拉特省一处清真寺，致 18 人死亡、23 人受伤。④ "伊斯兰国呼罗珊分支"还向塔吉克斯坦、乌兹别克斯坦发动越境恐袭，旨在干扰破坏阿塔执政。

---

① *The Situation in Afghanistan and Its Implications for International Peace and Security*, United Nations General Assembly Security Council, June 15 2022; December 7, 2022.

② *Afghanistan's Security Challenges under the Taliban*, International Crisis Group, August 12, 2022, p. 11.

③ United Nations General Assembly Security Council, *The Situation in Afghanistan and Its Implications for International Peace and Security*, February 27, 2023.

④ "Afghanistan: Russian Embassy Staff Killed in Kabul Bombing," BBC, September 5, 2022, https://www.bbc.com/news/world-asia-62764222.

其三，与阿塔关系密切的其他国际暴恐势力，包括"基地"组织、"巴基斯坦塔利班"、"东伊运"等。虽然阿塔否定阿富汗境内存在外国武装分子，但联合国阿富汗援助团报告称，这些与阿塔在意识形态、人员纽带等方面联系密切的外国武装分子，在阿富汗依然有所活动，彼此之间"仍然存在牢固的共生关系"，并批评阿塔政权并没有向国际社会履行反恐承诺。2022 年 7 月，"基地"组织领导人扎瓦希里在喀布尔被美中情局用无人机发射的两枚"地狱火"导弹精确击毙，可为佐证。

（二）巴基斯坦安全形势明显恶化

受阿恐情外溢及国内各种矛盾激化的影响，巴基斯坦国内的暴恐活动显著上升。2022 年 3 月 4 日，巴西北部城市白沙瓦一座什叶派清真寺遭"伊斯兰国"自杀式炸弹袭击，造成至少 57 人死亡、逾百人受伤，成为近年来巴什叶派民众遭遇的最惨重恐袭。① 根据"南亚恐怖主义门户网"数据，截至 2022 年 12 月 18 日，巴基斯坦共发生 348 起暴恐事件，暴恐分子死亡 326 人，同比都有较大幅度增加。② 巴基斯坦研究与安全分析中心（CRSS）报告称，巴基斯坦 2022 年恐怖袭击和反恐行动导致的死亡人数由 2021 年的 850 人飙升至 980 人，超过阿富汗成为南亚地区恐袭数量最多的国家。③ 巴基斯坦暴恐形势主要特点如下：

一是巴国内各地区形势差别大。开普省和俾路支省是暴恐形势最严峻的地区，两省暴恐袭击和伤亡人数占全国比例约 90%。开普省全年暴

---

① Ismail Khan, Salman Masood, "ISIS Claims Bombing of Pakistani Mosque, Killing Dozens", *The New York Times*, March 4, 2022.

② "Datasheet-Pakistan," South Asia Terrorism Portal, date till December 18, 2022, https://www.satp.org/datasheet-terrorist-attack/fatalities/Pakistan.

③ *Annual Security Report-2022*, Center for Research and Security Studies, March 19, 2023, https://crss.pk/annual-security-report-2022-2/.

恐活动导致的死亡人数同比增长约 59%。[1] 与之相对比，旁遮普省、信德省和伊斯兰堡首都区的暴恐袭击数量有所减少，吉尔吉特–巴尔蒂斯坦地区暴力恐袭事件最少。[2]

二是巴暴恐组织来源多样。巴基斯坦暴恐威胁既有来自"巴基斯坦塔利班"、俾路支和信德民族分裂势力等国内极端组织，也有"基地"组织、"伊斯兰国"代表的国际暴恐势力。其中，"巴基斯坦塔利班"（Tehrik-e-Taliban Pakistan，以下简称"巴塔"）有强烈的宗教极端主义色彩，而俾路支和信德地区的极端组织更多地与央地矛盾、民族矛盾相关。巴基斯坦内政部长拉纳·萨努拉（Rana Sanaullah）表示，巴基斯坦开普省有 7 000—10 000 名巴塔分子。[3] 2022 年 12 月，美国将巴塔的二号人物卡里·阿姆贾德（Qari Amjad）和"基地"组织在南亚次大陆的领导人奥萨马·迈赫穆德（Osama Mehmood）及其两名助手列入恐怖分子名单之中。[4] 需引起关注的是，"俾路支解放军""信德革命军"等暴恐势力有合流态势。

三是与阿富汗形势密切相关。阿塔与巴塔关系密切，阿塔执政后释放了大量被前政府关押的巴塔分子，不少武装分子回流至巴基斯坦活动，巴阿边境的跨境恐怖袭击数量有所增多。此外，巴塔明确反对巴基斯坦政府，阿塔上台极大地刺激了巴塔在巴基斯坦搞"割据圣战"的动力。

---

① *Annual Security Report-2022*, Center for Research and Security Studies, March 19, 2023.

② Ibid.

③ Riazul Haq, "Number of TTP Militants in the Region between 7, 000 and 10, 000: Sanaullah, " *Dawn*, December 28, 2022, https://www.dawn.com/news/1728700/number-of-ttp-militants-in-the-region-between-7000-and-10000-sanaullah.

④ Ayaz Gul, "US Lists Top TTP, Regional al-Qaida Commanders as Global Terrorists, " Voice of America, December 2, 2022, https://www.voanews.com/a/us-lists-top-ttp-regional-al-qaida-commanders-as-global-terrorists-/6859522.html.

（三）中国在南亚地区面临恐袭风险增大

近年来，中国在南亚地区海外利益遭遇暴恐袭击数量增多、严重程度加深、国际国内影响恶劣。2022 年 4 月 26 日，巴基斯坦卡拉奇大学孔子学院班车在校内遭遇自杀式恐怖袭击，造成 3 名中方教师遇难，1 名中方教师受伤，另有多名巴方人员伤亡。2022 年 12 月 12 日，阿富汗首都喀布尔由中国人经营的桂园酒店遭遇恐袭，5 名中国人受伤。[①] 造成中国人员、项目、机构日益成为国际暴恐势力恐袭目标的原因很多。一方面，美国以大国竞争取代国际反恐合作，甚至"以恐遏华""以疆乱华"。美国的做法弱化了国际社会反恐合作，助长了暴恐势力对中国发动恐袭的气焰，美国在涉疆问题上的错误言论甚至将国际暴恐势力的注意力引向中国。例如，"伊斯兰国呼罗珊省"在 2022 年 9 月发布的宣传刊物《呼罗珊之声》中妄称，中国崛起后将与西方一样成为"伊斯兰教的敌人"，而中美俄之间的战略矛盾将引发"第三次世界大战"并为"伊斯兰国"提供机遇。[②] 另一方面，中国被动卷入地区国家之间"代理人战争"或一国内部矛盾，暴恐势力图谋通过袭击中国目标实现政治诉求。在印巴关系上，印日益将中印关系与中巴关系"绑定"，煽动俾路支、信德分离主义恐怖组织反巴反华，以图达到其"制巴排华"的双重目的。在巴基斯坦内部，无论是巴塔还是俾路支、信德的民族分裂势力，都将中国目标与巴基斯坦政府相捆绑，认为可以通过袭击中国目标向巴政府施压、弱化巴政府权威，有的暴恐分子甚至将中巴经济走廊视为对当地资源的掠夺，将中巴经济走廊作为重点袭击目标。2022 年下半年，俾路支地区个别政治人物发起"瓜达尔权利运动"（Haq Do Tehreek

---

① 邹学冕：《阿富汗首都酒店爆炸袭击致 5 名中国公民受伤》，新华社，2022 年 12 月 13 日。

② Abdul Basit, "ISKP's Evolving Propaganda against Chinese Imperialism," *Terrorism Monitor* 20, no. 22 (2022), https://jamestown.org/program/iskps-evolving-propaganda-against-chinese-imperialism/.

Gwadar），要求降低该地区的安全检查站点、结束深海捕鱼作业、放松与伊朗的边境贸易管控等，并"警告中国人离开该地区"。虽然很多诉求与中国毫无关系，但示威活动组织者认为将矛头对准中国有助于其向巴基斯坦政府施压。[①]

四、中印安全关系低位徘徊

2022 年，中国积极推动边境局势转圜，希望推动双边关系尽快重回正轨，并取得了一定成效。但印度固执地将边界问题与双边关系挂钩，不断加强边境地区军民力量存在，甚至图谋引入美国因素，使得边境局势始终难以最终落稳。

一方面，边境局势有所缓和。2022 年 3 月，中国时任国务委员兼外长王毅对印度进行工作访问，会见了印度外交部长苏杰生和印度国家安全顾问多瓦尔，表达了中方对稳定和发展中印关系的期待。在与苏杰生会谈时，王毅强调，"作为成熟理性的发展中大国，中印要将边界问题置于双边关系适当位置，不应用边界问题定义甚至影响双边关系整体发展"；与多瓦尔会谈时，王毅强调要以长远眼光看待双方关系、以共赢思维看待彼此发展、以合作姿态参与多边进程。[②] 2022 年全年，中印共举行了 2 次边境事务磋商和协调工作机制会议（WMCC，5 月 31 日第 24

---

① Adnan Aamir, "Gwadar Protest Leader Warns Chinese to Leave Key Belt and Road Port," Nikkei Asia, December 22, 2022, https://asia.nikkei.com/Politics/International-relations/Gwadar-protest-leader-warns-Chinese-to-leave-key-Belt-and-Road-port.

② 《王毅同印度外长苏杰生举行会谈》，中华人民共和国外交部，2022 年 3 月 25 日，https://www.fmprc.gov.cn/web/wjbz_673089/bzzj/202203/t20220325_10655747.shtml；《王毅会见印度国家安全顾问多瓦尔》，中华人民共和国外交部，2022 年 3 月 26 日，https://www.fmprc.gov.cn/web/wjbz_673089/tpsp/202203/t20220326_10656046.shtml。

次，10月14日第25次），以及4轮军长级会谈（1月12日第十四轮，3月11日第十五轮，7月17日第十六轮，12月20日第十七轮），同意认真落实两国领导人和两国外长达成的重要共识，推动边境局势进一步缓和降温，共同维护边境地区和平稳定，本着相互同等安全原则解决边界西段剩余问题。2022年9月8—12日，中印两军根据第十六轮军长级会谈达成的共识在加南达坂地区脱离接触。中印在加勒万河谷冲突后爆发对峙的四个点位实现完全脱离接触，推动中印边境由应急处置向常态化管控阶段迈出重要一步。2023年2月22日，中国外交部边界与海洋事务司司长洪亮同印度外交部东亚司兼外长办公室联秘安伯乐在北京共同主持中印边境事务磋商和协调工作机制第26次会议，肯定两国边防部队前期在加勒万河谷等四个地点脱离接触成果，并就下阶段磋商思路坦诚深入交换意见，这也是2020年加勒万事件以来中印边境事务磋商和协调工作机制首次举行线下会议。

另一方面，印度相关举措增加边界问题的复杂性。印度仍执拗于将边界问题与中印关系"挂钩"。印度外长苏杰生在多个场合表示"只要边界局势不正常，中印关系便无法恢复正常"。[①] 此外，印度围绕中国对藏南地区命名、冬奥火炬手人选、1962年中印冲突60周年等问题反复炒作，对中国进行舆论抹黑。印度还大幅增加对中印边境地区基础设施的资金投入。2022年2月，印度内阁批准2022/23财年至2025/26财年的"活力乡村项目"（Vibrant Villages Programme），资金投入约480亿卢比（其中道路建设专项经费250亿卢比），旨在全面改善北部边境地区

---

① "Remarks by External Affairs Minister, Dr. S. Jaishankar at the Launch of Asia Society Policy Institute," Ministry of External Affairs, Government of India, August 29, 2022, https://mea. gov. in/Speeches-Statements. htm?dtl/35662/.

的农村状况、提高沿边村民生活质量。^① 该项目共涵盖 2 975 个村庄，第一阶段包括 662 个村庄（其中 455 个在中国藏南地区，即印度所谓的"阿鲁纳恰尔邦"），重点领域包括道路、饮用水、电力、互联网和手机通信、旅游中心、卫生设施等。^② 2022 年 12 月初，印度在中印边境东段东章地区挑起事端。

尤其需要警惕的是，印度虽然口口声声说反对外部势力介入边界问题，但在实际行动上却"倚美制华"。在美国对华围堵战略中，印度是绝佳对象。一是印度并非美国传统盟友，将印度纳入美国对华战略竞争轨道，有助于扩大美国的对华包围圈；二是印度在南亚和印度洋地区区位优势明显，有助于补强美国在南亚和印度洋地区的力量短板；三是印度对中国素有战略疑虑，中印在边界、贸易赤字、跨境河流等问题上也存在矛盾，为美国离间中印提供可能。2022 年，美多次在中印边界问题上发表"挺印"言论，支持印度在印度洋方向对中国利益进行滋扰，鼓动印度在南海、东海甚至台海问题上作出策应美国的表态和举动，与印度举行针对中国色彩极强的"准备战争"（Yudh Abhyas）高海拔联合军演，都是美国"拉印制华"政策的具体体现。比如，2022 年 5 月"四边机制"抛出的"印太海域态势感知伙伴关系"，明确提出要与包括印度的信息融合中心（印度洋）等已有的地区信息融合中心相整合，加强对"印太"地区的海域态势感知能力，图谋使中国陷入海上活动对美国

---

① Press Information Bureau, "Cabinet Approves Centrally Sponsored Scheme— 'Vibrant Villages Programme' for the Financial Years 2022 - 23 to 2025 - 26 with Financial Allocation of Rs. 4800 Crore," February 15, 2023, https://www.pib.gov.in/PressReleasePage.aspx?PRID = 1899447.

② Press Information Bureau, "Union Home Minister and Minister of Cooperation Shri Amit Shah Will Launch 'Vibrant Villages Programme' in Kibithoo, a Border Village in Arunachal Pradesh on 10th April," April 8, 2023, https://pib.gov.in/PressReleasePage.aspx?PRID = 1914782.

及其盟友和密切伙伴"单向透明"的劣势。① 2022 年 11 月 29 日，美国和印度在距离中印边境中方实控线不足 100 千米的地区举行"准备战争"演习，侧重高海拔山地战、侦察、撤离和在极端自然和天气情况下的医疗救助等问题，释放美国进一步介入中印边界问题的强烈信号。印度还积极对接美国在海洋方面的行动，试图落实其对华"以海制陆"的图谋。从实际效果看，虽然印度不会完全追随美国、不愿与中国完全走向冲突对抗，但美印在对华竞争、制衡上的战略趋同明显增强，呈现美、日、印为主的对中国的"反 C 形"包围圈的态势，刻意挑起"陆海联动"，使中国面临的地缘环境更趋复杂。

五、结语

南亚国家是中国的近邻，也是共建"一带一路"的重要伙伴。中国高度重视与南亚国家的合作，近几年在推动南亚区域合作方面取得了重要成就。新冠疫情来袭时，中国在第一时间向南亚国家提供了疫苗、医药物资、防控经验等方面的支持，推动成立了中国南亚国家应急物资储备库，帮助南亚国家有效应对疫情冲击。在阿富汗变局时，中国切实发挥负责任大国、负责任邻国的作用，推动阿富汗邻国共同促进该国稳定发展，并向阿富汗人民提供人道主义援助。在债务危机紧要关头，中国向斯里兰卡、巴基斯坦等国提供必要的金融和物资援助，妥善处理债务问题，在力所能及的范围帮助这些国家渡过难关。2022 年，中国时任国务委员兼外长王毅走访了印度、巴基斯坦、尼泊尔、阿富汗、孟加拉

---

① 楼春豪：《美国强化印太海域态势感知的新动向及其对中国的影响》，《云南社会科学》2023 年第 2 期。

国、斯里兰卡等大多数南亚国家，达成了诸多合作共识和具体的合作成果，给南亚地区经济社会发展注入了正能量。2023 年，中国将继续深化与南亚国家的发展合作，积极推动印度与中国携手努力、使双边关系重回正轨，继续对面临严峻经济形势的国家提供力所能及的援助，继续推动地区国家在阿富汗问题上的合作。

不过，2023 年的南亚安全形势恐怕很难乐观。美国势必会继续推行其"阵营化"对抗的策略，侵蚀中国与南亚国家的合作基础。中印都有尽快缓解边境局势的意愿，但印度方面自恃有美国撑腰，立场强硬、态度顽固，给边境局势的常态化管控增加难度。尤其需要警惕的是，美国大概率会炒作中印边界问题，并深化与印度的防务安全合作，中印边界问题中的"美国因素"将更加突出。此外，美印有可能联手在南亚地区加大对中国的战略阻击力度。其他地区国家短期内很难走出政治动荡和经济艰难的局面。巴基斯坦形势较为紧迫，政治乱局、经济困局和安全危局相互交织风险较大；斯里兰卡局势有望逐步趋稳，但很难恢复到疫情之前的状态；孟加拉国、尼泊尔的政局充满变数，两国地缘特点也使得美国加大对其选边站队的逼迫；阿富汗依然难以走上国家发展正轨，阿塔当局在反恐、女性权利、包容性政府等方面的政策，不利于其获得国际承认和外部援助。

中亚安全形势及
对中国周边环境的影响

李睿思*

【内容摘要】2022年2月乌克兰危机的爆发与新冠疫情相叠加，中亚安全整体形势受到波及，中亚各国的政治、经济与社会的稳定性受到冲击。面对挑战，中亚国家快速反应，多数事件得到快速解决，安全形势总体保持平稳。但应该看到，中亚国家内部的脆弱性和多变性仍在强化，在大国博弈烈度上升、地缘冲突频发的背景下，该地区安全形势前景不容乐观。2023年5月，首次举行中国—中亚峰会，这不仅开启了中国与中亚国家合作的下一个"黄金三十年"，而且有望成为保障中亚安全的重要开端。

一、年度安全形势主要特点及影响因素分析

自独立以来，中亚国家社会内部积累的矛盾和冲突持续发酵，安全

---

* 李睿思，中国社会科学院俄罗斯东欧中亚研究所副研究员。

事件在 2022 年呈现多点爆发的态势。

（一）年度安全形势的主要特点

第一，受乌克兰危机影响，地区发展的不确定性增加，中亚成员国之间发展差距进一步拉大，地区安全形势更加错综复杂。部分中亚国家因担心本土发生类似乌克兰危机事件而出现自危心态，致使俄罗斯主导的欧亚经济联盟和集体安全条约组织与中亚国家的合作受到影响，欧亚一体化进程暂缓。

第二，面对剧烈变化的地缘政治环境和大国博弈的压力，中亚国家一体化意愿加强。2022 年 7 月，第四届中亚国家元首协商会议在吉尔吉斯斯坦举行，五国元首就加强区域内互动，扩大合作前景、共同应对地区安全挑战等交换意见，其中中亚区域安全和阿富汗局势成为重点议题。[①] 同时，中亚国家加强了高层互动，为打破地缘政治的困局，减轻对俄的发展依赖，中亚多国选择开展全方位外交，加强与世界其他地区和国家的交流与互动，如与欧盟、印度、土耳其、伊朗等国，均加大了合作力度。在个别国家倡议下，中亚一体化出现新的发展态势，中亚国家更加趋向于集体发声，捍卫主权和领土完整，维护国家的根本利益。

第三，中亚地区安全形势可能进入新的动荡期和调整期，安全形势的不确定性被强化。乌兹别克斯坦总统米尔济约耶夫在第四届中亚国家元首协商会议上指出，中亚地区当前面临传统和非传统安全威胁，域内的极端主义和恐怖主义都可能产生极大的破坏力威胁地区和平与稳定。在乌克兰危机持续发酵、国内政治改革不断深入、阿富汗恐怖主义外溢、族际和宗教问题错综复杂等因素叠加的背景下，中亚地区安全形势

---

① 《第四届中亚国家元首协商会议在吉尔吉斯斯坦举行》，中国新闻网，2022 年 7 月 21 日，https://www.chinanews.com.cn/gj/2022/07-21/9809094.shtml。

将进入新的动荡期。在中亚国家普遍推行多元外交政策的情况下，土耳其、伊朗和印度等国对中亚地区事务的参与度明显上升，多方力量的加入使地区安全形势的不确定性增加。

（二）影响地区安全形势的主要因素

一是乌克兰危机给欧亚地区安全形势造成多重冲击。首先，中亚国家对领土和主权完整的担忧与恐惧普遍加深。乌克兰危机爆发于独联体成员之间，根源在于错综复杂的历史经纬和现实纠葛，极有可能成为开启今后欧亚地区系列冲突和对抗的导火索。以哈萨克斯坦为例，俄罗斯族在其人口中的高占比使执政当局对出现类似的对抗事件产生担忧和恐惧。其次，乌克兰危机加剧地缘政治争夺，中亚地缘战略地位出现上升。后苏联空间吸引了当今世界主要大国及其利益集团的高度关注和战略投入。鉴于俄罗斯在中亚地区的传统影响力，美西方国家将中亚定位为对俄战争的"第二战场"，针对中亚国家的政治争夺恐加剧。再次，中亚推行务实平衡的外交政策压力增大，外交安全面临严峻挑战。乌克兰危机爆发后，中亚国家被迫就冲突的性质表明立场，也就是所谓的"选边站"。中亚国家一方面依赖与俄罗斯在政治、经济、安全等领域的紧密联系；另一方面担忧因协助俄罗斯实现平行进口而受到美西方国家的经济制裁，在外交上寻求战略平衡的难度增大。最后，受乌克兰危机和新冠疫情的叠加影响，中亚国家经济形势遭遇困难。疫情期间，大量中亚务工侨民从俄返乡，侨汇减少和失业成为引发经济下行和社会动荡的关键因素。乌克兰危机爆发后，中亚多国出现本国货币大幅度贬值、能源价格上涨、通货膨胀严重等现象，经济承受更大压力。

二是在内外部因素的综合作用下，中亚国家的社会不稳定性加剧。从外部因素看，中亚地区位于欧亚大陆腹地，历来是地缘政治的交汇点。部分西方国家及其利益集团常年在此深耕布局，通过提供资金、武器和信息情报等方式，鼓动持不同政见的团体从事反政府活动，宣扬极端思想和散布反动言论。从内部因素看，阶层矛盾和族际纷争使中亚各国社会矛盾不断加深，负面舆情和民意不断积累，特别是在青年群体中。哈萨克斯坦的"一月事件"、塔吉克斯坦戈尔诺-巴达赫尚自治州暴力袭击事件、乌兹别克斯坦的卡拉卡尔帕克斯坦事件等，都不同程度地反映了中亚国家的社会矛盾，这些矛盾成为潜在的不稳定因素，极易被利用继而引发大规模动荡。

三是边界问题屡次成为中亚国家间武装冲突的导火索。2022年，吉尔吉斯斯坦和塔吉克斯坦在边境多次发生武装冲突。在9月14—17日的冲突中，大量军人和平民伤亡，双方仅死亡人数就超过100人。这是继2021年4月以来，两国之间爆发的最严重的武装对抗。9月19日，吉尔吉斯斯坦副总理兼国家安全委员会主席塔希耶夫与塔吉克斯坦国家安全委员会主席亚季莫夫就冲突事件举行会谈，签署了旨在解决两国边境武装冲突问题的议定书。

四是源于阿富汗的恐怖主义、毒品泛滥等问题持续威胁中亚的地区安全。受乌克兰危机影响，俄罗斯将原本部署在中亚地区进行维稳和反恐的兵力调往战场，中亚地区安全形势随之恶化。此外，阿富汗塔利班执政后，阿北部省份安全局势的恶化对毗邻的中亚国家产生威胁，特别是塔利班对少数族裔推行的新政，致使国内反对势力不断扩大。在阿富汗生活的乌兹别克人、塔吉克人等纷纷加入"伊斯兰国呼罗珊分支"，要求推行伊斯兰极端主义，改变阿国内的政治秩序，少数族裔加入政府的反对势力对中亚和阿富汗边境地带的安全造成威胁。鉴于此，2022年7月，以"阿富汗：安全与经济发展"为主题的国际会议在乌兹别克斯坦塔什干举行，哈萨克斯坦总统阿富汗问题特使塔勒哈特·卡利耶夫在会上发表讲话时指出，国际社会应团结起来采取措施维护阿富汗的和平与稳定。乌兹别克斯坦总统米尔济约耶夫呼吁，阿富汗临时政府应尽快断绝与国际恐怖组织之间的联系。①

五是外部势力的干涉和加紧渗透对中亚地区安全形势产生不利影响。从阿富汗撤军后，美国致力于在中亚地区实现军事存在，以此延续在该地区的影响力。服务这一目标，美国在政治上积极参与中亚国家内部政治改革进程，在经济上对中亚国家不断追加经济援助，在外交上强化"C5+1"合作模式，在安全上试图寻找能够与其开展定期军事演习、允许其驻军的中亚合作伙伴。其中，安全领域合作是美国的优先方向，目的是通过加大对中亚国家的安全合作，削弱上海合作组织和集体安全条约组织在中亚地区的影响力。乌克兰危机爆发后，美国利用俄罗斯对中亚影响力出现下降的机会频繁造势，2022年4月，美国助理国务卿访问吉塔两国，反复强调支持吉塔两国民族独立和主权完整。8月，美国与塔吉克斯坦举行联合军事演习，希望能够扩大自身在中亚的安全影响力。

二、中亚地区主要安全事件及其对中国的影响

2022年，中亚国家安全形势的不确定性突出表现为突发事件频发。中亚地区是中国共建"一带一路"的必经之路，中亚地区的安全与稳定对中国推进高质量共建"一带一路"和构建双循环发展格局有着重要影响。

（一）中亚地区的主要安全热点

2022年，除土库曼斯坦外，其他中亚国家均发生了安全热点事件，

---

① 《哈萨克斯坦视阿富汗为中亚与南亚的桥梁》，哈萨克国际通讯社，2022年7月27日，https://www.inform.kz/cn/article_a3959652。

事件的发生数量和烈度均较去年有上升的发展趋势，从直接诱发因素来看，冲突的导火索均来自中亚国家内部，未见大规模外部势力干涉地区安全事务的现象。中亚国家均对突发安全事件进行快速反应，从结果来看，中亚国家基本能够快速稳定国内局势，通过积极举行高层会面和协商会议等方式，妥善处置安全危机，避免事态进一步扩大威胁中亚地区的安全稳定。

1. 哈萨克斯坦"一月事件"

2022 年 1 月初，哈萨克斯坦西部的曼格斯套州居民因反对天然气涨价举行抗议活动并快速蔓延到阿拉木图等多地。虽然当地政府不断让步试图平息骚乱，但抗议活动的规模仍不断扩大，破坏力也随之升级，部分暴力分子开始冲击政府机关并抢夺武器。1 月 5 日晚，哈萨克斯坦总统托卡耶夫宣布解散政府和实施宵禁，并且出任哈国家安全会议主席。托卡耶夫表示，哈萨克斯坦遭受到前所未有的威胁，为抵抗恐怖主义威胁，哈萨克斯坦将向集体安全条约组织（简称"集安组织"）寻求帮助。此后，在集安组织的出兵帮助下，骚乱最终平息。

根据 2023 年初哈萨克斯坦官方发布的"一月事件"调查报告，此次事件造成数百人死亡，共有 1 400 余处公共设施遭袭，其中包括国家政府行政机关 71 处。"一月事件"的爆发，直接加速哈萨克斯坦政治体制改革的进程。

2022 年 3 月，托卡耶夫宣布，哈萨克斯坦开始推行全面的政治领域改革，并且在当月完成议会选举。究其根本，"一月事件"爆发的因素是，疫情导致哈萨克斯坦经济出现较大困难，物价飞涨与高失业率使得民众生活水平显著下降，贫富差距持续拉大，而能源价格则成为压垮民众心理的最后一根稻草。事件爆发的深层次原因则是，哈萨克斯坦的政治改革进入了政治力量博弈的关键阶段，长期积累的分歧和斗争通过偶发的社会性事件迸发而出。

2. 塔吉克斯坦戈尔诺−巴达赫尚自治州暴力袭击事件

2021年11月，据塔吉克斯坦戈尔诺−巴达赫尚自治州参与游行示威的人群称，一名男子被执法工作人员打死，该事件在当地引发了民众的抗议活动。为尽快平息骚乱局势，当地政府切断网络链接，试图控制局势，并逮捕了部分游行示威者。2022年5月14日，抗议活动再次爆发，游行人员提出释放被关押的民众、拆除关卡和监视设备、解除市长职务等诉求。16日，当地政府拒绝了抗议人群的要求，派遣警力采用暴力的手段驱逐游行示威者，驱逐的过程中造成人员伤亡。

塔吉克斯坦5月暴力袭击事件的发生受多重因素影响，一是当地由来已久的治理困境被疫情放大，导致当地民众对政府的不满情绪弥漫。戈尔诺−巴达赫尚自治州地处高原地带，自然条件恶劣且人口稀少，经济不发达。该地区地形复杂且毗邻阿富汗，成为毒品运输、人口贩卖等跨国犯罪的高发地带，安全形势严峻。二是疫情后该地区经济形势明显恶化，民生问题突出，大批失业和贫困人口成为动荡的主要来源。三是阿富汗成为影响该地区安全的重要外部因素。阿富汗北部生活着大量的塔吉克族人，美国从阿富汗撤军后，阿富汗恐怖主义组织定向招募塔吉克斯坦人从事犯罪活动，进一步恶化了该地区的安全局势。四是乌克兰危机爆发后，俄罗斯对该地区的影响力显著下降。

3. 乌兹别克斯坦的卡拉卡尔帕克斯坦事件

卡拉卡尔帕克斯坦自治州成立于苏联时期，1936年划归乌兹别克斯坦管辖，1991年苏联解体后，卡拉卡尔帕克斯坦成为乌兹别克斯坦的自治共和国。卡拉卡尔帕克斯坦位于乌兹别克斯坦西部，首都是努库斯，在当地生活的哈萨克人、乌兹别克人和卡拉卡尔帕克人的人数相当。根据乌兹别克斯坦现行的宪法规定，卡拉卡尔帕克斯坦有权通过全民公投离开乌兹别克斯坦。2022年6月26日，乌兹别克斯坦宣布修改宪法，新宪法规定，卡拉卡尔帕克斯坦不再具有通过全民公投脱离乌兹别克斯坦的权利，这引发了大规模民众抗议。7月1日，当地反对派领导人宣布在与当地政府达成共识的情况下，将于7月5日举行和平集会。然而此后，该领导人和家人被不明人士带走，引发民众游行抗议，要求立即释放被关押的人员。游行人群开始尝试攻击当地政府的办公大楼，后局势被警方控制。此后不久，乌兹别克斯坦总统办公室宣布，乌当局将放弃限制卡拉卡尔帕克斯坦自治的计划。2023年3月，乌兹别克斯坦总统米尔济约耶夫赴卡拉卡尔帕克斯坦进行工作访问，并公布多项旨在增进民生福祉的措施，如启动新企业增加就业岗位，成立专属基金支持当地的马哈拉，① 新建房屋，确保粮食安全和改善社会基础设施。此外，乌兹别克斯坦还将拨出额外资金用于学前教育机构的建设，学校、道路和医院的维修，并采取措施消除电荒等。②

4. 吉尔吉斯斯坦和塔吉克斯坦的边界冲突

苏联解体后，吉尔吉斯斯坦和塔吉克斯坦两国存在近1 000千米的边界，但是至今领土划定清晰明确的路段只有504千米，还有70个地段划界不明，因此双方边民时有摩擦并屡次升级为武装冲突。2022年1月27日，吉塔两国在边境地区发生武装冲突并造成人员伤亡。3月10日，双方再次发生交火。9月14日，在上合组织峰会召开前夕，两国在吉尔吉斯斯坦的巴特肯州又一次爆发冲突并造成数十人死亡和上百人受伤，虽然冲突很快暂停，但冲突仍未得到根本解决。9月19日，吉塔双方签署解决边境冲突的议定书，双方商定将同时撤回驻扎在边境地区的部队，尽快恢复和平与稳定。

---

① 马哈拉（俄语 махалля，乌兹别克语 mahalla），也译作"马哈利亚"，意为"社区"，其历史可追溯到古代，是一个强大的文化场所、有效的公民自治机构、最接近人民的实体、独特的民间社会机构，在乌兹别克斯坦的社会治理中发挥着重要作用。

② 《米尔济约耶夫赴卡拉卡尔帕克斯坦，这次带去了……》，新浪财经，2023年3月31日，https://finance.sina.com.cn/wm/2023-03-31/doc-imynussw4298791.shtml。

（二）中亚地区安全热点对中国的影响

中亚位于"一带一路"倡议向西延伸的必经之路，其安全形势对中国维护西北部稳定，实现高质量共建"一带一路"，打开对外开放新格局，构建国际国内双循环发展模式都有重要意义。2022年，中亚地区安全形势对中国的影响主要有以下表现。

一是中亚的政治安全直接关系到中国周边地区的安全与稳定。独立以来，中亚国家的政治改革不断深入，为实现现代化不断努力探索符合国情特点的发展道路。中国与中亚国家建交于1992年，2022年为中国和中亚国家建交30周年。建交以来，中国与中亚国家的政治互信一直保持较高的水平，并为开展其他领域的务实合作打下坚实基础。然而，中亚国家各国在政治改革过程中出现的政权交接与更替常常引发社会动荡和骚乱，成为影响国家内部和地区稳定的重要因素。哈萨克斯坦"一月事件"虽不是直接由政权交接引发的，但充分暴露了中亚国家在政治改革过程中权力斗争的烈度和风险性。这些权力斗争与政权更迭常常会影响其外交政策的变化以及国内社会的稳定性，从而对中国周边地区产生直接影响。

二是中亚的经济安全形势关系到中国的海外投资安全。2022年，中亚经济的稳定性面临多重挑战，包括疫后产业链、供应链尚未完全恢复，乌克兰危机带来次级制裁，以及国际市场大宗商品价格波动等。其中，俄罗斯因素对中亚各国经济的影响最大，一方面，中亚多国经济收入依赖自然资源类产品出口以及在俄罗斯务工的侨汇收入；另一方面，乌克兰危机爆发后，俄罗斯主导的欧亚经济联盟对中亚市场的贡献出现下降趋势。

中亚地区是共建"一带一路"的重点地区，中亚五国积极参与共建"一带一路"。经过多年共建，中国与中亚各国的合作项目已经涉及能源、农业、医药、教育、科技、文化、机械制造、矿产开发等诸多领域。当前，中亚整体经济形势的低迷，发展的脆弱性和不平衡性加大，这将使中国在本地区的投资面临成本回收周期变长的风险。

三是阿富汗问题仍是威胁中亚地区传统安全的主要来源之一，这将不利于中国维护西北边境地区的和平与稳定。阿富汗东北地区是重要的贩毒集散地。虽然阿富汗加强了与塔吉克斯坦接壤地区的安防措施，合作打击毒品走私等犯罪活动，但是经济衰退、人道主义危机和恐怖主义引发的安全风险还是在不断向中亚地区蔓延。据俄罗斯《生意人报》报道，在经济与和平研究所发布的 2022 年年度报告《全球恐怖主义指数》中，阿富汗连续第四年在恐怖主义最危险国家的排名中名列第一。① 此外，根据俄塔之间达成的合作协议，俄罗斯在塔境内保留 201 军事基地，但乌克兰危机爆发后，俄罗斯对该地区的军事投入出现缩减，防范和打击跨国犯罪能力下降，导致该地区安全形势更加严峻。

四是在信息安全、生态安全和金融安全等非传统安全领域，中亚地区可能出现风险外溢。随着数字技术的广泛应用，中亚国家也开始推行数字化发展模式，但由于中亚国家普遍存在数字基础设施落后、高端技术人才缺乏、管理水平落后等弊端，信息安全问题随着数字技术的快速发展对中亚地区构成的潜在威胁也呈上升趋势。2022 年，中亚地区的生态问题依旧严峻，较有代表性的是咸海危机。早年，灌溉技术落后、对水资源的粗放式利用导致咸海危机出现。近年来，随着全球气候变暖，咸海危机逐年加剧。咸海如果彻底消失，将对中亚地区整个生态系统造成毁灭性打击。2023 年初，乌兹别克斯坦派代表团参加联合国水事会议，呼吁全世界支持咸海的生态修复工作。中亚地区与中国毗邻，与中

---

① 《〈全球恐怖主义指数〉报告：阿富汗形势最严峻 "伊斯兰国"组织最致命》，齐鲁网，2023 年 3 月 15 日，http://news.iqilu.com/china/gedi/2023/0315/5379785.shtml。

国享有共同的生态环境圈，中亚地区的生态安全问题极有可能对中国的生态环境产生连锁影响。

受历史发展、国内政策和国际政治等因素影响，中亚国家金融市场化程度不均衡，整体发展水平比较落后。在乌克兰危机、石油等大宗商品价格波动较大和疫情后经济复苏压力大等条件下，中亚国家普遍出现通胀高企和货币贬值的现象，金融风险随之波及对外贸易和海外投资。中国是中亚的主要贸易伙伴和海外投资来源国，中亚地区金融市场的不稳定极易对中国与中亚国家的经贸合作造成不良影响，甚至造成高额损失。

三、中国—中亚安全合作的前景

根据 2022 年中亚地区安全形势，未来一段时期，影响中亚地区安全形势的主要因素如下。

一是政治领域改革或将继续引发社会动荡，成为影响地区稳定的变量。由乌兹别克斯坦卡拉卡尔帕克斯坦事件可见，中亚国家因受政治制度、传统文化和经济条件等因素影响，政治稳定性极易受突发事件冲击和鼓动，爆发大规模动乱事件。

二是在经济领域，虽然中亚国家在疫后纷纷实现了经济的正增长，但是不断推高的通胀率表明，中亚国家的经济形势尚未完全走出低谷，经济改革的有效性还有待进一步观察和评估。

三是从社会层面看，一方面，中亚地区人口常年保持高速增长，其中，青年人口的数量占比较大，在青年群体中，失业和受教育程度低的人数较多。青年群体是社交媒体的主要用户，失业使青年群体对政府的负面情绪不断累积发酵，并且借助网络传播手段快速蔓延。个别利益集团借助网络手段散播和夸大中亚国家青年对政府的不满情绪，并且通过网络召集的方式，在中亚青年群体中制造危害社会治安的聚集和抗议活动，甚至引发互联网犯罪。另一方面，随着中亚多国的政治经济改革逐渐深入，在部分国家的社会中，出现围绕财富分配、惩治腐败、制度公平等问题的社会价值观分化的现象。

四是传统安全问题的威胁依然存在，加之阿富汗问题、水资源利用等非传统安全问题的升温，都有可能继续成为威胁中亚安全的主要风险点。

俄罗斯对乌克兰开展特别军事行动后，后苏联空间的安全风险陡增，且面临较大的发展压力。中亚国家安全除受国内政治经济形势的影响外，也深受参与地缘竞争的不同利益集团的牵动与制衡，因此，在大国博弈日趋激烈的背景下，维护中亚安全将更加需要地区成员加强密切协同和配合。

2022 年是中国和中亚五国建交 30 周年，2023 年则是中国在哈萨克斯坦首次提出"丝绸之路经济带"倡议 10 周年。经过共同努力，中国和中亚国家 30 年的合作历程卓有成效，特别是在"一带一路"建设方面，中亚各国与中国形成了一系列重要合作成果，主要包括：一是中国与中亚国家在政治互信上达到新高度，创造性地提出了构建中国—中亚命运共同体的发展与合作理念。目前，中国与中亚合作已经实现三个"全覆盖"，即全面战略伙伴关系全覆盖、双边层面践行人类命运共同体全覆盖、签署共建"一带一路"合作文件的全覆盖。2022 年 1 月，中国同中亚五国领导人举行建交 30 周年视频峰会并发表联合声明，声明表示，六方将继续合力构建内涵丰富、成果丰硕、友谊持久的战略伙伴关系，打造中国—中亚命运共同体。此后，2023 年 5 月，中国—中亚峰会成功召开并发表《西安宣言》，进一步提出了构建命运共同体应遵循的"四个坚持"，标志着中国与中亚国家达成高度的政治互信和战略共识。

二是中国与中亚国家之间在互联互通方面实现了新突破，最突出的成就是创建贯通东西方的新欧亚大陆通道。目前，中国与中亚在公路、铁路、航空、油气管道等领域，已建成全方位、立体化的交通和运输网络，如中吉乌公路、中塔公路、中哈原油管道、中国—中亚天然气管道、中亚第一长隧道"安格连—帕普"铁路隧道、中哈连云港物流合作基地、过境中亚的中欧班列等，中吉乌铁路现也取得重要进展。多式联运网络正与物联网结合，形成覆盖整个欧亚大陆的交通基础设施网络和物流体系，为加快构建双循环相互促进的新发展格局，为有效盘活国内、国际两种资源和两个市场打下重要基础。

三是中国与中亚国家的经贸合作实现新飞跃。从数据上看，2022年，中国与中亚双边贸易额达到约 702 亿美元，同比增长约 40%，比建交时增长了约 100 倍。2023 年前三个月，中国与中亚贸易额同比增长22%，中国已连续多年成为中亚国家第一大或主要贸易伙伴。[①] 从影响力上看，中国与中亚经贸合作在推动贸易新业态发展、保障区域产业链供应链安全稳定、加强创新驱动等方面也取得显著成果。

四是中国对中亚国家的投资规模达到新水平，实现历史性突破。首先，投资规模不断扩大。2022 年，中国对中亚国家投资接近 400 亿美元，实现了历史性突破。截至 2023 年 3 月底，中国对中亚国家直接投资存量超过 150 亿美元。近 300 家中亚企业入驻中国电商平台，中国与中亚跨境电商贸易额在 2022 年实现同比增长 95%。[②] 其次，合作项目覆盖广。现投资方向包括加工制造、互联互通、数字经济等多个经济发展领域。

---

① 《2022 年双边贸易额同比增长约 40%——中国同中亚五国经贸合作持续深化》，国际在线，2023 年 2 月 20 日，https://news.cri.cn/rss-yd/2023-02-20/98649340-533d-43eb-f92b-97645268258e.html。

② 《数说中国与中亚经贸合作丰硕成果》，网易新闻，2023 年 5 月 19 日，https://www.163.com/dy/article/I53KT5F60514R9KQ.html。

五是中国与中亚国家在人文合作领域取得新成果，已经形成多元互动的人文交流大格局。"一带一路"倡议提出以来，中国与中亚国家在教育、文化、卫生、旅游、地方交往等领域取得丰硕成果。多元化、多层级、多样式的中国—中亚人文交流大格局逐渐形成，成为加快实现民心相通、赓续千年友好、推动文明互鉴的标杆与典范。

除以上合作内容外，中国与中亚国家的安全合作也始终是合作的核心内容。[①] 根据六方关于构建中国—中亚命运共同体达成的共识，今后各方将通力合作，坚持在欧亚地区实现普遍安全，以实际行动共同践行全球安全倡议，对外部势力干涉地区国家内政、策动"颜色革命"，助推"三股势力"等行径采取零容忍的态度。

全球安全倡议由2022年4月中国国家主席习近平在博鳌亚洲论坛年会上提出。同年11月，习近平在二十国集团领导人第十七次峰会上，再次倡导践行全球安全倡议。全球安全倡议提出了维护世界和地区安全稳定的核心理念与原则，即"六个坚持"，以及涵盖了维和军控、人工智能、公共卫生、信息安全、粮食与能源安全和生物安全等内容的共计20个重点合作方向。全球安全倡议作为应对世界百年未有之大变局的公共产品，一经提出即受到国际社会的高度关注，在安全形势错综复杂的欧亚地区，更是得到了广泛的积极响应。中亚国家纷纷指出，落实全球安全倡议应成为中国—中亚合作机制的重要内容之一，为欧亚地区的安全治理提供新的合作理念。

展望未来，随着美国和西方国家逐渐将中亚地区定位为短期与俄罗斯对抗、长期与中国博弈的"第二战场"，中亚的地缘战略价值不断提升。为共同维护发展与稳定大局，中国与中亚国家应围绕落实全球安全

[①]《中亚国家是中方重大倡议的坚定支持者》，中华人民共和国外交部，2023年5月16日，http://spainembassy.fmprc.gov.cn/web/ziliao_674904/zt_674979/dnzt_674981/zgzyfh/bjzl/202305/t20230516_11078288.shtml。

倡议开展多层次、多领域的安全合作，共同开启下一个"黄金三十年"。在安全领域，无论是在双边还是上合组织等多边合作框架下，中国和中亚五国将把维护地区的和平稳定、改善民生福祉、提高地区和全球治理水平看作是时代赋予的使命，以实际行动践行全球安全倡议，推动构建中国—中亚命运共同体，主要在以下方面加强合作。一是反对任何外部势力在欧亚地区推行霸权主义和单边主义，共同打击"三股势力"、毒品走私、跨国有组织犯罪、网络犯罪。二是加强沟通与协作，倡导在地区内以和平的方式解决各类冲突，避免边界冲突、族群冲突进一步升级，威胁域内安全。三是加强各方在数据共享和高新科技研发方面的合作，充分利用科技进步在维护地区安全稳定方面发挥的重要作用。2022年6月，中国与中亚五国提出数据安全合作倡议，倡议指出，信息技术对实现可持续发展和推动疫后全面稳定复苏至关重要。针对信息安全的犯罪将破坏全球安全稳定，对国家基础设施完整性产生不良影响。确保信息技术产品和服务的供应链安全，是中国和中亚国家在保障地区信息安全方面的重点工作方向。① 今后，六方将着力协调配合，加大投入，运用先进技术保障地区信息安全、数据安全、网络安全、生物安全和金融安全。四是加强各方在应对气候变化、粮食短缺和能源转型方面的合作，以务实合作切实保护欧亚地区的生态安全、粮食安全和能源安全。

---

① 《"中国+中亚五国"数据安全合作倡议》，中华人民共和国外交部，2022 年 6 月 8 日，https://www.mfa.gov.cn/web/wjbzhd/202206/t20220609_10700811.shtml。

地区安全热点篇

南海安全形势与展望 2022

刘 琳[*]

【内容摘要】2022 年南海形势总体依然稳定可控。由于乌克兰危机牵扯了国际社会特别是美西方国家的主要精力，加之中国与东盟当事国在南海问题上保持积极互动，南海整体态势未发生根本变化。但是，以美国为首的域外势力竭力保持对南海事务的介入，试图表明其并未因乌克兰危机而放松对"印太"和南海的关注，以及中国与南海当事国围绕岛礁主权、海域资源的争夺和摩擦依旧不时显现，都将影响南海的和平稳定。南海安全形势继续围绕中国、南海当事国、域外势力等主要力量在军事、外交、法理、规则等领域的斗争演进，依然严峻复杂。

2022 年南海形势总体依然是稳定可控的。这一方面是由于乌克兰危机牵扯了国际社会特别是美西方等国家的主要精力，另一方面中美各自国内有重要议程，东盟国家中印度尼西亚、泰国、柬埔寨也作为东道国分别举办二十国集团峰会、亚太经合组织领导人非正式会议、东亚合作领导人系列会议三场重要主场外交，它们都希望南海形势保持稳定，避

---

* 刘琳，博士，中共中央党校（国家行政学院）国际战略研究院研究员。

免破坏地区对话的整体氛围。不过，虽然南海整体态势未发生根本变化，但是各国海上力量在南海扩大存在的趋向、现场事故摩擦的数量都表明南海形势依然严峻。乌克兰危机导致的地缘战略格局变化和大国战略博弈的加剧，加拿大、韩国等国公布其"印太战略"从而展现更多介入"印太"事务的意愿等，也将影响南海形势的走向。当前，南海安全形势依然围绕中国、东盟国家特别是南海问题当事国、以美国为首的域外势力这几个主要力量之间的相互关系演变，各方在军事、外交、法理、规则等领域的斗争博弈依旧激烈。

一、美国在南海问题上的搅局仍是影响南海局势的最大外部因素

美国在战略上将中国作为主要对手，全方位介入南海问题，美国的搅局近年来一直是南海问题的最大外部影响因素。2022 年，乌克兰危机、台湾问题的凸显一定程度冲淡了南海形势的受关注度，同时中美在南海的互动、叙事已经相对固化，南海问题在美"印太战略"中的优先度有所下降。但是，这一问题仍然是美国推进"印太战略"部署的重要抓手，因为美所谓"自由开放的印太"，很大一部分是指海洋的自由开放。南海问题在中美关系中的"音量"有所降低，但基于中美整体博弈态势的强化，且美相关举措的惯性很大，美国仍在实实在在、按部就班地推进其相关计划和行动，有些军事上的部署甚至更因乌克兰危机而加速推进。另外，美国有些动作可能是针对中国台海，但鉴于台海、南海的联动性日益增强，对南海形势也形成重要影响。

（一）军事上，美国在南海持续性加强兵力部署和行动，保持高强度军事活动态势

尽管爆发乌克兰危机，但美国 2022 年发表的《美国国家安全战略》报告和《国防战略》报告表明，美国依然将中国视为优先挑战，并要通过"一体化威慑、声势行动及构建持久优势"，达成"遏制侵略，同时在必要时为赢得冲突做好准备"的目标。[①] 为此，美国仍持续强化在南海的军事布势。

首先，加强动态兵力运用，加大对华军事威慑和实战准备。一是继续开展"航行自由行动"，2022 年虽然行动频次降低（全年共 4 次），但不规律性增强，或两次行动间隔半年左右，或在数日内连续实施行动，且冲闯区域既包括西沙群岛也包括南沙岛礁，保持对华法理和军事压力。

二是不断推进和扩大战略性武器平台在南海附近海域的部署和行动，不仅双航母、三航母演练以及航母与两栖舰艇联合演训成常态化，而且更多的新型战略平台部署到南海。2022 年 1 月 22 日，美国海军和日本海上自卫队在冲绳以南的菲律宾海域进行了空前的力量展示，包括美海军"卡尔·文森"号和"林肯"号航母打击群、"埃塞克斯"号和"美国"号两栖戒备群、日本"日向"号直升机驱逐舰在内的两个航母打击群和三个"准航母"编队参加。[②]"林肯"号航母打击群 2022 年还

----

① The White House, *National Security Strategy*, October 2022, accessed October 28, 2022, https://www.whitehouse. gov/wp-content/uploads/2022/10/Biden-Harris-Administrations-National-Security-Strategy-10. 2022. pdf; US Department of Defense, 2022 *National Defense Strategy of the United States of America*, October 2022, accessed October 28, 2022, https://media. defense. gov/2022/Oct/27/2003103845/-1/-1/1/2022-NATIONAL-DEFENSE-STRATEGY-NPR-MDR. PDF.

② "US Navy and JMSDF Flat Tops Conduct Epic Power Demonstration," *Naval News*, January 23, 2022, accessed January 24, 2022, https://www. navalnews. com/naval-news/2022/01/us-navy-and-jmsdf-flat-tops-conduct-epic-power-demonstration/.

在西太平洋海域完成长达 7 个月的"高强节奏航母部署"（High-Tempo Carrier Deployment），成为继"卡尔·文森"号航母打击群后，第二个完成上述部署的航母打击群。① 部署期间，"林肯"号首次随舰搭载美海军陆战队 F-35C"闪电"Ⅱ联合攻击战斗机中队（VMFA-314），并再次搭载 CMV-22B 战机。美战略轰炸机也多次在南海展开行动，重点演练"动态兵力部署""远距离支援作战"等概念。2022 年 2 月 12 日，美空军两架 B-52H 轰炸机从关岛起飞赴南海执行任务。7 月，美两组 4 架 B-2 轰炸机先后部署至澳大利亚安伯利空军基地，以支持太平洋空军"轰炸机特遣部队"（BTF）的部署，这些轰炸机可能从澳飞赴南海执行任务。11 月 7 日，美空军再有一架 B-1B 轰炸机从关岛起飞赴南海活动。值得关注的还有，2022 年 3 月，排水量达 9 万多吨、具有多任务属性的"米格尔·基思"号远征移动基地舰首次现身南海，② 这是美军部署至南海地区的又一新式战略平台。此外，被称为"未来战舰"的美海军"朱姆沃尔特"级驱逐舰首舰"朱姆沃尔特"号 2022 年 9 月抵达日本横须贺，开始在西太平洋地区部署任务。

三是美对华保持高频度抵近侦察。据不完全统计，2022 年，美军大型侦察机在南海出动约 1 000 架次。同时，以海洋监视船、海洋测量船为代表的美军海上侦察力量的活动强度持续走高，探测活动区域较往年扩大。2022 年，美军先后在南海部署 4 艘海洋监视船，包括"能干"号、"有效"号、"忠诚"号和"无瑕"号，它们在南海的作业活动时长累计达 134 舰日；部署海洋测量船 3 艘，包括"鲍迪奇"号、"汉森"

---

① "USS Abraham Lincoln Return Marks End of Second High-Tempo Carrier Deployment in WESTPAC," *USNI News*, August 10, 2022, accessed August 11, 2022, https://news. usni. org/2022/08/10/uss-abraham-lincoln-return-marks-end-of-second-high-tempo-carrier-deployment-in-westpac.

② 《英媒关注：美军远征移动基地舰首现南海》，参考消息网，2022 年 3 月 25 日，https://www.cankaoxiaoxi.com/china/20220325/2473759. shtml。

号、"玛丽·希尔斯"号，累计在南海的活动时长达 205 舰日。①

上述动态兵力布势，具有活动频次大幅增强、规律性下降、实战意味浓厚、强化融入多域作战体系等特点，且突出战略性武器平台的运用，意在保持对华军事施压。但这些举措加大南海军事化，可能造成中美之间擦枪走火，不利于南海地区和平稳定。2022 年美海军航母和两栖舰艇在南海及附近海域主要活动情况参见表 1。

表 1　2022 年美海军航母和两栖舰艇在南海及附近海域主要活动情况

时间	航母和两栖舰艇主要活动情况
1 月	1 月 3 日，"林肯"号航母编队从圣迭戈出发，前往西太第七舰队辖区进行部署。与此同时，"卡尔·文森"号航母打击群 1 月 11 日进入南海后，一直绕南沙群岛机动，并与美海军"埃塞克斯"号两栖戒备群开展联合演习。"卡尔·文森"号还与"林肯"号组成双航母编队一同行动。美海军"美国"号两栖戒备群也在西太展开部署
3 月	3 月 22 日，"林肯"号航母打击群从菲律宾海向西驶入圣贝纳迪诺海峡进入南海。25 日驶入菲律宾马尼拉湾进行"港口访问"
5 月	5 月 20 日，首次执行海外部署的"的黎波里"号两栖攻击舰抵达日本岩国基地，该舰携带 F-35B 垂直起降舰载机演练"闪电航母"概念，作为轻型航母增强第七舰队的海空作战能力
6 月	6 月上旬，由"林肯"号航母打击群、"里根"号航母打击群以及搭载 F-35 隐形战斗机的"的黎波里"号两栖攻击舰组成的庞大舰队在菲律宾海举行"英勇盾牌-2022"联合演习
7 月	7 月 13 日，美国海军"里根"号航母打击群进入南海执行例行任务，这是该航母编队 2022 年首次进入南海进行军事演习。"里根"号航母打击群在南海期间，将举行海上安全演练，其中包括固定翼和旋翼飞机的飞行行动、海上打击操演以及水面和空中部队的协同战术训练

① 《2022 年美军南海军事活动不完全报告》，南海战略态势感知计划，2023 年 3 月 26 日，http://www.scspi.org/zh/yjbg/1679830268。

续表

时间	航母和两栖舰艇主要活动情况
8月	8月11日，美海军"林肯"号航母返回其位于加利福尼亚州圣迭戈北岛海军航空站的母港，结束其在西太平洋地区的"高强节奏部署"
9月	美海军"的黎波里"号两栖攻击舰两次进入南海活动，并访问新加坡樟宜港
10月	"里根"号第二次进入南海活动，主要在黄岩岛附近海域进行战术演习，如AIM-9X实弹演练、舰载机的飞行训练

资料来源：作者根据美国国防部、*USNI News*、南海战略态势感知计划等网站信息整理。

其次，军事演训更趋频繁，加紧新作战概念验证。美军在南海周边地区的演训日益频密，部分演习的规模和复杂度进一步提升。2022年"肩并肩""环太平洋""哥鲁达盾牌"等演习参演国家数量和参演人数都创近年新高，且双边演习转向多边的趋势继续。例如，美印度尼西亚"哥鲁达盾牌"演习2022年由陆军演习扩展为有14个国家参与的多国多军种联合演习。此外，美国在南海周边的演习科目涵盖反舰作战、反潜作战、反水雷作战、两栖作战、导弹防御、网络空间作战、海域态势感知和信息共享等多个领域，突出实战色彩，具有较强的针对性。6月，美海军"林肯"号和"里根"号航母打击群、"的黎波里"号两栖攻击舰在菲律宾海举行"英勇盾牌-2022"联合演习。演习中，美军在塞班岛布置了类似中国"东风"系列导弹的全尺寸战术模型，模拟解放军导弹阵地。[①] 更重要的是，美军在各种演练中加强了针对中国所谓"反介入/区域拒止"威胁的新作战概念验证，包括"多域战""远征前进基地""闪电航母""对抗环境下濒海作战"等。2022年5月，首次执行海外部署的美海军"的黎波里"号两栖攻击舰携带F-35B垂直起降舰

[①] 《美"里根"号航母今年首进南海 专家：意图拉拢地区国家遏制中国》，新华网，2022年7月15日，http://www.xinhuanet.com/mil/2022-07/15/c_1211667296.htm，访问日期：2022年7月18日。

载机，抵达日本岩国基地，旨在演练"闪电航母"概念。同年9月，美陆军在夏威夷正式启动了第三支多域特遣部队。该特遣部队在组建之初即参加了"环太"演习，以加快"多域战"作战概念应用。

最后，扩大海岸警卫队在南海部署，提升"灰色地带"竞争能力。近年来，美国高度重视所谓"灰色地带"挑战问题，认为中国正在利用海警、海上民兵、渔船等在南海采取一系列"灰色地带"行动，以低于战争门槛的方式侵蚀东南亚国家的海上利益。为此，美国在与盟友伙伴合作时，逐渐将应对"灰色地带"挑战作为重要目标。特别是，美将海岸警卫队作为"印太"海上安全战略的核心，试图扩大海岸警卫队在南海的部署，加强与东盟国家在海上巡逻和执法能力建设领域的合作。美国不仅向菲律宾、越南等国提供巡逻艇、巡逻机、无人机等装备，而且先后同越、马、印尼、菲建立了海上执法合作机制，或开展海上执法部门合作。2022年5月，在美国—东盟特别峰会上，美国又宣布将拨款6 000万美元用于新的地区海事倡议，包括增派海岸警卫队人员和舰艇到"印太"地区；派一名海岸警卫队代表常驻美国驻东盟使团；在东南亚和大洋洲地区部署一艘巡逻艇，开展安全合作并作为培训平台；将美退役的巡逻艇优先转移给东南亚国家，协助其提升海上执法能力；等等。①同月，美日印澳"四边机制"峰会推出"印太海域态势感知伙伴关系计划"，②将印度洋、东南亚和南太平洋地区的国家海上力量以打击非法、不报告的和不受管制的（即"三非"）渔业活动等任务整合到一起，但作为主要内容的海上情报收集和共享，完全可用于对中国海军活动的

① The White House, *Fact Sheet: U. S. -ASEAN Special Summit in Washington, DC*, May 12, 2022, accessed May 13, 2022, https: //www. whitehouse. gov/briefing-room/statements-releases/2022/05/12/fact-sheet-u-s-asean-special-summit-in-washington-dc/.

② The White House, *Fact Sheet: Quad Leaders' Tokyo Summit 2022*, May 23, 2022, accessed May 24, 2022, https: //www. whitehouse. gov/briefing-room/statements-releases/2022/05/23/fact-sheet-quad-leaders-tokyo-summit-2022/.

侦察监视，其本质是服务于美国零和博弈思维下的安全竞争与针对中国的战略博弈。

（二）法理舆论上，对中国施压抹黑，持续升级南海话语权争夺

美国通过发表《第150号海洋界限报告》、外交声明等方式使美在南海法理问题上主张与仲裁"裁决"挂钩，为南海当事国"背书"。美国还突出南海竞争的意识形态色彩，将南海等涉及中国主权与领土完整的议题炒作成具有意识形态色彩的话题，宣称中国南海行为破坏"基于规则"的国际秩序，试图在舆论上重操"冷战"模式，渲染南海紧张气氛。2022年1月，美国国务院海洋与国际环境和科学事务局发布《第150号海洋界限报告》，从"对海洋地貌的主权主张""领海基线""海域主张""历史性权利"等四个方面质疑和挑战中方立场主张。[1] 报告企图进一步坐实仲裁"裁决"法律效力，削弱中方南海主张的合法性。同时，通过混淆国际视听，给中国今后在南海可能采取的维护主权和海洋权益行动预设障碍，并为美国及盟友在南海军事行动提供支撑。而且美国偏离"不选边站"立场，企图以报告来挑动中国与南海当事国矛盾对立，离间中国与东盟国家关系。同年7月11日，在所谓南海仲裁案裁决公布六周年之际，美国国务卿布林肯连续第二年就仲裁案发表声明，妄称仲裁"裁决"对菲律宾和中国来说都是最终的和具有约束力的，仲裁庭认为中国在南海广泛的声索主张没有法律依据，而且中国对仲裁庭判定属于菲律宾专属经济区和大陆架的区域提出声索是非法的。声明还提到了《第150号海洋界限报告》和2020年7月13日美国国务

---

[1] United States Department of State Bureau of Oceans and International Environmental and Scientific Affairs, *Limits in the Seas No. 150 People's Republic of China: Maritime Claims in the South China Sea*, January 2022, accessed January 28, 2022, https://www.state.gov/wp-content/uploads/2022/01/LIS150-SCS.pdf.

院发布的关于南海的政策主张，并呼吁中国遵守国际法义务，停止挑衅行动。①

（三）外交上，利用各种双边、多边、小多边外交场合，与盟友共同就南海问题混淆国际视听

美国联合盟友在多个外交场合就南海问题发表言论，实际上是外交战结合舆论战，增加中国在南海行动的所谓"外交代价"和"声誉成本"。2022 年 6 月，德国七国集团峰会发表的公报中提及南海和东海形势，声称"严重关注南海和东海形势。强烈反对任何加剧紧张局势、以武力或胁迫单方面改变现状的举措。强调《联合国海洋法公约》的普遍性和统一性，重申《公约》在确立管理所有海洋活动的法律框架方面发挥了重要作用"。公报特别提到中国，称"中国在南海宽泛的海洋主张没有法律依据"，敦促中国"全面遵守 2016 年 7 月 12 日的仲裁裁决，尊重《公约》规定的航行和飞越自由"。② 美国还利用其在"印太"重要的三边机制，如美日韩、美日澳合作机制，在南海问题上向中国施压。6 月 11 日，美日澳三国国防部长在第 19 届"香格里拉对话"期间举行防长会议。美日韩合作原本主要针对朝鲜半岛问题，但在尹锡悦政府上台后美国逐步拉韩国越来越多地在南海、台湾等问题上表态。11 月，美日韩首脑在金边东亚峰会期间举行了三边会晤并发表声明，声明提到"强烈反对任何试图通过非法海洋主张、对扩建岛礁的军事化和胁迫行动，单方面改变印太水域现状的行为。重申对法治，包括根据《公

---

① Antony J. Blinken, "Sixth Anniversary of the Philippines-China South China Sea Arbitral Tribunal Ruling Press Statement," US Department of State, July 11, 2022, accessed July 13, 2022, https://www.state.gov/sixth-anniversary-of-the-philippines-china-south-china-sea-arbitral-tribunal-ruling/.

② European Council, *G7 Leaders' Communiqué*, June 28, 2022, accessed June 28, 2022, https://www.consilium.europa.eu/media/57555/2022-06-28-leaders-communique-data.pdf.

约》所享有的航行和飞越自由的坚定承诺"。① 美日、美澳、美菲等双边机制会晤中，也都提及南海问题。

二、中国与东盟：互动总体积极但稳中有忧

在南海问题上，中国与东盟国家，特别是与南海当事国的互动是决定南海形势的根本性因素。2022 年，在中美战略博弈加剧及乌克兰危机背景下，中国与东盟国家在南海问题上的互动有积极层面，也有值得关注的风险点与不利因素。

（一）从积极层面看，中国与东盟国家关系总体保持良好势头，"南海行为准则"磋商取得新进展

一是中国与南海当事国保持在南海问题上的对话、磋商、合作趋势，海上虽有摩擦但没有发生重大意外事件。2022 年，菲律宾、马来西亚经历政局变化。菲律宾总统马科斯和马来西亚总理安瓦尔上台后，都表示重视对华关系。2023 年 1 月初，马科斯访华，其间，中菲就南海问题达成若干重要共识，如尽早重启油气开发磋商，妥善管控分歧，建立中国外交部边海司与菲律宾外交部海洋司直接沟通机制等。2023 年 1 月17 日，中方外交部长同马来西亚外长赞比里通电话。中方表示，2023年是中马全面战略伙伴关系建立 10 周年，2024 年是两国建交 50 周年，中方愿与马方一道以此为契机，推动双边关系迈上新台阶。中越方面，2022 年 10 月，越共中央总书记阮富仲访华，中越关系继续保持良好发

---

① The White House, *Phnom Penh Statement on US-Japan-Republic of Korea Trilateral Partnership for the Indo-Pacific*, November 13, 2022, accessed November 15, 2022, https://www.whitehouse.gov/briefing-room/statements-releases/2022/11/13/phnom-penh-statement-on-trilateral-partnership-for-the-indo-pacific/.

展势头。双方同意尽快商签新的中越北部湾渔业合作协定，就海上搜救合作协定、海上渔业活动突发事件联系热线协议文本达成一致。双方就海上问题深入坦诚交换意见，确认了之前一贯坚持的若干重要共识，一致同意积极推进海上共同开发磋商和北部湾湾口外海域划界磋商，继续积极开展海上低敏感领域合作，并在符合双方切实利益的基础上就深化拓展中越北部湾海上合作积极沟通。①

二是中国与南海当事国持续推进海上务实合作。2022 年 4 月和 11 月，中越海警开展了 2 次北部湾海域联合巡航。6 月和 12 月，中越两国海军舰艇编队分别组织了第 32 次、第 33 次北部湾联合巡逻。6 月 29 日，中越举行了海上低敏感领域合作专家工作组第十五轮磋商。双方一致认为，涉海合作是两国务实合作的重要内容，海上低敏感领域合作是其中的亮点。双方将持续深入开展海上低敏感领域合作，进一步增进互信，实现互利共赢，为推进中越全面战略合作伙伴关系做出更大贡献。②此外，12 月 6—11 日，中国海警局代表团赴越南河内参加中越海警第六次高级别工作会晤和首届"越南海警和朋友们"交流活动。双方积极评价了新冠疫情以来及 2022 年合作成果，讨论确定了下一步合作方向和具体合作项目。双方一致表示，要深化两国海警海上执法合作，妥善处置海上突发事件，共同维护海上安全稳定。活动期间，中国海警局还先后与泰、印尼、菲、柬等国海上执法机构举行了双边会谈，就加强合

---

① 《关于进一步加强和深化中越全面战略合作伙伴关系的联合声明》，中华人民共和国外交部，2022 年 11 月 2 日，https://www.mfa.gov.cn/web/ziliao＿674904/1179＿674909/202211/t20221102_10795594.shtml，访问日期：2022 年 11 月 3 日。

② 《中越举行海上低敏感领域合作专家工作组第十五轮磋商》，中华人民共和国外交部，2022 年 6 月 29 日，http://bbs.fmprc.gov.cn/wjb＿673085/zzjg＿673183/bjhysws＿674671/xgxw＿674673/202206/t20220629_10711972.shtml，访问日期：2022 年 11 月 3 日。

作、管控分歧、增进互信，共同促进南海地区安全稳定等问题进行讨论交流。① 值得注意的是，2022 年南海海上务实合作主要是在中越之间，中菲、中马、中印尼相对较少，这既与同越南相比，中国与菲、马、印尼专门针对南海的海上合作机制仍相对缺乏有关，也受到菲、马政局变化影响，如中菲南海问题双边磋商由于菲律宾总统大选、政府换届而未举行。此外，对海洋资源的竞争性开发制约了中国与南海当事国开展海洋产业经济合作及区域海洋治理体系的建设。

三是积极推进"南海行为准则"磋商。2022 年，中国与东盟国家恢复因疫情中断的"准则"线下磋商，年内举行一次视频会议和两次面对面磋商：3 月 8—9 日，中国和东盟国家以视频方式举行落实《南海各方行为宣言》第 35 次联合工作组会；5 月 25—27 日，中国和东盟国家在柬埔寨暹粒举行落实宣言第 36 次联合工作组会；10 月 1—3 日，中国和东盟国家又在柬埔寨金边举行落实宣言第 37 次联合工作组会。在这三次工作组会上，各方就落实宣言、海上务实合作及"准则"磋商下步工作安排等议题深入交换了意见。

此外，2022 年是中国与东盟《南海各方行为宣言》签署 20 周年。11 月 11 日，在第 25 次中国—东盟领导人会议上，中国与东盟发表《纪念〈南海各方行为宣言〉签署二十周年联合声明》。声明高度评价宣言为维护南海和平稳定、促进各方友好合作所作的重要贡献，承诺争取早日达成有效、富有实质内容、符合包括《联合国海洋法公约》在内的国际法的"南海行为准则"。②

---

① 《中国海警局代表团参加中越海警第六次高级别工作会晤和首届"越南海警和朋友们"交流活动》，新华网，2022 年 12 月 12 日，http://www.news.cn/asia/2022-12/12/c_1129202768.htm，访问日期：2022 年 12 月 14 日。

② *Joint Statement on the 20th Anniversary of the Declaration on the Conduct of Parties in the South China Sea*, Association of Southeast Asian Nations, November 12, 2022, access November 15, https://asean.org/joint-statement-on-the-20th-anniversary-of-the-declaration-on-the-conduct-of-parties-in-the-south-china-sea/.

中国始终支持推动"准则"磋商。2022 年 3 月，国务委员兼外交部长王毅在两会记者会上应询谈及"准则"问题时说，需要达成更具实质内容、更为行之有效的地区规则。"准则"不仅将符合包括《联合国海洋法公约》在内的国际法，也将为域外国家的合法权益提供更有效保障。进入磋商关键阶段后，一是正确看待分歧，二是坚决排除干扰。①

（二）南海当事国加紧推进单边行动，各方围绕渔业活动、资源开发等摩擦时有出现

在南海问题上，中国与南海当事国之间也存在分歧与矛盾，这些不利因素增加了南海形势的不确定性。

一是中国与南海当事国在海上仍不时发生摩擦，中菲之间尤为突出。2022 年 4 月 20 日，菲律宾媒体称，一艘中国海警船影响了与菲签约的 PXP 能源公司在南海争议海域 SC75、SC72 区块的地震勘测工作。事实上，4 月初菲能源部已经要求该公司停止勘探活动，直到菲当局"发出可以继续作业的必要许可"。② 5 月 30 日，菲律宾外交部发表声明谴责中国"单方面宣布南海禁渔令"。6 月 1 日，中国外交部发言人表示，中国在南海实施伏季休渔制度，是保护中方管辖海域海洋生物资源的正常举措。中方不能接受菲律宾外交部的无端指责。③ 12 月，菲就中

---

① 《王毅：中方对达成"南海行为准则"的前景始终充满信心》，新华网，2022 年 3 月 7 日，http://www.news.cn/2022-03/07/c_1128447322.htm，访问日期：2022 年 3 月 9 日。

② "Force Majeure Inferred on Exploration in Contested South China Sea Waters," Upstream, April 20, 2022, accessed April 21, 2022, https://www.upstreamonline.com/exploration/force-majeure-inferred-on-exploration-in-contested-south-china-sea-waters/2-1-1202733.

③ "China Won't Accept Philippines Accusation on Fishing Ban," *Global Times*, June 1, 2022, accessed June 3, 2022, https://www.globaltimes.cn/page/202206/1267156.shtml.

国在鲎藤礁、仙宾礁的渔船聚集提出外交抗议。① 此外，菲国防部发表声明称，在中业岛附近发现"中方活动"，并下令加强在南海的军事存在。此前，11月20日，菲媒体还炒作中菲海警因火箭整流罩残骸打捞发生摩擦。2023年2月6日，菲又宣称中国海警船为阻止菲1艘舰艇向仁爱礁守军补给，向甲板上人员发射"军用级激光"。② 这些事件很多都是并无准确依据的炒作，但因舆论发酵易在菲国内激发民族主义情绪，并为外部势力介入中菲争端提供借口，从而一定程度上冲击了中菲关系与南海局势的稳定。

二是中菲油气资源联合勘探开发仍面临较大困难。中菲2018年签署《关于油气开发合作的谅解备忘录》，此后双方多次磋商但油气开发合作仍未启动。2022年4月28日，菲律宾国防部长洛伦扎纳表示，任何关于"西菲律宾海"石油勘探的决定都将由下届政府决定。③ 马科斯政府上任后，外界关注中菲能否恢复在南海的油气资源联合勘探开发。8月，菲外交部长马纳罗表示，尽管菲中在南海问题上存在争议，但菲律宾仍愿意恢复同中国在南海的石油和天然气勘探谈判。但他同时指出，菲律宾不会同意任何违反菲宪法的协议。④ 11月中旬，菲总统马科

---

① "China 'Swarms' in South China Sea Hindering Philippines livelihood: US, " Asia News Network, December 21, 2022, accessed December 23, 2022, https://asianews. network/china-swarms-in-south-china-sea-hindering-philippines-livelihood-us/.

② "Philippines Files Protest over Chinese Coastguard's Use of Laser against Its Boat", *South China Morning Post*, February 14, 2023, accessed February 15, 2023, https://www. scmp. com/news/china/diplomacy/article/3210114/philippines-files-protest-over-chinese-coastguard-use-laser-against-its-boat-after-beijing-defends.

③ "DND Chief: Oil Search Now up to Next Admin, " Inquirer, April 28, 2022, accessed May 2, 2022, https://newsinfo. inquirer. net/1589010/dnd-chief-oil-search-now-up-to-next-admin.

④ "Philippines Open to New Oil Exploration Talks with China-Minister, " Reuters, August 31, 2022, accessed September 3, 2022, https://www. reuters. com/article/philippines-china-southchinasea-energy-idUSL1N30714N.

斯在中菲元首会晤时也表示"愿同中方积极探讨推进海上油气共同开发"。[①] 2023 年 1 月，马科斯访华期间，中菲同意尽早重启海上油气开发磋商。[②] 但仅几天之后，菲律宾最高法院发布裁决，2005 年 3 月 14 日中国海洋石油总公司、越南国家石油天然气集团、菲律宾国家石油公司签署的南海三方联合地震勘探协议无效。该裁决称，这一协议允许外国独资公司参与勘探该国的自然资源，未遵守 1987 年宪法第 12 条第二款规定的保障措施。这一裁决与中菲高层达成重启海上油气合作谈判的共识无疑是背道而驰的。菲方内部的分歧及其态度摇摆，表明中菲南海油气开发合作的推进还面临不少困难，其一，菲宪法、国内法律与仲裁案"裁决"，制约争议海域资源的合作开发；其二，南海争端导致合作区域的选择既敏感又复杂。正如有专家所指出的："宪法和法律制约，以及对共同开发可能损害 2016 年仲裁'裁决'效力的担忧，使菲律宾总统马科斯在寻求解决该国能源困境的务实出路方面面临更复杂的抉择。"[③]

三是部分南海当事国加紧推进岛礁建设、油气勘探开发等单边活动。在岛礁建设方面，越南近几年一直在对非法所占岛礁进行扩建，2022 年下半年由于使用绞吸船，这一进程明显加快，2022 年全年扩建面积达到 420 公顷。其中，鸿麻岛、毕生礁是力度最大的，陆域面积分别达到 117 英亩（约 0.47 平方千米）和 119 英亩（约 0.48 平方千米），已超过越南所占岛礁中最大的南威岛。无乜礁的面积也达到 64 英亩

---

① 《习近平会见菲律宾总统马科斯》，新华网，2022 年 11 月 18 日，http://www.news.cn/world/2022-11/18/c_1129137813.htm，访问日期：2022 年 11 月 18 日。

② 《中华人民共和国和菲律宾共和国联合声明》，中华人民共和国外交部，2023 年 1 月 5 日，https://www.mfa.gov.cn/web/ziliao_674904/1179_674909/202301/t20230105_11001029.shtml，访问日期：2023 年 1 月 6 日。

③ Lucio Blanco Pitlo Ⅲ, "Will Philippines' Marcos Jnr Revive Talks on China Oil Deal to Solve Looming Energy Crisis?" *South China Morning Post*, August 11, 2022, accessed August 16, 2022, https://www.scmp.com/week-asia/opinion/article/3188436/will-philippines-marcos-jnr-revive-talks-china-oil-deal-solve.

（约 0.26 平方千米）。① 此外，越南还在同步扩建柏礁、大现礁、南华礁、日积礁、六门礁 5 个小礁，且速度也很快，如柏礁从 5 月到 12 月仅半年左右时间面积已经达到 58 英亩（约 0.235 平方千米）。② 可见，越南新一轮岛礁扩建技术比以前有很大提升，越岛礁面积扩大后很可能在礁上部署更多设施或装备，而有关国家是否会跟进相关岛礁建设，也值得观察。

在油气资源勘探开发方面，印度尼西亚、越南、马来西亚都有新动作。2023 年 1 月初，印度尼西亚批准了北纳土纳海大陆架上一处近海天然气田第一阶段开发计划，该计划主要由英国 Harbor Energy 公司实施，投资约 30 亿美元，且大部分天然气将输往越南。③ 由于相关海域与我国南海断续线内海域存在重叠，中方派海警船加强了对该海域的巡逻。但印度尼西亚保持强硬姿态，印度尼西亚海军司令表示，印度尼西亚已在该海域部署了军舰、海上巡逻机以及无人机，严密监视中国海警船。④

同样是在 2023 年 1 月，越南工贸部长阮洪典指示越南石油公司加快推进"蓝鲸"（Ca Voi Xanh）气田项目，并在 2023 年第一季度内达成天然气供应合同协议。"蓝鲸"预计储量为 1 500 亿立方米，将是越

---

① "Vietnam's Major Spratly Expansion," *Asia Maritime Transparency Initiative*, December 14, 2022, accessed December 15, 2022, https://amti. csis. org/vietnams-major-spratly-expansion/; "China and Vietnam Pick Up Island-Building Activity in S. China Sea," *Maritime Executive*, December 20, 2022, accessed December 22, 2022, https://maritime-executive. com/article/china-and-vietnam-pick-up-island-building-activity-in-s-china-sea.

② Ibid.

③ "Indonesia Pursues Offshore Energy Exploration under China's Shadow," AsiaGlobal Online, January 18, 2023, accessed January 20, 2023, https://www. asiaglobalonline. hku. hk/indonesia-pursues-offshore-energy-exploration-under-chinas-shadow.

④ "Indonesia Sends Warship to Monitor Chinese Coastguard Vessel," *The Standard*, January 14, 2023, accessed January 20, 2023, https://www. thestandard. com. hk/breaking-news/section/3/199201/Indonesia-sends-warship-to-monitor-Chinese-coast-guard-vessel.

南迄今为止最大的天然气项目，但已被推迟多年。① 此外，2022 年 8 月，印度石油天然气公司的海外分公司 ONGC Videsh Ltd. 将其在越南 128 区块的勘探合同延期至 2023 年 6 月 15 日。② 这已是第七次延期。该区块自 2006 年以来一直在勘探，但没有显示出拥有大量碳氢化合物储量的迹象。印度坚持其存在，被视为支持越南的战略举措。

2022 年 9 月，马来西亚宣布在南海 SK320 区块发现了天然气；③ 12 月，又在 SK306 和 SK410B 区块的探井中发现了碳氢化合物，④ 而在此前的 2020 年 11 月，中国海警与马来西亚皇家海军曾在这一区块钻井附近发生对峙。⑤ 此外，马来西亚 Kasawari 气田的开发仍在推进，并定于 2023 年开始生产。⑥

四是南海当事国加紧军备建设。2022 年 1 月，菲律宾从美国接收 4 架全新的 CESSNA 教练机，用于海军航空部队训练。2 月，菲律宾又与

---

① "Vietnam to Speed Up Preparations for Two Huge Gas Projects," The Investor, January 7, 2023, accessed January 20, 2023, https://theinvestor.vn/vietnam-to-speed-up-preparations-for-two-huge-gas-projects-d3213.html.

② "ONGC Videsh Gets Extension for Exploration In Vietnamese Offshore Field," IndiaInfoLine, August 29, 2022, accessed September 25, 2022, https://www.indiainfoline.com/article/news-top-story/ongc-videsh-gets-extension-for-exploration-in-vietnamese-offshore-field-122082900015_1.html.

③ "Petronas Discovers New Gas in Block SK 320 Offshore Malaysia," Offshore Technology, September 21, 2022, accessed September 25, 2022, https://www.offshore-technology.com/news/petronas-gas-sk-320/.

④ "Petronas Makes Oil and Gas Discovery at Block SK306 Offshore Malaysia," Offshore Technology, December 7, 2022, https://www.offshore-technology.com/news/petronas-oil-gas-sk306/; "PTTEP makes Sweet Gas Discovery Offshore Malaysia," December 23, 2022, accessed December 27, 2022, https://www.upstreamonline.com/exploration/pttep-makes-sweet-gas-discovery-offshore-malaysia/2-1-1379110.

⑤ "Malaysia and China in Stand-off near PTTEP's Appraisal Drilling," upstream, November 30, 2020, accessed December 27, 2022, https://www.upstreamonline.com/politics/malaysia-and-china-in-stand-off-near-ptteps-appraisal-drilling/2-1-921637.

⑥ "Kasawari Gas Development Project, Sarawak, Malaysia," Offshore Technology, February 10, 2023, accessed February 15, 2022, https://www.offshore-technology.com/projects/kasawari-gas-development-project-sarawak/.

波兰签署采购 32 架 S-70i "黑鹰" 直升机的合同。① 此前 2021 年底，菲律宾还与韩国签署协议，采购 2 艘护卫舰，并决定从印度引入 "布拉莫斯" 巡航导弹。1 月，印度尼西亚国防部长普拉博沃对印度尼西亚众议院安全和外交事务委员会表示，印度尼西亚将推进海军现代化，到 2024 年将采购 50 艘舰艇。② 马来西亚接收了第 4 艘濒海任务舰，并在 2022 年开始采购第二批濒海任务舰。马来西亚还在 4 月和 9 月接收了 3 架海上效用直升机，部署在东马哥打基纳巴卢。③

五是南海当事国之间的合作有所提升。2022 年，越南、菲律宾、印度尼西亚在南海问题上加强了沟通协调。5 月，印度尼西亚国防部长普拉博沃访问越南，双方一致强调维护南海和平、稳定、航行与飞越安全的重要性，以及根据国际法尽快签署具有约束力的 "南海行为准则"，双方还表示将加强海军、海警合作。④ 更引人关注的是，同年 12 月，越南和印度尼西亚经过 12 年谈判后正式签署南海专属经济区划界协定，⑤ 双方划界所涉部分海域侵入中国南海断续线内。虽然越南和印度尼西亚

---

① "Philippines, Poland Firm Sign Deal for 32 Black Hawk Helicopters," GMA NEWS ONLINE, February 22, 2022, accessed February 23, 2022, https://www.gmanetwork.com/news/topstories/nation/822693/philippines-poland-firm-sign-deal-for-32-black-hawk-helicopters/story/.

② "Indonesia to Get 50 Warships by 2024: Defense Minister," Kompas, January 27, 2022, accessed January 28, 2022, https://go.kompas.com/read/2022/01/27/170852174/indonesia-to-get-50-warships-by-2024-defense-minister.

③ "Royal Malaysian Navy Plans to Acquire Second Batch of Littoral Mission Ships This Year, Says Navy Chief," *Malaysia Military Times*, March 28, 2022, accessed March 30, 2022, https://mymilitarytimes.com/index.php/2022/03/28/royal-malaysian-navy-plans-to-acquire-second-batch-of-littoral-mission-ships-this-year-says-navy-chief.

④ 《印尼国防部长普拉博沃·苏比安托对越南进行正式访问》，*Vietnam-Plus*，2022 年 5 月 13 日，https://zh.vietnamplus.vn/印尼国防部长普拉博沃苏比安托对越南进行正式访问/165497.vnp，访问日期：2022 年 5 月 15 日。

⑤ "Vietnam and Indonesia Reach Agreement on EEZ Boundaries," ASEAN Briefing, December 26, 2022, accessed December 27, 2022, https://www.aseanbriefing.com/news/vietnam-indonesia-agreement-on-boundaries-for-eezs/.

没有公布协议的细节，但协议"显示两国在不承认中国在'九段线'主张方面展现统一立场"。① 在中国没有参与的情况下，两国就划界一事达成一致，或将给未来南海局势的发展埋下隐患。此外，2023 年 3 月，马来西亚总理安瓦尔访问菲律宾，与菲总统马科斯举行双边会谈，双方同意把南海争端带到东盟框架下加以解决。安瓦尔表示："由于南海问题的复杂性和敏感性，应尝试在东盟内部进行彼此接触并采取统一的多边立场，以便以全面方式，提出对该问题的友好解决办法。"② 这一思路显然与中国坚持的南海争端应由当事国之间在双边层面磋商解决存在分歧。

（三）域外国家加强与南海当事国的合作力度，助推东盟国家在海警建设、装备等方面与中国抗衡

一年来，美国、日本、澳大利亚等域外国家与东盟南海当事国进一步推进安全和防务领域合作，对中国与东盟国家的互动产生不利影响。

最明显的是美菲合作。杜特尔特执政后期，基于国内政治压力及中菲在南海问题上的摩擦增多，菲开始调整对美政策，美菲军事防务关系逐步回暖。2022 年 4 月，双方启动首次海洋对话，旨在以一体化综合方式来应对海上问题。5 月 23 日，美国印太司令部司令阿奎利诺与菲律宾武装部队参谋长森帝诺签订美菲"海上安全框架"协议。③ 该框架试图

① Aristyo Rizka Darmawan, "What Does the Indonesia—Vietnam EEZ Agreement Mean for the Region?" Center for International Law of National University of Singapore, January 12, 2023, accessed January 15, 2023, https://cil. nus. edu. sg/blogs/what-does-the-indonesia-vietnam-eez-agreement-mean-for-the-region/ #: ~: text = Indonesia% 20and% 20Vietnam% 20concluded% 20a, between% 20the% 20continental% 20shelf% 20boundaries.

② "Marcos, Anwar Talk Peace in South China Sea," Philstar, March 23, 2023, accessed March 25, 2023, https://www. philstar. com/headlines/2023/03/02/2248672/marcos-anwar-talk-peace-south-china-sea.

③ "Philippines, US Sign Maritime Framework," Philstar, May 28, 2022, accessed May 29, 2022, https://www. philstar. com/headlines/2022/05/28/2184306/philippines-us-sign-maritime-framework.

通过美菲海上力量的互操作性和跨机构合作，以政府间、整体性方式来应对海上安全威胁。框架的达成显示美菲决心提升地区海上态势感知能力，共同应对海上挑战。马科斯政府上台后，由于其强化美菲同盟的政策取向及在南海问题上更为强硬的立场，美菲明显加快海上安全和防务合作。2023 年 2 月 2 日，美国国防部长奥斯汀访菲期间，菲律宾同意根据《强化防务合作协议》，向美国再开放 4 处军事基地。双方还同意重启南海联合巡逻。① 2 月 22 日，美国海军作战部长迈克尔·吉尔戴访问马尼拉，并表示美国愿"致力于"在南海与菲律宾进行联合海上巡航。他还透露，与有关国家的联合海上活动正处于"开始规划阶段"。② 3 月，据菲律宾媒体报道，菲律宾正在与美国和其他地区性合作伙伴起草关于在"西菲律宾海"（即中国所称南海部分海域）开展联合海上活动（包括联合巡航）的规则。③ 美国获得对菲律宾更多军事基地的进入权和使用权，以及美菲与盟友联合巡航，将使其应对南海和台海危机事态的能力大幅提升，同时给中菲在南海问题上的互信合作带来巨大冲击。

菲律宾与日本、澳大利亚的军事合作也颇为引人关注。2022 年 4 月，菲日举行首次外长与防长"2+2"会晤。这一机制被认为是加强两国安全和防务合作的重要步骤，双方讨论了南海和东海形势，同意继续加强海上合作，双方还强调航行和飞越自由、和平解决争端以及尊重国

---

① US Department of Defense, "Readout of Secretary of Defense Lloyd J. Austin Ⅲ Meeting with Philippine Senior Undersecretary and Officer in Charge of the Department of National Defense Carlito Galvez," February 2, 2023, accessed February 3, 2023, https://www.defense.gov/News/Releases/Release/Article/3286507/readout-of-secretary-of-defense-lloyd-j-austin-iii-meeting-with-philippine-seni/.

② "US 'Committed' to Joint Sea Patrols with Philippines: US Navy Chief," France 24, February 22, 2023, accessed February 23, 2023, https://www.france24.com/en/live-news/20230222-us-committed-to-joint-sea-patrols-with-philippines-us-navy-chief.

③ "Gov't Readies Rules on Joint Maritime Patrols," Inquirer, March 3, 2023, accessed March 3, 2023, https://globalnation.inquirer.net/211653/govt-readies-rules-on-joint-maritime-patrols.

际法应当得到遵守。① 6 月，日本派遣 1 架 C-130H 运输机和约 20 名自卫队队员参加菲律宾空军演习，同时向菲方传递日本将强化向菲输出军用太空技术的信号。9 月 13 日，菲律宾、美国、日本共同举行了三方防务政策对话，讨论了共同的防务和安全挑战，以及在海上安全、海洋态势感知等领域的合作。② 11 月，日本海上自卫队派遣护卫舰赴菲，与菲律宾海军在苏比克湾附近海域举行联合训练。12 月 6 日，日本航空自卫队派遣 2 架 F-15 战机抵达菲律宾克拉克空军基地，开展访问和交流活动，这是二战后日本战机首次出现在菲律宾。③ 2023 年 2 月，在菲律宾总统马科斯访问日本期间，菲国防部和日本防卫省签署有关人道主义援助和灾害救援的防务合作文件，该协议将为双方举行联合演习提供便利。④ 菲日还探讨签署《互惠准入协议》的可能性。菲总统马科斯表示，他访日期间讨论了美、日、菲三边协议问题，他认为，这样一个协议将在混乱和危险的局势中加强美日菲三边关系。此外，日本将继续向菲律宾出口防务装备，如防空雷达。菲律宾与澳大利亚的防务关系也取得新的进展。两国早在 2007 年就签署了《访问部队地位协定》，2014 年澳大利亚开始参加美菲"肩并肩"演习。2021 年两国签署《后勤互助

---

① Ministry of Foreign Affairs of Japan, "Joint Statement of the Inaugural Japan-Philippines Foreign and Defense Ministerial Meeting ('2+2')," April 9, 2022, accessed April 10, 2022, https://www.mofa.go.jp/files/100329868.pdf.

② Ministry of Defense Japan, "Japan-Philippines-U. S. Trilateral Defense Policy Dialogue," September 15, 2022, accessed September 17, 2022, https://www.mod.go.jp/en/article/2022/09/abe06b03fc0031c7c91501bde64bad19f50421ed.html.

③ "Japan Sends 2 F-15 Jets to PH for Unit-to-unit Exchanges with PAF," *Manila Bulletin*, December 7, 2022, December 10, 2022, https://mb.com.ph/2022/12/07/japan-sends-2-f-15-jets-to-ph-for-unit-to-unit-exchanges-with-paf/.

④ 《日菲防务关系或升温》，人民网，2023 年 2 月 15 日，http://military.people.com.cn/n1/2023/0215/c1011-32624253.html，访问日期：2023 年 2 月 25 日。

协议》。2022年6月，菲澳举行第21次国防合作工作组会议。[①] 2023年2月，菲澳表示正在探讨在南海开展联合巡航的可能性。[②]

2022年以来，越南与美、印、澳、德、法、韩等域外国家的防务合作也持续推进，不仅合作领域不断扩大，合作程度也渐趋走深。如表2所示，在这些防务合作中，很多具有海上安全指向，特别是越南借此与西方国家在南海问题上加强沟通协调，使这些国家作出有利于越方的表态，争取舆论和法理支持，并利用西方国家军事技术上的优势提升自身防务能力。

表2　2022年越南与域外主要国家的防务合作情况

日期	越南与域外主要国家的防务合作情况
11月30日至12月3日	由"什瓦利克"号导弹护卫舰和"格莫尔达"号反潜护卫舰组成的印度海军编队抵达越南胡志明市港进行友好访问，并与越南海军第二区167旅379号舰进行联合训练
11月24—25日	澳大利亚国防部长理查德·马勒斯率代表团对越南进行正式访问。会谈中，双方就南海安全、航行和飞越自由等双方共同关心的国际和地区问题交换了意见
11月10日	越南与德国签署关于防务合作的协议。根据双方所达成的共识，为推动防务合作关系在各级代表团互访、共享共同关心的战略问题、培训、军事医学、联合国维和行动等领域的发展创造框架，为深化包括防务合作关系在内的越德战略伙伴关系作出积极贡献
11月9日	越南与澳大利亚在河内举行第十六次防务合作磋商。双方一致同意以联合国维和行动为优先合作领域；同时，寻找扩大双方具有需求和潜力的合作领域，如国防工业、培训基地的合作、网络安全合作、在多边防务论坛尤其是东盟防长扩大会框架下的相互磋商与支持

[①] "PH, Australia Eye Stronger Collaboration in Logistics, Defense," Philippines News Agency, June 22, 2022, accessed June 30, 2022, https://www.pna.gov.ph/articles/1177287.

[②] "Philippines, Australia Eye Joint Patrols in South China Sea as Tensions Rise," *The Strait Times*, February 23, 2023, accessed February 25, 2023, https://www.straitstimes.com/asia/se-asia/philippines-australia-eye-joint-patrols-in-south-china-sea-as-tensions-rise.

续表

日期	越南与域外主要国家的防务合作情况
10 月 11 日	越国防部副部长黄春战上将会见美国助理国务卿康达
9 月 29 日	越南与加拿大以视频方式举行 2022 年防务磋商
9 月 14—17 日	韩国海军新型多用途训练舰"闲山岛"号（ROKS Hansando）和"大青岛"号（ROKS Daecheong）组成的海上巡逻训练舰队抵达越南胡志明市，对越南进行礼节性访问
9 月 12 日	越南与美国防务政策对话在河内举行
9 月 5 日	9 月 5 日下午，越南与韩国在首尔举行第十次防务政策对话会。关于南海（即越南所称东海）问题，双方强调，维护南海和平、稳定、安全和航海、航空安全的环境对世界各国起着非常重要的作用，强化在包括 1982 年《联合国海洋法公约》在内的国际法基础上以和平方式解决争端
6 月 29 日	越南与英国在伦敦举行第四次越英国防政策对话
6 月 28 日	日本航空自卫队幕僚长井筒俊司访问越南，与越南人民军总参谋长、国防部副部长阮新疆上将举行会晤。双方表示，将使两国空军力量之间的合作不断朝着实质性和可持续方向发展
6 月 24—26 日	由印度海军新型护卫舰"萨亚德里"号和反潜护卫舰"卡德马特"号组成的印度舰队抵达越南胡志明市港口，对越南进行访问。两国军舰还进行了海上通信联络和军舰队形变换的联合训练
6 月 13 日	越共中央委员、国防部部长黄春战上将会见了访越的美国副国务卿温迪·舍曼
4 月 15 日	越南与法国举行第二次越法防务战略与合作对话。关于南海问题，双方强调了维护和平、稳定、安宁、安全、航行和飞越自由，在包括 1982 年《联合国海洋法公约》在内的国际法的基础上，以和平方式解决争端问题的重要性
3 月 9 日	越南国防部长潘文江大将与新西兰国防部长佩尼·埃纳雷举行电话会谈
3 月 2—4 日	越南海军"光忠"号舰在印度参加"米兰–2022"多国联合海军演习海上科目训练

日期	越南与域外主要国家的防务合作情况
3月1—5日	法国海军"葡月"号护卫舰靠在越南金兰国际港口，对庆和省进行礼节性访问。"葡月"号舰还与越南海军舰艇进行了非接触式联合训练
2月24日	由1号训练舰编队司令为团长的日本海上自卫队远洋训练舰编队抵达仙沙港，开始对岘港进行访问
1月6日	德国海军"拜仁"号护卫舰停靠胡志明市芽龙港，开始首次对越南进行友好访问。德国驻越南大使表示，"拜仁"号护卫舰的航程体现德国愿意与重要伙伴加强合作，并强调了基于规则的国际秩序，特别是1982年《联合国海洋法公约》法律效力的重要性

资料来源：根据越南《人民军队》网站信息整理。

总体来看，2022年以来，中国与东盟国家在南海互动从积极层面基本是延续现有的举措，部分新的举措和合作尚在探讨中，没有落地，但一些不利因素演进较快，增大了南海形势不确定性。特别需要关注的是，美国扩大对菲律宾军事基地的进入、美日菲和美菲澳加强三边合作、南海当事国之间推进彼此协调合作等，未来对南海态势的影响会日益显现。

应该看到，中国与南海当事国之间的根本性分歧矛盾难以化解，这一方面导致各国继续单边行动，另一方面使得很多合作无法推进或进展缓慢，如渔业合作、油气合作。而且南海问题依然在中国与南海当事国安全战略中属于非常敏感的问题，小的矛盾摩擦如果不及时处理，易引发升级。相关国家应着眼共同利益和南海和平稳定，加快推进合作，应有一些新的倡议和想法，特别是在低敏感领域应推出更多实质性合作成果。

此外，南海当事国在南海问题上延续两面性，一方面与中国保持友好合作、磋商对话态势，另一方面在借大国介入、"南海行为准则"尚未达成的时机，加紧从军事、法理、规则、资源开发等方面进行准备，推进南海问题国际化、东盟化。这是导致中国与南海当事国关系在南海问题上起伏不定的原因。在可预见的未来，随着大国地缘战略竞争的加剧，东盟国家更加倾向于采取平衡术。

中国与南海当事国在南海问题上互动受到域外因素的影响也在加大。美国推进"印太战略"需要塑造中国周边环境，利用南海问题牵制中国，因此更为重视东盟国家的地位和作用，在南海问题上对南海当事国的支持显著增加。这对中国与东盟国家互动的负面影响加大。但也要看到，由于美国拉拢盟友加大对南海事务干预力度，东盟国家对卷入"代理人战争"的恐惧也在增加，导致南海当事国内部在南海问题上的分歧，如菲律宾国内对向美提供基地准入的争议。

三、其他域外国家着眼"印太"保持对南海事务的干预，但依然是有限介入

2022年以来，除美国之外的其他域外国家保持对南海事务的介入态势，部分国家的挑衅行动甚至在南海险些引发意外事件。加拿大、韩国发布各自版本"印太战略"，北约发布新的战略概念文件，推进"北约印太化"，北约与美国部分印太盟友之间的互动日益频繁，在南海问题上协调配合越发深入，这些都影响到南海形势的稳定。但总体来看，域外国家的介入尚不会从根本上改变南海战略态势，受制于乌克兰危机、各国军力配置、地理距离等因素，域外的介入仍是有限的。

（一）日本、澳大利亚、加拿大延续在南海的常态化军事
存在，军事挑衅增多

2022年6月13日至10月28日，日本海上自卫队实施了"印太部

署 2022"，这是日本第四次在南海地区开展部署行动，旨在提高日本海上自卫队在"印太"地区的海上军事行动能力和在南海安全事务中的影响力。[①] 在"印太部署"期间，日方派出"出云"号直升机航母、"高波"号驱逐舰、"雾雨"号驱逐舰、一艘潜艇和三架固定翼飞机等组成的两个舰艇编队。日本舰艇编队与越南、菲律宾、马来西亚、文莱、新加坡等南海周边国家开展交流与安全合作，并和美国、澳大利亚、加拿大等域外国家开展了十余次双边和多边联合军演。

澳大利亚南海军事活动遵循与美国相似的行为模式，强调在南海的军事活动自由。9 月至 12 月，澳大利亚派遣 5 艘舰艇和 11 架直升机组成的编队到东南亚和印度洋东北部地区活动，实施 2022 年度"印太"地区军力部署——"印太奋进 2022"行动。澳舰艇编队进入南海，和越南、菲律宾、马来西亚新加坡等国进行联合演习。[②] 除海上军事行动外，澳大利亚也越来越多地在南海开展空中行动，对中国岛礁和军事力量进行近距离侦察和跟踪监视，多次在互动中形成危险局面。2022 年 5 月 26 日，澳一架 P-8 海上巡逻机从菲律宾起飞到南海进行侦察飞行，接近中国西沙群岛领空，中国海空军力量对澳军机进行识别核实，并予以警告驱离。但澳方却宣称中国歼-16 战机近距离接近澳军机并释放箔条干扰丝，其中一些被吸入 P-8 发动机，造成空中危险。[③]

加拿大自 2016 年以来每年都在太平洋开展军事行动。2022 年 8—12 月，加拿大再次派出"温哥华"号和"温尼伯"号护卫舰实施"投送

① JMSDF, "Indo-Pacific Deployment 2022 (IPD22)," October 2022, accessed October 28, 2022, https://www.mod.go.jp/msdf/en/exercises/IPD22.html.

② Australian Government, "Indo-Pacific Endeavour Returns to Australia," December 2, 2022, accessed December 5, 2022, https://www.defence.gov.au/news-events/releases/2022-12-02/indo-pacific-endeavour-returns-australia.

③ "Chinese Fighter Dumps Chaff in Front of RAAF Maritime Patrol Plane," *The Maritime Executive*, June 6, 2022, accessed June 7, 2022, https://www.maritime-executive.com/article/chinese-fighter-dumps-chaff-in-front-of-raaf-maritime-patrol-plane.

行动 2022"，以"可见性地展示"加拿大"对维护印太地区安全和自由、开放、包容的印太的持久承诺"。① 在部署期间，加拿大两艘护卫舰参与了在南海的一系列演习，如与美日举行的"高贵渡鸦 2022–2"演习、与美国的双边海军演习以及与美国、日本、澳大利亚举行的"高贵迷雾"演习，其中"高贵迷雾"演习是美日澳加四国舰艇编队首次在南海举行的联合演习。

（二）加拿大、韩国发布本国"印太战略"，法国更新"印太战略"，均展现拓展"印太"存在意愿

2022 年 11 月 27 日，加拿大全球事务部发布《加拿大印太战略》，成为继法、德、澳之后又一个颁布印太战略的美国盟友国家。引人注意的是，这份 26 页的文件中多次提到中国，并有一部分专门阐述加拿大在与"印太"接触中如何处理与中国的关系。报告直接将中国描述成"越来越具有破坏性的全球力量"，② 这一措辞的强硬程度超过美国西方盟友普遍强调"印太战略"的"包容性"和"多元化"的立场，也不像印度等"印太战略"核心国家所采取的模糊策略。报告展现出加拿大加强参与"印太"事务的强烈倾向，提出"加拿大将与地区伙伴合作，增加在印太地区基于安全的接触。加拿大将在本地区部署更多的军事资产并加大对边境安全、网络安全和情报的投资"。③ 报告还声称"加拿大将与东盟及其成员国携手合作，在南海确保对国际法包括《联合国海

---

① David Scott, "Canada's Recent Naval Deployments and Power Projection across the Pacific and Beyond," Center for International Maritime Security, December 20, 2022, accessed December 20, 2022, https://cimsec. org/canadas-recent-naval-deployments-and-power-projection-across-the-pacific-and-beyond/.

② Government of Canada, *Canada's Indo-Pacific Strategy*, November 30, 2022, accessed December 1, 2022, https://www. international. gc. ca/transparency-transparence/assets/pdfs/indo-pacific-indo-pacifique/ indo-pacific-indo-pacifique-en. pdf.

③ Ibid.

洋法公约》的充分尊重"，"加强在印太的海军存在，包括增加部署至本地区的护卫舰数量，以实施前沿海军存在行动，支持国际海洋法包括《公约》，并与其他盟友伙伴开展协作性部署"。①

韩国政府于12月28日公布了酝酿半年多的《自由、和平和繁荣的印太地区战略》，即韩国版的"印太战略"。与美国、加拿大、日本等国的相关报告将中国视为"威胁""挑战""秩序破坏者"相比，韩版"印太战略"将中国视为"在印太地区实现繁荣与和平的主要合作对象"，但是，报告中的涉华表述以及对中韩合作的强调附加了很多条件，如"需要立足于国际规范和原则，要基于相互尊重和互惠"，由此透露出韩方的复杂心态。② 同时，整篇报告中，韩国最强调的还是同美国及其盟友的合作，诸如韩美日、韩美澳、韩日澳新合作，还有北约、"四边机制"、"印太经济框架"等。虽然报告提及"中国"只有一次，但处处有针对"中国"的意味，诸如"反对依靠实力改变现状"，呼吁奉行"自由、人权和法治价值观"的国家之间加强团结合作，等等。在海洋问题上，韩"印太战略"展现出希望在"印太"海洋问题上发挥更大作用的意愿，声称"应该尊重南海这一战略性海上交通线的和平稳定、航行和飞越自由"，提出"韩国将通过加入关于建立海上态势感知系统的国际讨论，促进实时海洋监控和信息共享合作。韩国将参加'环太平洋'、'太平洋龙'及其他印太国家主办或加入的多国联合演习，以提升联合作战能力和加强互操作性"。③

---

① Government of Canada, *Canada's Indo-Pacific Strategy*, November 30, 2022, accessed December 1, 2022, https://www. international. gc. ca/transparency-transparence/assets/pdfs/indo-pacific-indo-pacifique/indo-pacific-indo-pacifique-en. pdf.

② 《詹德斌：韩版"印太战略"背后的纠结心态》，新华网，2022年12月30日，http://www. news. cn/mil/2022-12/30/c_1211713524. htm，访问日期：2022年12月30日。

③ Ministry of Foreign Affairs of Republic of Korea, *Strategy for a Free, Peaceful, and Prosperous Indo-Pacific Region*, December 28, 2022, accessed December 30, 2022, https://www. mofa. go. kr/eng/brd/m_5 676/view. do?seq=322133.

法国早在 2018 年就推出其"印太战略"，2022 年又发布新版《印太战略报告》。报告提出法国"印太战略"有四大支柱，即安全与防务，经济、联通、科研与创新，多边主义和法治，气候变化、生物多样性和海洋可持续管理。[①] 在南海问题上，法国近年来每年都派出军舰到南海巡航，新版"印太战略"再次表现出对南海的关注。报告提到，边界冲突和海上划界争端是印太各国之间紧张关系的根源之一，法国"反对任何试图制造既成事实的企图、改变现行体系的单边做法及通过使用武力对国际法构成的挑战"。报告重申，法国将加强在"印太"的军事存在，宣称根据国际法和"航行自由"原则，法国从海外领土和本土部署海军和空军力量开展各类行动，如"玛丽安"任务（在"印太"部署核攻击潜艇）、"圣女贞德"行动（在"印太"部署两栖舰艇编队）、南海巡航行动（从 2014 年开始每年至少两次）以及法国空军和太空部队的"飞马"和"斯基罗斯"行动。实际上，2022 年法国无论在政策上，还是在实践中都加大了对"印太"事务的介入。2月，法国举办了第一届"欧盟印太合作论坛"。11月，从巴厘岛到曼谷，法国总统马克龙的亚洲之旅更凸显了法国在该地区的"印太"雄心。

（三）北约推出新战略概念文件，"北约印太化"趋势显示
欧洲将保持甚至继续加大对南海事务的介入

2022 年 6 月，北约在马德里峰会期间通过了新版《战略概念》文件。在该文件中，北约将中国视为对欧洲—大西洋安全的"系统性挑战"，称中国"力图颠覆基于规则的国际秩序，包括在太空、网络和海

---

① Minstère de L'Europe et Des Affaires Étrangères de La France, *France's Indo-Pacific Strategy*, February 2022, accessed February 28, 2022, https://www.diplomatie.gouv.fr/IMG/pdf/en_dcp_a4_indopacifique_022022_v1-4_web_cle878143.pdf.

洋领域"。① 在海洋问题上，文件称，海上安全对北约的和平与繁荣具有关键作用。北约将加强兵力态势和海上态势感知，以威慑和防御海洋领域的一切威胁，维护航行自由，确保海上贸易路线安全，保护主要的海上交通线。战略概念文件还将"合作安全"作为北约三大核心任务之一，宣称"将加强与印太地区新旧合作伙伴的对话与合作，以应对跨区域的挑战和共同安全利益问题"。② 考虑到此次北约峰会还邀请日本、韩国、澳大利亚、新西兰四个亚太地区国家出席，力图构建"北约+"新机制，北约将战略触角伸向亚太的趋势更趋明显。而其对海上"航行自由"的关注及对中国"挑战"的担忧，也意味着北约及其成员国将继续介入南海事务。

四、南海形势发展趋势

2023 年南海形势发展，大体仍将延续目前的趋势，即中国、美国、南海当事国、除美国之外的其他域外国家等几大主要力量围绕政治、军事、外交、法理等继续展开博弈。各方基于利益考量及全球和地区地缘战略态势，不会发生大的对抗或冲突，但美国等域外势力拉拢东盟当事国，以南海为"抓手"遏制中国的思路不会改变，南海也不会风平浪静，随着各方互动增多，小的摩擦或意外事件难以排除。其中，影响南海局势走向的关键变量如下。

第一个方面是中美关系，特别是中美能否避免在南海发生危机或冲突。2022 年中美关系出现一些缓和的迹象，11 月两国元首在二十国集

---

① NATO, *NATO 2022 Strategic Concept*, June 29, 2022, accessed June 30, 2022, https://www.nato.int/nato_static_fl2014/assets/pdf/2022/6/pdf/290622-strategic-concept. pdf.

② Ibid.

团峰会上举行会晤。双方同意外交团队保持战略沟通，开展经常性磋商，同意两国财金团队就宏观经济政策、经贸等问题开展对话协调①，释放了积极信号。中美关系的缓和可能会给南海形势带来一定的积极影响，这能否促成中美在南海问题上更好地管控分歧，避免发生类似于2022年底两国军机近距离危险接近的事件，值得关注。同时，两国国防部之间能否恢复国防部防务磋商、海上军事安全磋商等机制性交流，也是一个重要看点。另外，2024年1月台湾举行地区领导人选举，2023年各候选人将展开激烈选战，美国可能仍将利用台海议题挑动两岸关系，影响选举走向。随着台海和南海联动的加强，这是否会给南海带来连带影响，需要进一步观察。

第二个方面是中国与南海当事国之间能否避免或减少摩擦，推进务实性合作。这对南海形势的和平稳定有根本性影响。例如，中菲能否推进油气勘探开发合作为外界所关注。菲律宾总统马科斯2023年1月访华期间，中菲表示将尽快重启海上油气开发磋商，但菲国内对此仍存在争议，这一共识能否有效落实，尚存在不确定因素。此外，南海当事国趁着"南海行为准则"达成前的时机，加紧推进非法占有岛礁的扩建、部署，加强争议海域维权、执法等，可能引发危机事态或者摩擦。一旦发生这种情况，不仅直接影响中国与南海当事国的双边关系，而且可能会波及"准则"磋商进程。此外，如南海当事国推进新的海上开发项目，石油和天然气开发可能会再次成为争端的主要导火索。

第三个方面是"南海行为准则"磋商能否取得更多实质性进展。2023年印度尼西亚为东盟轮值主席国，以印度尼西亚在东盟中的地位和外交实力，它有可能在推动"准则"磋商方面采取更大力度，这对整个

---

① 《习近平同美国总统拜登在巴厘岛举行会晤》，中国政府网，2022年11月14日，https://www.gov.cn/xinwen/2022-11/14/content_5726985.htm，访问日期：2022年11月15日。

谈判进程是有利的。但是，进入二读之后，磋商面临着更大的难度，涉及如何处理分歧较大的条款，中国与东盟国家对"准则"适用范围、法律拘束力、与《宣言》及有关国际法规则的关系、争端解决机制等问题仍存在不同立场和看法。此外，"南海仲裁案"裁决和域外国家的加大介入给了部分东盟国家以不切实际的期望，它们试图抛弃"双轨思路"，并大幅提高了要价。这就要求中国与东盟各国求同存异，也需要各方做出适度的妥协。磋商的进展主要还是取决于各国的政治意愿、外交智慧和合作共识。另外，外部的干涉也不容忽视。域外大国即使不直接介入磋商，也企图在"准则"条款中体现它们的诉求和利益。在美国等西方国家的影响下，菲律宾等一些东盟国家多次表示，"准则"不仅是中国与东盟之间的规则，也要以某种形式顾及域外大国在南海的利益。

本质上说，"准则"应当是一个预防或阻止南海周边国家之间发生海上事件，或在发生事件时实施危机管控的行为规范。当前能够看到，各方对于"准则"在维持南海和平稳定与安全的重要性上已经达成一致，并且各方都寻求"准则"更具实质内容、更为行之有效。在这样的原则共识基础上，各方就有了达成妥协的空间。而且"准则"并不是地区规则构建的终点，南海的地区规则可能是由《宣言》、"准则"以及有关具体事项的协议与条约、国际文件共同构成的地区规则体系。即便"准则"不能让各方都获得满意，但它一定是现实可以达到的最大共识。①

第四个方面是日本、澳大利亚、加拿大及欧洲一些国家在南海的动向。从这些国家的政策走向来看，它们均有意保持在南海或"印太"的军事存在。2022 年 12 月 16 日，日本政府通过了修改后的《国家安全保

---

① 胡波、雷筱璐、闫岩：《DOC 签署 20 周年回顾暨 COC 磋商展望》，南海战略态势感知计划，2022 年 8 月 17 日，http://www.scspi.org/zh/dtfx/1660724615，访问日期：2022 年 8 月 20 日。

障战略》《国家防卫战略》《防卫力整备计划》三份安全保障文件，意味着日本当前的"专守防卫"政策进一步从"守"向"攻"转变。日本此举不仅意图突破和平宪法禁锢，实现军力向外扩张，还希望以此提升日本在地区事务中的影响力，为未来介入全球事务、实现军事政治大国目标铺路。日本新安保三文件的通过是否会使其在南海问题上做出更多的动作，值得观察。近年来，日本已经在积极介入南海事务，在台海也通过强化美日同盟加强了与美互操作性，从未来发展来看，日本很可能会在这些新安保文件的支持下，继续加强日美同盟合作，采取各种联合军事行动，从而使得两国在地区内联手滋事的风险不断增加。2022年11月加拿大发布的《加拿大印太战略》报告也明确，将"增加在'投送行动'中部署的护卫舰数量，以保护东海和南海的航行和飞越权利"。[①]同时，加拿大国防部长宣布了一项2022—2026年耗资3.69亿加元（约合2.79亿美元）的计划，增加"在印太地区的海军存在"。加拿大还将拨款4 870万加元（约合3 680万美元），使加拿大军队更多参与"印太"的演习，扩大与地区国家的军事合作。[②] 另外，如上所述，法国、北约等其他域外势力也通过发表官方文件，展现出扩大在"印太"军事存在的企图，介入南海事务是其中重要组成部分。还需关注的是，美国主导的四边机制、美澳英三边安全伙伴关系以海上安全为主要抓手，这些小多边机制的发展，不仅将使美国与澳大利亚、印度、日本、英国等盟友加强在南海问题上的政策协调，而且通过防务合作可增强成员国之间的互操作性和联合行动能力，为其联手应对南海事态创造条件。"北

① Government of Canada, *Canada's Indo-Pacific Strategy*, November 30, 2022, accessed December 1, 2022, https://www. international. gc. ca/transparency-transparence/assets/pdfs/indo-pacific-indo-pacifique/indo-pacific-indo-pacifique-en. pdf.

② David Scott, "Canada's Recent Naval Deployments and Power Projection across the Pacific and Beyond," Center for International Maritime Security, December 20, 2022, accessed December 20, 2022, https://cimsec. org/canadas-recent-naval-deployments-and-power-projection-across-the-pacific-and-beyond/.

约印太化"趋势及美国盟友之间横向联系的增多，将进一步增强美盟网络体系的能力。

也要看到，域外国家介入南海问题受到一些军事和政治上的制约。从军事上看，美国的亚太和北约盟友虽有意保持对南海的关注和介入，但其军事实力和军事资产毕竟有限，海空军力量会因为其任务的规模而被过度使用，并且普遍面临远距离投送难题。尤其是北约国家受到乌克兰危机影响，能否有足够资源，特别是军事资源来实现其"印太雄心"，还需要观察。从政治上看，美国与盟友虽然有意联手遏制围堵中国，但双方战略利益并非完全一致，特别是不少美盟友与中国的关系远非单纯对立关系，在经济上双方保持密切联系，因此它们在配合美国介入南海事务的同时，也会有所顾忌。例如，它们可能会参与美国在南海的"航行自由行动"或穿越台湾海峡的行动，但不会贸然单独实施自己的"航行自由行动"。另外，美国的盟友之间也存在各种矛盾分歧，如法国和澳大利亚围绕潜艇采购、美澳英三边安全伙伴关系形成的龃龉，虽不会从根本上改变两国关系，但仍留下裂痕。这些也会影响到美国与盟友的协调配合。

五、结语

回顾和展望南海局势，其发展轨迹近年来基本限定在可控轨道内，没有出现脱轨的意外事件。但是，基于南海问题本身的复杂性，以及全球和亚太地缘战略形势的剧烈变化，各利益攸关方在战略战术上不断调整，南海形势发展演进过程中各种因素复杂交织，南海形势始终暗流涌动，稳中有忧。其中，外部因素，即以美国为首的域外国家对南海事务的全方位介入始终是"搅局"因素，是南海局势稳定的破坏者。而中国与南海当事国及中国与东盟国家在南海问题上的对话与合作，则是南海形势的主流。多年来，中国同东盟国家一道维护了南海的总体稳定，为各自发展振兴提供了稳定发展环境。因此，若要维护南海和平稳定，一方面需要中国与东盟国家对外部介入保持清醒认知，共同排除外部干扰，防止域外势力成为牵动南海局势的主导力量，将处理和解决南海问题的钥匙牢牢掌控在自己手中；另一方面需要中国与东盟国家坚持"双轨思路"，坚持推进对话磋商和务实合作，短期内着眼加强危机管控，避免摩擦和对抗，以及在非敏感领域加强合作，长期来看则要通过继续落实《宣言》和尽快达成"南海行为准则"等举措，在南海构建符合中国与东盟国家共同利益的规则秩序，建立更加长久有效的海洋合作机制，这不仅是为南海地区的海洋治理和安全稳定奠定良好基础，而且可为未来全球的海洋合作与治理创造条件。

附　录

2022 年中国周边安全大事记

梁　鸿*

1 月

1 日　《区域全面经济伙伴关系协定》正式生效，文莱、柬埔寨、老挝、新加坡、泰国、越南 6 个东盟成员国和中国、日本、新西兰、澳大利亚 4 个非东盟成员国正式开始实施协定。

5 日　据朝中社报道，朝鲜成功试射了一枚高超声速导弹。报道说，这枚由朝鲜国防科学院新研发的导弹飞行 700 千米，成功击中既定目标，并确认了寒冷气候下该导弹安瓿化导弹燃料系统的可靠性。这是朝鲜继去年 9 月 28 日成功试射一枚"火星-8"型高超声速导弹后，第二次试射高超声速导弹。

6 日　日本与澳大利亚签署《互惠准入协定》，这是日本在美国之外签署的第一个此类协议。协定内容着重放宽了日本自卫队和澳大利亚武装力量之间相互进入与合作的限制，双方明确了部队访问对方国家并

---

　*　梁鸿，军事科学院战略评估咨询中心助理研究员。

开展活动时的程序和法律地位，从而为部队间的合作活动提供有力支持。

7日 国家主席习近平向哈萨克斯坦总统托卡耶夫致口信。

美日外长防长举行"2+2"视频会谈。与会部长"承诺增加美国和日本设施的共同使用（包括储备军火和共用跑道），并将致力于加强日本自卫队在包括其西南诸岛在内地区的态势"。

8日 马尔代夫总统萨利赫在马累会见应邀访马的国务委员兼外长王毅。

9日 斯里兰卡总统戈塔巴雅在科伦坡会见正式访斯的国务委员兼外长王毅。

10日 国务委员兼外长王毅同俄罗斯外长拉夫罗夫通电话。

国务委员兼外长王毅同哈萨克斯坦副总理兼外长特列乌别尔季通电话。

11日 国家主席习近平同印度尼西亚总统佐科通电话。

据朝中社报道，朝鲜国防科学院成功进行了一次高超声速导弹试射，朝鲜劳动党总书记金正恩观看并指导了这次试射。报道说，从导弹分离的高超声速滑翔飞行弹头成功击中了远离1 000千米水域的既定目标。

12日 中印两军在莫尔多/楚舒勒会晤点中方一侧举行第十四轮军长级会谈，两国国防、外交部门代表参加。双方继续就推动中印边界西段实控线地区有关问题解决坦诚深入交换意见。

18日 第113次中老缅泰湄公河联合巡逻开始执法行动，行动历时4天3夜，总航程600余千米，四国执法队员采取"非接触"方式开展联合行动，持续打击流域内各类违法犯罪活动。

18—20日 中国、伊朗、俄罗斯三国海军在阿曼湾海域举行第二次海上联合军事演习。

21 日　美国务院以从事导弹技术扩散活动为由，对中国航天科技集团一院等 3 家中国企业实施制裁。

24 日　中俄海军在阿拉伯海北部海域举行反海盗联合演习。双方共派出 5 艘舰艇、舰载直升机及海军陆战队队员参演。演习以中俄舰艇编队联合打击海盗活动为课题，主要演练了联合机动、解救被劫持船舶、使用直升机转运伤员等科目。

25 日　国家主席习近平在北京主持中国同中亚五国建交 30 周年视频峰会。

27 日　国务委员兼外交部长王毅应约同美国国务卿布林肯通电话。

28 日　国务委员兼外长王毅同蒙古外长巴特策策格通电话。

2 月

3 日　国务委员兼外交部长王毅会见俄罗斯外长拉夫罗夫。

4 日　俄罗斯总统普京访华并出席北京冬奥会开幕式，国家主席习近平同普京举行会晤。

5 日　国务院总理李克强会见蒙古总理奥云额尔登。

6 日　国家主席习近平会见蒙古总理奥云额尔登、新加坡总统哈莉玛。

4—6 日　国务委员兼外长王毅在钓鱼台国宾馆分别会见来华出席北京冬奥会开幕式的泰国公主诗琳通、新加坡外长维文、土库曼斯坦副总理兼外长梅列多夫、蒙古外长巴特策策格、巴基斯坦外长库雷希。

5—6 日　国家主席习近平在人民大会堂会见来华出席北京冬奥会开幕式的哈萨克斯坦总统托卡耶夫、吉尔吉斯斯坦总统扎帕罗夫、塔吉克斯坦总统拉赫蒙、土库曼斯坦总统别尔德穆哈梅多夫、乌兹别克斯坦总统米尔济约耶夫。

7 日　美国防部国防安全合作局宣布，美方已批准向中国台湾出售价值约 1 亿美元的"爱国者"导弹防御系统设备和服务。

11 日　拜登政府出台新版《美国印太战略》。

第四次美日印澳"四边机制"外长会在澳大利亚举行。

12 日　韩国外交部长官郑义溶、美国国务卿布林肯和日本外务大臣林芳正在美国夏威夷檀香山举行会谈。这是韩美日外长今年首次线下会谈。

17 日　哈萨克斯坦议会上院在全体会议上，批准通过了哈萨克斯坦同俄罗斯军事合作条约的法律草案。该条约旨在推动军事合作以及加强部队相互协作，还规定在作战训练、维和行动、军事教育与科学等领域加强军事合作。

19 日　国务委员兼外长王毅在北京应邀以视频方式出席第 58 届慕尼黑安全会议中国专场并发表主旨讲话。

21 日　俄罗斯总统普京签署命令，承认乌克兰东部的"顿涅茨克人民共和国"和"卢甘斯克人民共和国"。

22 日　国务委员兼外长王毅应约同美国国务卿布林肯通电话。

第 114 次中老缅泰湄公河联合巡逻执法行动正式启动。行动前，中老缅泰四国执法部门以视频形式召开湄公河流域治安形势分析会、指挥官联席会，一致同意，以第 114 次中老缅泰湄公河联合巡逻执法行动为起点，正式启动 2022 年中老缅泰联合打击湄公河跨境犯罪行动。

24 日　国务委员兼外长王毅同俄罗斯外长拉夫罗夫通电话。

俄罗斯总统普京发表电视讲话，决定在顿巴斯地区发起特别军事行动。

25 日　国务委员兼外长王毅应约分别与英外交大臣特拉斯、欧盟外交高级代表博雷利和法国总统顾问博纳通电话，阐述了中方对乌克兰问题的基本立场。

28日　国务委员兼外长王毅同韩国外长郑义溶举行视频会晤。

3月

1日　美国与中亚国家外长举行"C5+1"在线会议。美国国务卿布林肯在会上就乌克兰问题进行了讨论，并提出美国军事基地或中转基地返回中亚地区的意愿。中亚五国对美方提议感到"困惑不安"并表明对乌克兰局势持中立立场。

2—5日　美国前总统特朗普任内的国务卿蓬佩奥窜访中国台湾地区。

5日　国务委员兼外长王毅应约同美国国务卿布林肯通电话。

8日　国务委员兼外长王毅应约同巴基斯坦外长库雷希通电话。

11日　中印两军在莫尔多/楚舒勒会晤点印方一侧举行第十五轮军长级会谈。在上一轮会谈基础上，双方继续就推动解决中印边界西段实控线地区有关问题开展讨论。

14日　中共中央政治局委员、中央外事工作委员会办公室主任杨洁篪在意大利罗马同美国总统国家安全事务助理沙利文举行会晤。

国务委员兼外长王毅同印尼外长蕾特诺通电话。

17日　美"约翰逊"号导弹驱逐舰过航台湾海峡并公开炒作。

美海军"鲍迪奇"号海洋测量船、"有效"号海洋监视船及"忠诚"号海洋监视船分别在海南岛以南、黄岩岛以北及台湾岛以东海域进行高强度作业。海洋监视船主要负责侦察水下目标、支持反潜作战，海洋测量船主要进行海底地形地貌探测以及海洋气象水文调查。

18日　国家主席习近平应约同美国总统拜登视频通话。两国元首就中美关系和乌克兰局势等共同关心的问题坦诚深入交换了意见。

国家主席习近平同柬埔寨首相洪森通电话。

21日 巴基斯坦总统阿尔维在伊斯兰堡总统府会见正在访巴的国务委员兼外长王毅。

俄罗斯外交部发布消息称，由于日本就乌克兰局势作出非友好行为，俄罗斯拒绝与日本就和平条约问题继续进行谈判。

24日 国务委员兼外长王毅在喀布尔同阿富汗临时政府代理外长穆塔基举行会谈。

据朝中社报道，在朝鲜劳动党总书记、朝鲜国务委员长金正恩的指导下，朝鲜成功试射新型洲际弹道导弹"火星-17"。对此，韩国军方于当天下午进行了陆地、海上以及空中的联合导弹发射。

25日 国务委员兼外长王毅在对印度进行工作访问期间，在新德里同印外长苏杰生举行会谈。

俄罗斯国防部发布消息启动在千岛群岛军事演习，超3 000名士兵参加。这是俄方宣布停止与日本的和平条约谈判以来，首次在包含日俄争议领土"北方领土"（俄方称"南千岛群岛"）的地区举行军演。

俄国防部召开新闻发布会，宣布行动第一阶段的所有主要目标基本完成，军事行动正按计划展开。

27日 尼泊尔总统班达里在加德满都总统府会见正在访尼的国务委员兼外长王毅。

30日 国务委员兼外长王毅在安徽屯溪同来华出席第三次阿富汗邻国外长会的俄罗斯外长拉夫罗夫、巴基斯坦外长库雷希、土库曼斯坦副总理兼外长梅列多夫分别举行会谈。

国务委员兼外长王毅在安徽屯溪主持中阿巴三方外长会晤。巴基斯坦外长库雷希、阿富汗临时政府代理外长穆塔基出席。

中国同所罗门群岛正式签署政府间安全合作框架协议。

31日 国务委员兼外长王毅在安徽屯溪主持召开第三次阿富汗邻国外长会。

　　国务委员兼外长王毅在安徽屯溪主持阿富汗邻国与阿临时政府首次外长对话会。阿富汗邻国协调合作机制成员国外长和代表、阿临时政府代理外长穆塔基出席。卡塔尔副首相兼外交大臣穆罕默德、印度尼西亚外长蕾特诺作为嘉宾参加。

　　国务委员兼外长王毅在安徽屯溪集体会见阿富汗问题"中美俄+"磋商机制会议与会代表，中国、美国、俄罗斯、巴基斯坦四国阿问题特使和特别代表参加。

　　31 日至 4 月 3 日　国务委员兼外长王毅在安徽屯溪同来华访问的印尼外长蕾特诺、缅甸外长温纳貌伦、泰国副总理兼外长敦、菲律宾外长洛钦举行会谈。

4 月

　　5 日　美国防部国防安全合作局宣布，美方已批准向中国台湾出售总额为 9 500 万美元的军事技术及相关设备，为台"爱国者"防空导弹系统提供人员技术协助。

　　6 日　美国总统拜登、英国首相约翰逊和澳大利亚总理莫里森发表联合声明说，三国将在高超声速和反高超声速武器研发以及加强电子战能力方面开展新的三边合作，同时扩大信息共享并深化国防创新合作。

　　7 日　国务委员兼外长王毅应约同蒙古外长巴特策策格通电话。

　　8 日　国家主席习近平同菲律宾总统杜特尔特通电话。

　　13 日　海关总署数据显示，今年一季度，我国与东盟、欧盟分别进出口 1.35 万亿元、1.31 万亿元。东盟反超欧盟，再次成为我国第一大贸易伙伴。

　　14 日　国务委员兼外长王毅同越南外长裴青山通电话。

　　15 日　中国人民解放军东部战区出动驱护舰、轰炸机、歼击机等力量在东海当面和台岛周边海空域组织多军兵种联合战备警巡，并展开对海突击等科目演练。东部战区新闻发言人表示，此次行动是针对近期美在中国台湾问题上频频释放错误信号而组织的。

17 日 据朝中社报道，朝鲜成功进行了新型战术制导武器试射。朝鲜劳动党总书记、朝鲜国务委员长金正恩参观试射。

19—21 日 中越两国海警开展了年内第一次北部湾海域联合巡航，这也是自 2006 年以来，中越海上执法部门开展的第 23 次联合巡航行动。

25 日 朝鲜在首都平壤金日成广场举行阅兵式，纪念朝鲜人民革命军建军 90 周年。朝鲜人民军在阅兵中展示了多种新型武器，包括火星-15 洲际弹道导弹、火星炮-17 弹道导弹、两种车载高超声速乘波体武器。

26 日 美"桑普森"号导弹驱逐舰过航台湾海峡并公开炒作。

5 月

5 日 英国首相约翰逊同日本首相岸田文雄在伦敦会晤后宣布，双方就新防务协定《互惠准入协定》原则上达成共识。根据该协定，日英将可以共同部署军队以开展训练、联合演习和救灾活动。英国是继美国、澳大利亚之后第三个同日本签署该类协定的国家。

6 日 日本政府向菲律宾海岸警备队提供了大型巡视船，并在菲律宾首都马尼拉举行了相关仪式。此次提供的巡视船全长约 97 米，总吨位 2 260 吨，是菲律宾海岸警备队迄今为止最大的船只。

8 日 国务委员兼外长王毅同柬埔寨副首相兼外交大臣布拉索昆举行视频会晤。

10 日 美"罗亚尔港"号导弹巡洋舰过航台湾海峡并公开炒作。

11 日 国务委员兼外长王毅同巴基斯坦外长比拉瓦尔举行视频

会晤。

12—13 日 美国总统拜登在华盛顿召开美国—东盟特别峰会。美宣布拨款逾 1.5 亿美元，协助东盟国家发展清洁能源、推动教育，以及加强海事安全及卫生防疫工作。其中 6 000 万美元将投入海事相关项目，包括增派海岸警卫队人员和器材，协助伙伴国提高海事防卫能力。

13 日 俄罗斯国防部长绍伊古与美国国防部长奥斯汀通电话。

16 日 国务委员兼外长王毅同韩国新任外长朴振举行视频会晤。

18 日 国务委员兼外长王毅在同日本外相林芳正举行视频会晤时，就日美涉华消极动向表明立场。

19 日 国务委员兼外长王毅在北京主持金砖国家同新兴市场和发展中国家外长视频对话会。南非外长潘多尔、巴西外长弗兰萨、俄罗斯外长拉夫罗夫、印度外长苏杰生与会。

20—24 日 美国总统拜登先后访问韩国和日本。这是拜登自 2021 年 1 月就职以来的首次亚洲之行。访日期间，拜登出席了美日印澳"四边机制"峰会，并推出"印太经济框架"。

24 日 中俄两国空军实施 2022 年度例行性联合空中战略巡航。这是自 2019 年以来两国空军联合实施的第四次战略巡航。

25 日 国务委员兼外长王毅应约同印尼外长蕾特诺通电话。

东部战区新闻发言人表示，近日，中国人民解放军东部战区在台岛周边海空域组织多军兵种联合战备警巡和实战化演练。这是对近期美台勾连活动的严正警告。

26 日 所罗门群岛代总督奥蒂在霍尼亚拉总督府会见正在访所的国务委员兼外长王毅。当日，所罗门群岛外长马内莱也同王毅举行了正式会谈。

美国国务卿布林肯在乔治·华盛顿大学发表对华政策演讲，将美国对华战略概括为投资、结盟、竞争。

27 日　基里巴斯总统兼外长马茂在塔拉瓦总统官邸会见国务委员兼外长王毅，基多位内阁部长参加。

28 日　萨摩亚国家元首图伊马莱阿利法诺在阿皮亚会见正在访萨的国务委员兼外长王毅。当日，萨摩亚总理兼外长菲娅梅也同王毅举行了会谈。

29 日　国务委员兼外长王毅在斐济同纽埃总理兼外长塔格拉吉举行视频会晤。

30 日　国务委员兼外长王毅同斐济总理兼外长姆拜尼马拉马在苏瓦共同主持第二次中国—太平洋岛国外长会。基里巴斯总统兼外长马茂、萨摩亚总理兼外长菲娅梅、纽埃总理兼外长塔格拉吉、巴布亚新几内亚外长埃奥、瓦努阿图外长阿蒂、密克罗尼西亚联邦外长埃利伊萨、所罗门群岛外长马内莱、汤加外长乌托伊卡马努、太平洋岛国论坛秘书长普那等以线上线下结合方式与会。

31 日　汤加国王图普六世和汤加首相胡阿卡瓦梅利库在努库阿洛法分别会见到访的国务委员兼外长王毅。

外交部边界与海洋事务司司长洪亮同印度外交部东亚司辅秘史耐恩以视频方式共同主持中印边境事务磋商和协调工作机制第 24 次会议。

6 月

1 日　瓦努阿图总统摩西在维拉港会见国务委员兼外长王毅。当日，瓦努阿图总理拉夫曼率瓦副总理、外长、财长等内阁主要成员在维拉港同王毅举行集体会谈。

2 日　国务委员兼外长王毅在巴布亚新几内亚分别同密克罗尼西亚联邦外长埃利伊萨和密克罗尼西亚联邦前总统、密中友协会长哈格莱尔加姆举行视频会见。

国务委员兼外长王毅在巴布亚新几内亚同库克群岛总理兼外长布朗举行视频会晤。

3—10 日　俄海军太平洋舰队在太平洋区域举行大规模军事演习。包括"克雷洛夫海军元帅"号指挥舰、"沙波什尼科夫海军元帅"号驱逐舰等在内，共 40 艘舰艇以及 20 架军机参加。

4 日　东帝汶总统奥尔塔在帝力会见国务委员兼外长王毅。当日，王毅在帝力会见东帝汶国父夏纳纳。

国务委员兼外长王毅结束对南太岛国访问经停马来西亚期间，应约同马来西亚外长赛夫丁通电话。

韩国联合参谋本部通报，韩美海军从 6 月 2 日开始在日本冲绳东南方向的公海上举行了为期三天的联合军事演习。

7 日　哈萨克斯坦总统托卡耶夫在努尔苏丹会见到访的国务委员兼外长王毅。

中共中央政治局委员杨洁篪同日本国家安全保障局局长秋叶刚男通电话。

8 日　国务委员兼外长王毅在努尔苏丹出席"中国+中亚五国"外长第三次会晤。哈萨克斯坦副总理兼外长特列乌别尔季主持，土库曼斯坦副总理兼外长梅列多夫、吉尔吉斯斯坦外长库鲁巴耶夫、塔吉克斯坦交通部部长伊布罗希姆、乌兹别克斯坦代外长诺罗夫出席。

美国政府宣布批准一项新的对台军售计划，拟向台提供价值 1.2 亿美元的军舰零附件及相关技术支持。

13 日　中共中央政治局委员、中央外事工作委员会办公室主任杨洁篪同美国总统国家安全事务助理沙利文在卢森堡举行会晤。双方就中美关系和其他共同关心的问题进行了坦诚、深入、建设性的沟通和交流，均认为保持沟通渠道顺畅是必要和有益的。

国务委员兼外长王毅应约同新西兰外长马胡塔举行视频会晤。

16 日 中韩海洋事务对话合作机制第二次会议以视频方式举行，外交部边界与海洋事务司司长洪亮与韩国外交部东北亚局局长崔喜德共同主持。

20 日 尼泊尔内阁决定不与美国推进在"州伙伴关系计划"框架下的尼美两国军队合作。

21 日 美国海关和边境保护局依据美国会所谓涉疆法案，将中国新疆地区生产的全部产品均推定为所谓"强迫劳动"产品，并禁止进口与新疆相关的任何产品。

22 日 日本政府通过 2022 年版《防卫白皮书》，称中国国防政策和军力建设"缺乏透明度"，在东海、南海试图单方面改变现状，白皮书还大幅增加涉台内容。

23 日 外交部边界与海洋事务司司长洪亮同日本外务省亚洲大洋洲局局长船越健裕以视频方式共同主持中日海洋事务高级别磋商团长会谈。

24 日 美一架 P-8A 反潜巡逻机穿航台湾海峡并公开炒作。

27 日 国务委员兼外长王毅同阿富汗临时政府代理外长穆塔基通电话。

29 日 北约马德里峰会时隔 12 年通过《北约 2022 战略概念》，文件首次提及中国，强调中国对北约价值观、利益和安全造成挑战，并对中国国防建设、经济政策、技术发展等领域多加指责，同时表示要保持对华建设性接触。峰会还首次邀请日本、韩国等亚太国家领导人参会。

外交部边界与海洋事务司副司长杨仁火同越南外交部国家边界委员会副主任郑德海以视频会议方式共同主持中越海上低敏感领域合作专家工作组第十五轮磋商。

30 日 王岐山副主席作为习近平主席特别代表赴菲律宾出席新任总统马科斯就职仪式。

7 月

4 日 澜沧江—湄公河合作第七次外长会在缅甸蒲甘举行。国务委员兼外长王毅和缅甸外长温纳貌伦共同主持会议，老挝副总理兼外长沙伦赛、柬埔寨副首相兼外交大臣布拉索昆、泰国副总理兼外长敦、越南外长裴青山出席。

5 日 泰国总理巴育在曼谷会见应邀对泰国进行正式访问的中国国务委员兼外长王毅。

中共中央政治局委员、国务院副总理、中美全面经济对话中方牵头人刘鹤应约与美财政部长耶伦举行视频通话。双方就宏观经济形势、全球产业链供应链稳定等议题务实、坦诚交换了意见，交流富有建设性。

6 日 菲律宾总统马科斯在马尼拉会见应邀访菲的国务委员兼外长王毅。

8 日 国务委员兼外长王毅在巴厘岛出席二十国集团外长会。其间，在巴厘岛分别会见俄罗斯外长拉夫罗夫、韩国外长朴振。

日本前首相安倍晋三在奈良市街头发表演讲时遭枪击倒地，因伤势过重不治身亡，终年 67 岁。

9 日 国家主席习近平就日本前首相安倍晋三逝世向日本首相岸田文雄致唁电。

国务委员兼外长王毅在出席二十国集团外长会后同美国国务卿布林肯举行会晤。

国务委员兼外长王毅在巴厘岛同印尼对华合作牵头人、统筹部长卢胡特共同主持中印尼高级别对话合作机制第二次会议，印尼外长蕾特诺出席。

11 日 印尼总统佐科在雅加达会见正在印尼访问的国务委员兼外长

王毅。

国务委员兼外长王毅在雅加达会见东盟秘书长林玉辉。

12日　马来西亚总理伊斯迈尔在吉隆坡会见应邀访马的中国国务委员兼外长王毅。

13日　中国—越南双边合作指导委员会第十四次会议在广西南宁举行，国务委员兼外长王毅和越南常务副总理范平明共同主持，双方多个部委和地方负责人通过线上线下结合方式参加。

美"本福德"号导弹驱逐舰未经中国政府批准，非法闯入中国西沙领海，中国人民解放军南部战区组织海空兵力进行跟踪监视并予以警告驱离。

据朝中社报道，朝鲜外务相崔善姬宣布承认顿涅茨克和卢甘斯克独立。

14日　国务委员兼外长王毅同柬埔寨副首相贺南洪共同主持中柬政府间协调委员会第六次会议，会议以视频方式举行。

15日　美国务院批准向台出售价值约1.08亿美元的军事技术援助，以加强所谓美台军事合作、提升台应对"威胁"能力。

17日　中印两军在莫尔多/楚舒勒会晤点印方一侧举行第十六轮军长级会谈。双方在3月11日会谈基础上，以建设性和前瞻性方式继续探讨推动解决中印边界西段实控线地区有关问题。

19日　美"本福德"号导弹驱逐舰过航台湾海峡并公开炒作。

26日　国家主席习近平在北京钓鱼台国宾馆同印度尼西亚总统佐科举行会谈。

27日　美国会通过《芯片和科学法案》，法案对美本土芯片产业提供巨额补贴，部分条款限制有关企业在华正常经贸与投资活动。

28日　国家主席习近平应约同美国总统拜登通电话。

29日　国务委员兼外长王毅在塔什干出席上海合作组织外长会议。

其间，王毅还分别会见了俄罗斯外长拉夫罗夫、哈萨克斯坦副总理兼外长特列乌别尔季、巴基斯坦外长比拉瓦尔、阿富汗临时政府代理外长穆塔基，参加了乌兹别克斯坦总统米尔济约耶夫的集体会见。

30 日 吉尔吉斯斯坦总统扎帕罗夫在乔蓬阿塔会见国务委员兼外长王毅。

8 月

1 日 塔吉克斯坦总统拉赫蒙在杜尚别会见国务委员兼外长王毅。

2 日 美国国会众议长佩洛西不顾中方强烈反对和严正交涉，窜访中国台湾地区。

3 日 柬埔寨首相洪森在金边会见国务委员兼外长王毅。

4 日 国务委员兼外长王毅在金边共同主持中国—东盟（"10+1"）外长会，东盟各国外长和东盟秘书长与会。

国务委员兼外长王毅在金边出席东盟与中日韩（"10+3"）外长会。

5 日 国务委员兼外长王毅在金边出席第 29 届东盟地区论坛外长会。

国务委员兼外长王毅在金边出席东亚合作系列外长会期间应约会见俄罗斯外长拉夫罗夫。

美国国务卿布林肯、澳大利亚外长和日本外相在举行三边战略对话后发表了联合声明。这也是继七国集团发表声明后，美国再次带头发表涉台立场。值得注意的是，此次三国外长的联合声明中有关一个中国原则的描述，延续了七国集团的说法——重申三国各自的一个中国政策和对中国台湾的基本立场没有改变，但同时在"一个中国政策"后面加了括号标注"在适用的情形下"。

7 日 蒙古总理奥云额尔登在乌兰巴托会见国务委员兼外长王毅。

8 日　蒙古总统呼日勒苏赫在乌兰巴托会见国务委员兼外长王毅。

9 日　国务委员兼外长王毅在山东青岛同来华访问的韩国外长朴振举行长时间会谈。

10 日　国务委员兼外长王毅在山东青岛同来华访问的尼泊尔外长卡德加举行会谈。

14 日　美参议院外交委员会亚太小组主席埃德·马基率团窜访中国台湾地区。

17 日　美宣布启动所谓"美台 21 世纪贸易倡议"谈判。

22—24 日　日本自民党议员、"日华议员恳谈会"会长古屋圭司窜访中国台湾地区并会晤蔡英文。

22 日至 9 月 1 日　韩美举行下半年联合军演"乙支自由护盾"。韩国国防部透露称，此次联演期间，政府和军队将在韩美联防机制下熟练掌握泛政府层面的危机管控和联合作战支援流程。此军演为韩美三大例行年度联合军演之一，是韩美自 2018 年起中断团级以上规模联合军演以来，首次恢复这一规模的联合军演。

28 日　美"安提坦"号、"钱斯洛斯维尔"号巡洋舰过航台湾海峡并公开炒作。这是佩洛西窜访中国台湾地区以后，美军首次派军舰穿越台湾海峡。

30 日至 9 月 5 日　俄罗斯在东部军区举行"东方-2022"战略演习，旨在确保东部地区军事安全。中国、印度、白俄罗斯、塔吉克斯坦、蒙古等多国也将参演。

9 月

6 日　美国务院批准总价约 11 亿美元的对台军售，包括导弹及监视雷达项目等。

8 日　根据中印双方第十六轮军长级会谈达成的共识，中印两军位加南达坂一线部队开始同步有计划组织脱离接触。

日本与印度举行两国第二次"2+2"外长防长会谈。双方明确深化在"四边机制"框架下的日美印澳四国合作，还将深化防务合作关系，包括尽早举行首次战斗机联合演习。

11—17 日　日本海上自卫队与印度海军实施联合训练，训练在安达曼海至孟加拉湾实施，日本海上自卫队护卫舰"出云"号和"高波"号，印度海军的驱逐舰、护卫舰、潜艇和战机等参加。

14—16 日　国家主席习近平出席在撒马尔罕举行的上海合作组织成员国元首理事会第 22 次会议，并应邀对哈萨克斯坦与乌兹别克斯坦两国进行国事访问。这是新冠疫情发生以来习主席首次出国访问。

15 日　国家主席习近平在撒马尔罕国宾馆同俄罗斯总统普京、蒙古总统呼日勒苏赫分别举行双边会见。当日，中俄蒙三国元首还举行了第六次会晤。

国家主席习近平在撒马尔罕国宾馆会见白俄罗斯总统卢卡申科。两国元首决定将双边关系定位提升为全天候全面战略伙伴关系。

16 日　国家主席习近平在撒马尔罕国际会议中心出席上海合作组织成员国元首理事会第 22 次会议。

19 日　中共中央政治局委员、中央外事工作委员会办公室主任杨洁篪在福建同俄罗斯联邦安全会议秘书帕特鲁舍夫共同主持中俄第 17 轮战略安全磋商。

国务委员兼外长王毅在纽约会见美国前国务卿基辛格。

20 日　美国"希金斯"号驱逐舰、加拿大"温哥华"号护卫舰过航台湾海峡并公开炒作。

21 日　国务委员兼外长王毅在纽约出席联合国大会期间会见俄罗斯外长拉夫罗夫。

22 日　国务院总理李克强在中南海紫光阁同日本经济界代表举行高级别视频对话会。日本经团联、日中经济协会、日中投资促进机构负责人以及日本经济界代表出席。

正在访问纽约的日本首相岸田文雄和菲律宾总统马科斯举行会谈，双方确认将就解决东海、南海等问题进行合作。

日本首相岸田文雄和美国总统拜登在纽约举行短暂谈话，双方确认将在安理会改革方面进行合作并进一步强化美日同盟。

23 日　国务委员兼外长王毅在中国常驻联合国代表团驻地会见美国国务卿布林肯。

日美韩三国外长在纽约举行会谈，三方一致同意在提高日美同盟和美韩同盟军事威慑力的同时，继续推进三国安保领域的合作。同时，对于中国的海上活动和经济"威慑"，三国表示将加强对太平洋各岛国的支援，并继续巩固更"符合规则"的国际经济秩序。

俄罗斯太平洋舰队和中国海军开展第二次联合海上巡航，历时 3 周，经过日本海、鄂霍次克海、白令海、菲律宾海和东海，并绕行阿留申群岛部分岛屿，对战斗、救助和搜寻等科目进行演练，总行程超过 7 000 海里。

24 日　日美澳印"四边机制"外长会议在美国纽约召开。四国外长在该声明文件中确认对"企图单方颠覆国际秩序和多边体系"等行为作出应对的必要性。各方还确认了维护国际规则、海洋秩序的重要性。

26 日　美前国务卿蓬佩奥年内二度窜访中国台湾地区。

日本首相岸田文雄与越南国家主席阮春福举行首脑会谈。岸田文雄表示，越南是实现"自由开放的印太"的重要伙伴，在任何地区，凭借力量单方面改变现状的行为都不应被认可，日越两国应在乌克兰局势和东海、南海形势上继续保持合作。

26—29 日　韩国和美国海军在朝鲜半岛东部海域启动联合军事演

习，联合演习内容包括海上反特种作战、反潜战、防空战、战术机动演习等。

27 日　北约通过官方网站宣称，将韩国驻比利时大使馆指定为韩国驻北约代表处。报道称，韩国驻比利时、欧盟大使尹淳九将兼任常驻北约代表。

30 日　第 30 次日美韩联合演习在日本海进行。参与本次演习的包括一艘日本海上自卫队护卫舰、美国海军核动力航空母舰"罗纳德·里根"号和五艘潜艇，以及一艘韩国海军驱逐舰。这是自 2017 年 12 月以来，日本、美国和韩国首次在日本海进行联合演习，此次演习主要训练如何对在水下航行的潜艇作出应对。

10 月

12 日　美国白宫发布《2022 年国家安全战略》，宣称"未来十年是中美竞争的决定性十年"。

据朝中社报道，朝鲜试射远程战略巡航导弹，射程达到 2 000 千米。朝鲜劳动党总书记、朝鲜劳动党中央军事委员会委员长金正恩指导试射。

17 日　加拿大、日本和美国的海上部队结束在南海的演习，以支持澳大利亚皇家海军部队。这是四国首次在南海共同训练。

19 日　日本海上保安厅从美国通用原子能公司引进的 MQ-9B "海上守卫者"正式投入使用，对日本周边海域进行监视。

21 日　俄罗斯国防部长绍伊古和美国国防部长奥斯汀通电话。双方讨论了国际安全和乌克兰局势问题。这是两国防长自乌克兰危机爆发以来的第二次通话。

22 日　日本首相岸田文雄与澳大利亚总理安东尼·阿尔巴尼斯在澳

大利亚签署一项新的双边安全协议，涵盖国防军事、情报共享和网络安全合作。该协议是 2007 年双边安全协议的升级版，根据新协议，两国的国防部队将在澳大利亚北部联合训练。

24 日 日本海上保安厅将在鹿儿岛港谷山 2 区建设加油设备及直升机机库等设施，以加强对"尖阁诸岛"（即中国钓鱼岛及其附属岛屿）的所谓"警备活动"。

27 日 中共中央政治局委员、国务委员兼外长王毅同俄罗斯外长拉夫罗夫通电话。

31 日 中共中央政治局委员、国务委员兼外长王毅应约同美国国务卿布林肯通电话，就当前及今后一段的中美关系交换了意见。

中共中央总书记、国家主席习近平在北京人民大会堂同越共中央总书记阮富仲举行会谈。

31 日至 11 月 4 日 韩美在韩国上空实施备战综合训练，这是韩美自 2017 年 12 月以来首次该规模实施联合空中演习。据报道，韩国 F-35A、F-15K、KF-16 等 140 余架战机，以及美国 F-35B、F-16 等 100 余架战机将参演。7 月有美军 6 架 F-35A 战机、9 月 23 日至 10 月 8 日有"里根"号核动力航母战斗群，本月底还将有大批美军战机赴韩参加联演。分析认为，韩美领导人 5 月会晤达成一致的"经协商适时将美国战略武器转移至韩国"这一方针逐步落地。

11 月

1 日 国务院总理李克强在人民大会堂主持上海合作组织成员国政府首脑（总理）理事会第二十一次会议。哈萨克斯坦总理斯迈洛夫、吉尔吉斯斯坦总理扎帕罗夫、俄罗斯总理米舒斯京、塔吉克斯坦总理拉苏尔佐达、乌兹别克斯坦总理阿里波夫，印度、巴基斯坦外长以及观察员国代表等与会。会议以视频方式举行。

2 日　国家主席习近平在人民大会堂会见来华进行正式访问的巴基斯坦总理夏巴兹。

3—5 日　中国海警 4304 舰、4302 舰与越南海警 8004 舰、8003 舰开展了 2022 年第二次北部湾联合巡航。

3 日　日德两国政府在德国西部城市明斯特以线上线下结合方式召开了外长防长会议（"2+2"）。这是日德继去年 4 月在线会议后首次召开"2+2"会谈，会上双方确认将深化防务合作；关于东海和南海局势，日方表示强烈反对凭借武力单方面改变现状的尝试。

4 日　中共中央政治局委员、国务委员兼外长王毅应约同新加坡外长维文通电话。

日本防卫大臣浜田靖一宣布，日本正式加入北约合作网络防御卓越中心。

8 日　国务委员兼外长王毅应约同澳大利亚外长黄英贤通电话。

8—13 日　国务院总理李克强出席在柬埔寨金边举行的第 25 次中国—东盟（"10+1"）领导人会议、第 25 次东盟与中日韩（"10+3"）领导人会议和第 17 届东亚峰会并对柬埔寨进行正式访问。会议期间，李克强应约分别同日本首相岸田文雄、韩国总统尹锡悦、菲律宾总统马科斯会面交谈。

8—15 日　美国、日本、印度及澳大利亚在日本关东以南的太平洋上启动为期一周的"马拉巴尔"大规模海上联合演习。该演习始于 1992 年，最初为美印双边海军演习，日本与澳大利亚分别于 2015 年、2020 年正式加入。

10—19 日　日本自卫队和驻日美军在日本启动大规模联合军演"利剑 23"。

13 日　美日韩三国首脑在东盟峰会期间举行三边会谈，会后发表的

"联合声明"中包含谋求台湾海峡和平稳定的方案、扩大对乌克兰的支援、加强供应链合作等议题。这是三国领导人首次签署具有一揽子性质的联合声明。

14日　国家主席习近平在印度尼西亚巴厘岛同美国总统拜登举行会晤。这是中美元首三年来首次面对面会晤。

16日　超党派的"日华议员恳谈会"举行了网上"战略对话"，讨论"台湾有事"的应对，与来自中国台湾地区和美国的相关议员交换意见，日本方面有约50名在野党国会议员参加。

16—17日　东盟防长扩大会议网络安全专家工作组第9次会议以视频方式举行，中国军队派代表参加了此次会议，并参加了以共同应对网络安全威胁为目的的网络安全模拟演练。这是中美俄首次共同参与此类演习。

14—17日　国家主席习近平赴印尼巴厘岛出席二十国集团领导人第17次峰会。与会期间，习近平分别会见澳大利亚总理阿尔巴尼斯、韩国总统尹锡悦、印度尼西亚总统佐科。

17—19日　国家主席习近平赴泰国曼谷出席亚太经合组织第29次领导人非正式会议并对泰国进行访问。与会期间，习近平分别会见菲律宾总统马科斯、新加坡总理李显龙、泰国总理巴育、日本首相岸田文雄、文莱苏丹哈桑纳尔、新西兰总理阿德恩。

18日　据朝中社报道，朝鲜试射新型洲际弹道导弹，朝鲜最高领导人金正恩现场指导试射活动。报道称，"火星炮-17"型新型洲际弹道导弹在平壤国际机场发射，飞行距离达999.2千米，飞行时间4135秒，最后准确落在朝鲜东部公海预定水域。

21日　日本防卫省表示，海上自卫队的护卫舰对美国和澳大利亚军队的舰艇在共同训练中，执行了安全保障相关法允许的"武器防护"任务。

22 日 外交部边界与海洋事务司司长洪亮和日本外务省亚洲大洋洲局局长船越健裕以视频方式共同主持中日海洋事务高级别磋商机制第 14 轮磋商。

24—25 日 中国人民解放军南部战区与越南人民军海军举行中越第 33 次北部湾联合巡逻。

28 日 国家主席习近平在人民大会堂同来华进行国事访问的蒙古总统呼日勒苏赫举行会谈。

29 日 国务院总理李克强在人民大会堂以视频方式同哈萨克斯坦总理斯迈洛夫举行中哈总理会晤。

美印两军举行第 18 轮代号为"准备战争"的联合演习,演习地点就在中印边界争议地区"实际控制线"95 千米,这也是历次"准备战争"军演中距离中国边界最近的一次联演。

30 日 中共中央总书记、国家主席习近平在人民大会堂同老挝人民革命党中央总书记、国家主席通伦举行会谈。

由俄罗斯空天军图-95MS 战略轰炸机和中国空军轰-6K 战略轰炸机组成的空中编队在日本海和东海海域上空进行了空中巡航。在联合巡航过程中,中俄飞机首次在对方机场降落。

12 月

5 日 国务院总理李克强在人民大会堂同俄罗斯总理米舒斯京共同主持中俄总理第 27 次定期会晤。会晤以视频方式举行。

6 日 美方宣布,将向中国台湾出售总额 4.28 亿美元的军机零部件及有关装备。

美国国防部长奥斯汀与澳方举行年度澳美部长级磋商会议后宣布,美国将增加在澳大利亚的军事存在,包括轰炸机和战斗机的轮换安排。

9 日 国务院总理李克强在安徽省黄山市同世界银行行长马尔帕斯、国际货币基金组织总裁格奥尔基耶娃、世界贸易组织总干事伊维拉、国际劳工组织总干事洪博、经济合作与发展组织秘书长科尔曼、金融稳定理事会主席诺特举行第七次"1+6"圆桌对话会。会议围绕"加强多边合作，促进全球共同发展"主题，就构建开放型世界经济、推动世界经济复苏和增长等议题深入交流。

12 日 中共中央政治局委员、国务委员兼外长王毅同韩国外长朴振举行视频会晤。

16 日 日本政府批准了《国家安全保障战略》《国家防卫战略》《防卫力整备计划》三份日本国家安全战略的新指导性文件。文件宣布将日本的国防预算增加到占国内生产总值2%的水平。这是作为外交和防卫基本方针的《国家安全保障战略》自2013年制定以来的首次修订。

日本政府内阁会议确定了《关于强化海上保安能力的方针》，核心内容是进一步充实周边海域的警备，强化海上保安厅和防卫省与自卫队的联合，将海上保安厅2027年度预算增至2022年度的约1.4倍，达3 200亿日元左右。该文件将替代2016年12月21日日本内阁会议通过的《关于强化海上保安体制的方针》，这是时隔近6年日本政府再次制定海上保安领域能力建设的指导性文件。

20 日 中印两军在莫尔多/楚舒勒会晤点中方一侧举行第十七轮军长级会谈。双方在7月17日会谈以来取得进展基础上，以开放和建设性方式就推动解决中印边界西段实控线地区有关问题交换意见。

21 日 中共中央总书记、国家主席习近平在钓鱼台国宾馆会见应中国共产党邀请访华的统一俄罗斯党主席梅德韦杰夫。

中共中央政治局委员、国务委员兼外长王毅在北京同澳大利亚外长黄英贤举行第六轮中澳外交与战略对话。

21—27 日 中俄海军在舟山至台州以东海域举行"海上联合−2022"

联合军事演习。

23 日 中共中央政治局委员、国务委员兼外长王毅应约同美国国务卿布林肯通电话。

27 日 中国海警局与韩国海洋警察厅以视频方式举行中韩海警第五次高级别工作会晤，远程续签合作备忘录。

30 日 国家主席习近平在北京同俄罗斯总统普京举行视频会晤。

图书在版编目（CIP）数据

中国周边安全形势评估. 2023 / 张洁主编. --北京：世界知识出版社，2024.8. --(上海研究院智库丛书).
ISBN 978-7-5012-6836-8

Ⅰ. D5；D631

中国国家版本馆 CIP 数据核字第 20241UR924 号

责任编辑	刘豫徽
责任出版	李 斌
责任校对	陈可望

| 书　　名 | **中国周边安全形势评估（2023）**
Zhongguo Zhoubian Anquan Xingshi Pinggu（2023） |
| 主　　编 | 张　洁 |

出版发行	世界知识出版社
地址邮编	北京市东城区干面胡同 51 号（100010）
网　　址	www. ishizhi. cn
电　　话	010-65233645（市场部）
经　　销	新华书店
印　　刷	北京虎彩文化传播有限公司
开本印张	710 毫米×1000 毫米　1/16　16 印张
字　　数	220 千字
版次印次	2024 年 8 月第一版　2024 年 8 月第一次印刷
标准书号	ISBN 978-7-5012-6836-8
定　　价	89.00 元